就労支援を問い直す

[編著]
筒井美紀
櫻井純理
本田由紀

自治体と地域の取り組み

勁草書房

まえがき

　就労支援．現在の日本社会は，このテーマに対する期待と疑念がまだらに併存する状況にある．

　一方では，障害者やひとり親，無業期間の長い若者，被災者など，就労に困難を抱えがちな人びとに対する就労支援の必要性が謳われ，実際にさまざまな取り組みが各地で自治体や民間団体により進められてもいる．

　しかし他方では，就労支援は困窮する人びとをセーフティネットから遠ざけ，劣悪な条件の労働へと無理矢理に流し込む結果に終わるのではないかという危惧の声も強い．特に，2013年12月6日に生活保護法改正および生活困窮者自立支援法が成立し，前者は家族・親族の扶養義務や生活保護申請手続きの厳格化，後者は生活保護に至る前段階での自立支援を強化する諸施策の実施に関する内容であったことから，ただでさえ捕捉率が低い日本の生活保護をいっそう抑制するものであるという厳しい批判が巻き起こった．生活困窮者自立支援法に含まれる就労訓練事業（「中間的就労」）は，担当者の支援・指導を受けつつ雇用契約に基づいて就労する「支援付雇用型」と，雇用契約を結ばず軽作業等に従事する「非雇用型」に分類されるが，「非雇用型」は労働関連法規の適用外であることから，賃金が支払われる場合も最低賃金水準を満たさない場合が多くなると予測される．このような「非雇用型」の「中間的就労」が広がれば，労働市場の規律が失われるという批判も見られる．

　就労支援に対するこのような期待と疑念の錯綜状態において，何より大きな問題は，期待する者・推進する者と，疑う者・批判する者とが互いに分離したままで，それぞれの陣営のなかで就労支援への良い／悪いイメージを膨らませているように見えることである．それは何も生まない．

　もとより就労支援とは，就労を望むが就労が難しい人びとの現在と将来を支

まえがき

えるために行なわれるものであり，そうした本質からして，容易にはうまくゆくはずのないことを何とかうまくゆかせようとする，地味で労苦の多い営みである．それは，バラ色のユートピアでもなく，また必然的に暗黒の地獄であるわけでもない．さまざまな工夫やルールが求められ，またセーフティネットの維持・拡充や労働市場そのもののあり方の是正という重い課題をともないもする．この呻吟に満ちた営みを注視し，何が行なわれているのか，何が必要なのかを明らかにする作業が，声高で決めつけがちな議論の前に，まず必要である．

本書は，そうした作業の一例である．取り上げている地域は2つにすぎず，それらは大都市圏であり，かつ特に意識的に就労支援に取り組んできた自治体でもあることから，知見には偏りや制約があるだろう．しかし，筒井をはじめとする本書のメンバーは，それぞれの地域で就労支援に関わる数多くの主体や仕組みの複雑な襞に，可能な限り分け入ることを目標として，数年にわたる実地調査をこれまで進めてきた．私たちの目が捉えたことを読者と共有することで，就労支援のこれからについて，ともに考えてゆく材料とできれば幸いである．

2014年3月

本田由紀

就労支援を問い直す

自治体と地域の取り組み

目　次

目　次

まえがき

　　　　　　　　　　　　　　　　　　　　　　　　　　本田由紀

凡　例

序　章　「就労支援の意味」を問うことの意味 ……………… 1
　　　　　　　　　　　　　　筒井美紀・長松奈美江・櫻井純理
　　1　本書が言いたいこと・問いかけたいこと　　1
　　2　就労困難者の就労支援のあり方をめぐる議論　　6
　　3　調査対象の設定と本書の構成　　10

　　第Ⅰ部　国の政策と2市の概要

第1章　国の福祉政策・労働政策の変遷 ……………………… 21
　　　　　　　　　　　　　　福田志織・喜始照宣・長松奈美江
　　1　福祉・労働政策における2つの潮流　　21
　　2　公共職業訓練制度　　22
　　3　生活保護受給者への就労支援政策　　25
　　4　母子世帯の母に対する支援政策　　28
　　5　若者に対する支援政策　　30
　　6　対象者を限定しない支援へ　　33

第2章　横浜市と豊中市の概要 ………………………………… 36
　　　　　　　　　　　　　　　　　　　　御旅屋達・寺地幹人
　　1　横浜市の概要　　36
　　2　豊中市の概要　　40

第Ⅱ部　横浜市

第3章　横浜市の就労支援政策 …………………………………………49
　　　　　　　　　　　御旅屋達・喜始照宣・堀有喜衣・筒井美紀

1　横浜市の就労支援の概要　49
2　就労困難層への職業訓練——横浜市中央職業訓練校　55
3　生活保護受給者の就労支援　65
4　「就労支援は基礎自治体の仕事である」　74

第4章　就労支援の委託にともなう課題 ………………………………79
　　　　　　人材企業を事例として
　　　　　　　　　　　　　　　　　　　　　　　　　　　筒井美紀

1　人材ビジネスに着眼する理由　79
2　事業はどのように受託され運営されているか　80
3　現場支援者の供給源と採用後の訓練　83
4　事業受託側の困難と課題——自治体との関係で　85
5　就労支援諸機関の育成と現場支援者の雇用安定を　87

第5章　協同労働団体の連携による就労困難な若者の支援 ……91
　　　　　　「くらしのサポートプロジェクト」の挑戦
　　　　　　　　　　　　　　　　　　　　　　　　　　　本田由紀

1　協同労働による就労支援を問うことの意味　91
2　「くらしのサポートプロジェクト」の枠組み　93
3　「くらしのサポートプロジェクト」の受講生像　98
4　「くらしのサポートプロジェクト」の成果①——受講生の変化　101
5　「くらしのサポートプロジェクト」の成果②——実施団体の変化　104

6 「くらしのサポートプロジェクト」からの示唆　107

第Ⅲ部　豊中市

第6章　豊中市における就労支援政策の概要　115
櫻井純理

1 事業を担当するスタッフと予算　115
2 雇用・労働関連事業の対象と内容　118
3 ハブとして機能する雇用労働課　127

第7章　就労支援の「出口」をめぐる模索　129
　　　　　中小企業支援の視点
櫻井純理

1 無料職業紹介所とTPSによる出口開拓　129
2 地域の中小企業への働きかけ　134
3 事業者側の受け止め方　137
4 豊中市の就労支援政策の魅力，そして残された課題　140

第8章　連携によってつながる支援の輪　143
　　　　　豊中市における生活保護受給者への就労支援
長松奈美江

1 生活保護受給者への就労支援をめぐる問題　143
2 豊中市における生活保護受給者への就労支援　144
3 福祉事務所と地域就労支援センターによる連携の成果　150
4 生活保護受給者への効果的な就労支援へ向けて　153

第9章　リビング・ウェイジを生みだす飲食店……………… 161
地域が育む自営業による女性の就労

仲　修平

1　就労支援と雇用創出を問う意味　　161
2　豊中市における女性の就労支援事業　　162
3　当事者たちにとっての飲食店　　166
4　就労支援政策の理念と地域の自営業　　172

第10章　ポスト日本型福祉社会における就労支援……………… 176
豊中市地域雇用創造協議会の取り組みを事例として

阿部真大

1　新しい就労支援の誕生　　176
2　ポスト日本型福祉社会における変化　　177
3　労働供給側へのテコ入れ──地域雇用創造推進事業　　179
4　労働需要側へのテコ入れ──地域雇用創造実現事業　　184
5　新しい就労支援の課題　　190

終　章　誰もが働ける社会／生きていける社会を築く………… 195

櫻井純理

1　あらためて就労困難者とは誰なのか？　　195
2　なぜ「就労」が必要か　　199
3　「普通の」働き方を変えること　　202

引用・参考文献 ……………………………………………… 211

目　次

あとがき……………………………………………………………… 219
　　　　　　　　　　　　　　　　　　　　筒井美紀

索　引………………………………………………………………… 221

執筆者紹介…………………………………………………………… 223

凡　例

一．本文中の「自治体」とは，正確には「地方自治体」である．
一．資料として参照した国や自治体の URL については，紙幅の都合上，また，冗長さを避けるため，その資料名のみを記したうえで省略した．必要な方は，適宜検索をかけるなどしてアクセスしていただきたい．
一．URL 等へのアクセス日についても，紙幅の都合上，また，冗長さを避けるため省略したが，アクセス期限切れの確認を，2013 年 9 月 30 日に，執筆者全員で一斉に実施した．本書では，アクセス期限切れの資料が若干引用されているが，それは当該執筆者がダウンロードしたものを活用している．
一．インタビューの語りの引用におけるカッコ書き（　　）は，引用者の補記である．

序　章

「就労支援の意味」を問うことの意味

筒井美紀・長松奈美江・櫻井純理

1　本書が言いたいこと・問いかけたいこと

　本書は，自治体，とりわけ，生活保護や母子家庭支援といった福祉の直接的供給者である基礎自治体（区市町村）によって行なわれる，就労困難者への就労支援を取り上げる．ここで「就労困難者」とは，福祉六法の対象者だけではなく，そのグレーゾーンにあって，経済的に困窮したり社会的に孤立したりしている人びとをも指している．また「就労支援」とは，キャリアカウンセリングや職業紹介，求人開拓といった狭義のそれではなく，居場所づくりをとおした包摂や生活支援をも含んだ，広義のそれを意味している．

　では，基礎自治体が就労困難者への就労支援を行なうことは，なぜ必要なのか．実施の意味はどこにあるのか．いくつかの解が示されている．曰く，国や自治体には人びとの人権（生存権や労働権）を保障する責任がある（大谷 2008）．曰く，地方分権一括法や雇用対策法改正で，自治体も住民の雇用や労働への積極的な関与が求められるようになったし，自治体が取り組む方がより効果的である（澤井 2008）．曰く，働けるのに働かない人びとが増えるのは財政を悪化させ（指定都市市長会 2010）社会統合の面でも問題だ（The Jimin NEWS No.160 2012），などなど．これらの解は，それぞれの哲学や政治的立場を反映しているが，それぞれの理屈はそれぞれに理解できよう．

　本書は，その先に進んで，自治体による就労支援の必要性や意味について，

より深く理解したい．そのためには，誰が・どんな目標や理想をもって・何を・どのような創意工夫でもって・どのような制約のなかで・行なってきたのかを，国の政策との相互作用や歴史的経緯，連携や協働の全体像のなかに位置づけつつ，具体的に知る必要がある．さらに，こうした具体的知識が，「私たちはどんな価値を重んじ，どんな社会のあり方や生活の仕方を望んでいるのか？」という自分（たち）自身の問い直しへとつながっていく必要がある．つまり本書は，「グッド・プラクティス」や「先進事例」を紹介し称揚し模倣を推奨したいのではなく，自治体による就労支援の必要性と意味が自分（たち）自身のあり方と地続きであること，個々人と社会の将来ビジョンを描くことと不可分だと思えるような，そんなテキストを提供したいのである．

それだけではない．本書は，就労支援に関する行政のアカウンタビリティ（説明責任）を，私たちはどのように問うたら良いのかという問いの大切さを，読者のみなさんに訴えたいと思う．1990年代以降，「政治／行政／企業／学校・大学はアカウンタビリティを問われる存在だ」という言い回しは定着した．けれども，アカウンタビリティを問う私たちの問い方そのものは，充分にふり返られていないのではないか．だから本書は，アカウンタビリティの問い方自体の問い直しにつながるような，そんなテキストを提供したいのである．

「行政は官僚制のため動きが遅い．就労支援のノウハウも経験も少ない．事業委託など民活を進め，連携や協働をもっと増やすべきだ．貴重な税金を使っているのだから，費用対効果を重視し無駄をなくすべし」．こんな意見を述べる人がいたとしよう．たしかにこの人は，行政のアカウンタビリティを問うている．だが，なんと貧しい問い方だろう．

自治体の人員配置や異動，人材育成にはどのような事情があるのか．さまざま様態をもつ民間組織（民間＝営利企業，ではない）の，強み・弱みは何か，なぜそうなのか．事業委託にともなう難しさや課題は何か．財源はどこからで，時限は何年か．事業の最前線で働く就労支援者の雇用は安定的なのか．キャリアを積んでいけるのか．連携や協働といっても，解消しがたい問題や越えがたい価値観の相違が存在するのではないか．成果がいまひとつの事業を，「無駄だ，廃止だ」と評してよいのか……．

上記のアカウンタビリティの問い方が貧しいのは，以上のように問うことで

導き出される就労支援の具体性に踏み込んだ知識と理解が欠けているために，就労支援の責任者や実行者が，執行のレベルで「そうか，そういう工夫はとても良い」といった知的な刺激と喜びとを得ることができないからである．そして何よりも，ビジョンがないからである．すなわち，「私たちはどんな価値を重んじ，どんな社会のあり方や生活の仕方を望んでいるのか？」といった自己省察に欠け，「だから行政はこれこれをするのが良い」という執行の話へと結びついていくことがない．

　これは就労支援の表層的理解ゆえの問題である．他方で，就労支援の具体性に踏み込んだ知識と理解とをともなった批判も存在する．たとえば「中間的就労」ないし「社会的就労」において，袋小路職への囲い込みや，訓練に名を借りた最低賃金以下労働が生じているという指摘だ．このように批判されている実情のなかには，確信犯的なものもあれば，財政的制約などからやむを得ないものもあろう．前者は厳しい社会的制裁を受けて当然である．後者も改善が必要である．しかし，こうした状況を改善しようとすれば，より多くの資源が必要となる．つまり，その施策のために，私たち市民の金をもっと投入することが必要になる．その覚悟ができるだろうか．行政のアカウンタビリティを問うということは，結局のところ，私たち自身の決断を問うことなのである．

　「中間的就労」，「社会的就労」とは，一般就労に困難を抱える人びとが，何らかの支援・ケアを受けながら働く場／働き方のことを意味する（厚生労働省 2013c；みずほ情報総研株式会社 2013）．これら2つの概念は互換的に使われることが多いが，その意味合いは決定的に異なる．前者は，何らかの支援・ケアを受けながらステップアップし，一般就労というゴールにたどりつくことを含意しているのに対し，後者は，一般就労をゴールとしない働き方・生き方があってよい・あるべきだと考える（だから，一般就労からの「ステップダウン」もあってしかるべきなのだ）．本書は，後者の立場に立つものである．だが，前者を否定しているのではない．一般就労への道のりをもっとなだらかにすると同時に，それをゴールとしない働き方・生き方の場も拡充することが望ましい，と考えるのである．

　ところでさきほど，社会ビジョンのないアカウンタビリティの問い方は貧しいと述べた．もちろん，重んじたい価値，望ましい社会のあり方や生活の仕方

は一様ではないし，一様である必要はない．ただし，それに関するおおやけの議論が豊かであることは不可欠なはずだ．社会的閉塞を一気に打ち破るマジックへの夢想と，政治に対する閉塞感が結託している昨今の状況では，その時々の世論の弾みや，声の大きな人物の意見によって進む方向が決まっていく危うさが大きいだけになおさらである．だから本書は，基礎自治体の就労支援というテーマにおいて，こうした結託を破り，公共的な討論を厚くするという重要な社会的課題（Bellah et al. 1991/2000）に，ささやかながら貢献したい．

　重んじたい価値，望むべき社会のあり方や生活の仕方は，就労支援の実践のなかで目指され，試され，生きられているものである．かんばしい成果が得られずにあるものや，手が回らず眠ったままのものもあるかもしれない．本書はそのなかに，私たちの精神的・社会的・経済的生活を貧しくしている支配的な価値と仕組みとを覆すであろうパワーを探りあててゆきたい．それは，「こんな働き方がもっと広がったら，確かに地域は喜びと活気に溢れるだろうなぁ」，「そのような支援のネットワークが張りめぐらされたら，多くの人びとがしんどくても何とかやっていけるだろうなぁ」といったビジョンなのである．

　雇用労働にせよ，生活保護にせよ，自治体にせよ，就労支援政策にせよ，これらはすべて私たちが創り出した「制度」である．制度は，「専門的な問題に対して，高度に専門的な解決を提示するものだから」（Hall 1976/1993, p.16），私たちはそれなしに現代を生きることは難しい．ところが往々にして制度は，それぞれ性質を異にする人びとをなんとか社会のなかにまとめようとして，各自の多様性や創造性を抑圧するものであるし，それが持続していくと私たちは，そうした抑圧を自明視ないし正当化することになりがちである．

　だが，他方で「それはおかしい」と異議申し立てをし，人間の本来性を蘇らせる実践に汗を流す人びとがいる．そこには，上述したような，知的な刺激と喜びとを溢れさせるパワーがある．つまりそれは文化的実践であり——Weil（1950/1967）にならっていえば，文化とは，私たちが自分の身体と魂と社会との結びつきを（再）創造する営み一般である——本書はその探りあてをしていきたい．このような意味での文化こそ，私たちの，就労支援の具体性に踏み込んだ知識と理解とがたどりつく先なのである．そこへの到達は，私たちの，行政のアカウンタビリティの問い方を豊かで妥当なものにしてくれるはずだ．

さて本書は，学問分野としては社会学に拠って立つ，メゾ・レベルからマクロ・レベルに定位した研究である．私たちの個人的・社会的生活を秩序立てるために行政は，徴税をベースに諸資源を配分し組織化し，また，条例の制定や施策の立案・実施をとおして事業を展開している．そこで私たちは，「就労支援の大枠づくりやシステムの回し方は実効的か」，「そもそも就労支援の理念に問題はないか」というように問う．この，メゾ・レベルからマクロ・レベルの事象に関する行政のアカウンタビリティの問い方が，豊かで妥当なものでなくてはならないのだ．それなくしては，政争的場面でしばしば見られるように，ミクロ・レベルで観察された，一部の失敗やごまかしを殊更に言い立て，メゾ・レベルからマクロ・レベルの全事象をも否定するような言論が続出するだろう．私たちはこうした主張に染まったり屈したりしてはならないのだ．

本書の研究手法は，就労支援に関わるさまざまな地位や役割の人びとへのインタビューを中心としている．そこでは，事業の構成やプロセス，実績といった事実のみならず，インタビュー対象者自身の理想や葛藤も語られた．それは，「何が「効果的な」就労支援か？」をめぐるものである．この問いに答えるには，よく指摘されているような「ワークファースト・アプローチ」対「サービスインテンシブ・アプローチ」という対立図式をもってくるだけでは不充分である．こうした「便利」な概念を一端脇に置いて，現場の試行錯誤を見つめながら，本書は「効果的な」就労支援について考えていく．詳細については各章を参照していただきたいが，ここでは，本書が何を「効果的な」就労支援と考えるかを述べておこう．それは，一定の強制はともないながらも，支援対象者本人の主体性や意思，可能性を最優先に尊重した支援を行なう．そういう支援を行なうために，地域のさまざまな機関（自治体の各部門，NPO，企業など）が，それぞれの機関の持ち味を活かしながら，地域の資源を充分に活用しつつ，連携する，というものである．だが，これがどれほど難しいことだろうか．本書は，読者のみなさんに考えていただけるようなテキストを提示したい．

以上が，本書が言いたいこと・問いたいことの概略である．次の第2節では，就労困難者の就労支援のあり方をめぐる議論を整理し，続く第3節では，調査対象の設定と本書の構成について述べる．

2 就労困難者の就労支援のあり方をめぐる議論

この節では，就労困難者に対して就労や社会参加を促す施策として，どのようなアプローチがあるのかを整理したうえで，本書における分析枠組みを示す．社会保障制度と就労・社会参加プログラムを結びつける施策は，ワークフェアと呼ばれている．ワークフェアは，「何らかの方法を通して各種社会保障・福祉給付（失業給付や公的扶助，あるいは障害給付，老齢給付，ひとり親手当てなど）を受ける人びとの労働・社会参加を促進しようとする一連の政策」（埋橋 2007, p.18）と定義されている．ワークフェアは，「ワークファースト・アプローチ」と「サービスインテンシブ・アプローチ」という，2つのアプローチに分類される．「ワークファースト・アプローチ」は，就労による自立を最優先し，就労または就労支援活動への参加を拒む受給者に対する何らかの制裁措置（給付の減額，期間短縮，停止など）をともなう．一方，「サービスインテンシブ・アプローチ」は，そうした制裁をともなわず，就労やさまざまなプログラム参加に向けた意欲喚起などの支援や訓練，教育を行なう（宮本 2004a; 福原 2012a; 小林 2010）．

この2つのアプローチは，就労困難者を支援して，彼らを就労へと促そうとする点は同じであるが，重視される支援のメニューと支援の目標が異なっている．支援メニューに関しては，前者のアプローチでは求職活動に注力し就職という結果を得ることが重視され，後者のアプローチでは，人的資本や潜在能力を開発するための訓練や教育が重視される．支援の目標としては，ワークファースト・アプローチでは，就労率や就労継続率が最も重視される．一方，サービスインテンシブ・アプローチでは，就労率以外の側面も考慮される．たとえば，支援の結果，周りの人びととコミュニケーションが取られるようになったか，時間やルールを守ることができるようになったか，といった側面も重視される[1]．

ただし，これら2つのアプローチは，政策の特徴を整理する概念に留まっており，分析概念としては曖昧で，実証分析に用いるには適していない．各自治体で実施されている就労支援の実践を調べて，どういう支援が「ワークファー

スト」で,どういう支援が「サービスインテンシブ」なのかを判断することは困難だからである.その理由は2つある.

　第1に,現場の支援のあり方は,「ワークファースト」的要素と「サービスインセンティブ」的要素を,同時に持つこともある.たとえば,就労困難者への支援内容を決定する際には,対象者の特徴や能力に従って,訓練・教育重視か,求職活動重視かを選択することがある.また,訓練や教育が重視される一方で,求職活動や就労に関する活動に参加しなければ制裁措置が与えられることもある.

　第2に,「ワークファースト」という言葉は,否定的意味合いを持っており,安易な価値判断は,支援の実態を正確かつ冷静に把握することの妨げになる.アメリカでは,1996年の福祉改革を契機にして,求職活動を重視するワークファーストの方向性に向けて政策転換がなされた.各州で福祉受給者を就労させるためのワークフェア・プログラムが実施されるなかで,多くの問題が指摘され,批判がなされてきた.その批判は,福祉受給者を就労させることが最重視されて,彼らが就く雇用の質が問われないこと,福祉受給期間の上限を設定したことにより多くの者が福祉を離脱して貧困に陥ったこと,ワークフェア・プログラムの名の下で,公園の清掃や政府機関の事務仕事などを公務員の代わりに福祉受給者に薄給で担当させたことなどに向けられた（Krinsky 2008）.

　このように,ワークファースト・アプローチに対しては,さまざまな批判がある.しかし,だからといって,求職活動を重視した支援に,こういった批判がすべて当てはまるわけではない.もちろん,労働市場でディーセントな仕事がないのに,劣悪な条件で無理に就職させることは,就労困難者に悪い影響を及ぼす.しかし,一方で,就職を望む人が就くことができるディーセントな仕事があるのであれば,即座に就労に至らせることを目的とした支援が適切と判断されることもあるだろう.現場では,多様な特徴をもった就労困難層に向けた多様な支援メニューが考えられている.ワークファースト／サービスインテンシブという枠組みは,こういった現場の意図や多様な支援の内実を覆い隠してしまう.

　そこで本書では,二分法的な分析枠組みに依拠するのでなく,以下2つの視点を重視しながら,より「効果的な」支援を実現しようとする現場での実践に

目を凝らしていく．第1に，政府によって打ち出される全体的な就労支援政策の方針と，地域で実施される支援の実践が，相互にどのように影響を与えながら，現場の支援が方向づけられていくのかを明らかにしたい．第1章で見るように，就労困難層の増加を背景として，政府はさまざまな政策を考案している．しかし，政府が法律や制度の大枠を作り，また補助金を用意したところで，それぞれの地域で一律的な支援が自動的に始まるわけではない．各地域で就労支援に携わる自治体やNPOや企業の人びとは，人的および金銭的資源が限られたなかで，創意工夫と試行錯誤を重ね，支援を続けている．逆に，現場で丹念に続けられてきた支援が，政府の政策を方向づけることもある．政府が打ち立てる政策の方針と現場の実践との関係性は，決して一方向的なものではない．私たちは現場の実践を調べることで，継続可能性をもった，真に有効な支援が，一体どうやってなされうるのかを明らかにしたいと考えている．

　第2に，「半福祉・半就労」という新しい働き方・生き方のモデルが，支援の現場のなかでどのように息づいているのかを明らかにしたい．半福祉・半就労とは，生活保護や障害年金などの福祉給付や公的な所得充填などと，働いて得た収入を合わせて生活するという考え方である．しかし，この考え方は広く受け入れられているわけではない．生活保護を例に考えてみても，生活保護を受けつつ就労して生活する，という生き方が目指されるべき「普通」の生き方だとは捉えられていない．就労可能な層に対しては，働いて生活費を稼いで，最終的には保護を廃止して「自立」することが目指されており，福祉給付を受けつつ働くという状態は，保護を脱却するプロセスにおける過渡的なものとして考えられている．現在，生活保護をはじめとした福祉給付を受ける人びとと，働いて得た収入で生活する人びととの間には，大きな断絶がある．

　しかしながら，本書が対象とする就労困難者は，生きていくこと，職に就くこと，働き続けることに対してさまざまな困難を抱えている．ケアを必要とする者（子どもやお年寄り）とともに生活していること，病気，障害，長期の失業などの困難を抱えた人びとは，現在の労働市場のなかで，彼らに見合った（無理をせずに働き続けることができる）仕事を見つけることが難しい．いや，就労困難者だけではなく，「普通」だと言われる者にとっても厳しいのだ．半福祉・半就労という状態が「普通」の生き方だとは認められていないこの社会

のなかで，就労困難者には，福祉給付を受けて社会から孤立するか，無理をして働いてさらに困難な状況に陥るか，この2つの厳しい選択肢しか残っていない．半福祉・半就労という生き方は，この2つの選択肢のあいだに位置づけられる．この生き方が「普通」の生き方だと認められれば，就労困難者は，いまのように生きることに困難を感じずに生きていけるはずである．

　半福祉・半就労というモデルは，あまりに現実離れしたものに見えるかもしれない．しかし，そうとも言い切れない．支援の現場では，「社会的就労」というかたちで，何らかの社会的な活動に従事し，支援されながら，福祉給付を得て暮らす，という生き方が広がりつつあるからである．働くことに対してさまざまな問題を抱える就労困難者の主体性や意思を尊重しながら効果的な支援を行なっていくためには，この社会的就労という考え方が不可欠である．とはいえ，前述したように，この社会的就労と中間的就労に関しては，さまざまな問題が提起されている．社会的就労事業が，困難を抱えた人びとを安価な労働力として利用するものとならないためには，「支援付きの就労」である社会的就労の「支援」の部分が強調されるべきである．したがって，「支援」の内実を具体的に，たとえば次のような観点から明らかにすることが必要となる．支援活動を提供する団体は，いかなるプロセスのもとで，どんな理由で選ばれたのか．その「支援」においては，どんな対象者をどんな活動に結びつけているのか．活動への参加で得られる報酬・対価の有無・水準とその妥当性はどうか．活動参加は対象者にどんな変化をもたらしているのか．そして，参加者自身は支援の内容や成果等をどう評価しているのか．このような視点のもと，本書の実証分析では，地域で，多様な機関の連携・分業のもと，社会的就労事業がいかに実施されているかを見ていく[2]．

　半福祉・半就労という新しい働き方・生き方がモデルとして広く社会に受け入れられるためには，まだまだ時間がかかるかもしれない．しかし，もしそれが実現すれば，「福祉」は現在のようなかたちではなく，私たちの誰もが生活や仕事で大きな困難に見舞われた際に，もっと手軽に使えるもの——スティグマをもたらす資産調査のない，より普遍的な公的な所得充填制度——に生まれ変わるだろう．しかし，そのような制度に至るためにはまだ乗り越えなければいけない壁がある．本書では，そういった新しい社会像を念頭に置きつつ，も

序　章　「就労支援の意味」を問うことの意味

う少し小さな具体的なところから，この働き方・生き方モデルの可能性を考えていく．私たちは，支援に関わる関係各所に聴き取りをするなかで，現場の担当者がこの考え方を口にすることを聞いた．障害をもつ若者の支援に関わるある方は，はっきりと，半福祉・半就労という生き方が障害をもつ彼らにとって「理想」だと語った．私たちは，本書を通じて，半福祉・半就労という生き方が「普通」の生き方だと認められるための制度的措置や支援のあり方について，考えていく．

3　調査対象の設定と本書の構成

3-1　横浜市と豊中市に注目する理由

2014 年 1 月 1 日現在，基礎自治体（区市町村）は全部で 1,742 ある．そのなかで本書は，横浜市（神奈川県）と豊中市（大阪府）とを取り上げる．

私たちの共同研究グループが横浜市の調査を開始したきっかけは，メンバーの筒井・阿部・居郷の翻訳『キャリアラダーとは何か』（勁草書房，2008 年）を読んで連絡をくださった或る若者就労支援 NPO の方を，研究会にお招きしたことである．その後，市内のいくつかの困難者支援組織ともつながりができ，2010 年度にはメンバーの本田と筒井が，横浜市子ども・若者支援協議会の委員になるなど，いろいろな方々との知己を得ることになった．

以上から推測されるように，横浜市は，NPO や社会的企業，労働者協同組合といったさまざまな支援組織の活動が盛んであると同時に，市自体も，国の政策実施に先がけて／すぐさま対応するなど，イニシアチブをとってきた自治体の 1 つである（図表序-1）．

なるほど横浜市は，人口 370 万人を擁する全国最大の基礎自治体であり，より高い裁量性を有する政令指定都市であり，職員の層も厚く，地域の社会的資源が豊富だから，「それは横浜市だからできる」，「横浜市の事例は当市では参考にならない」といった声が上がるだろう．だが横浜市とて，悠々楽々と就労支援を実施できてきたわけではない．生活困難者の増加とその「南北格差」，「袋小路職」的求人の増加，厳しい財政的制約，人的資源管理の悩ましさ，事業委託にともなう困難……．活発に活動する地域の諸組織にしても，さまざま

な課題を抱えている．基礎自治体としてある種の別格性をもつ横浜市を対象に，こうした試行錯誤のリアリティを解明することは，「当市とも共通する悩みは少なくない」，「なんだ，当たり前のことを地道にやっているだけなんだ」といった認識をいざない，新たな問題関心で事例を眺めることにつながる，と思うのである．

続いて豊中市について述べよう．私たちが豊中市の雇用・労働政策に関する聴き取り調査や資料収集，セミナーやイベント等の観察を開始したのは，2008年11月である．なぜ同市の政策に着目したか，その最大の理由は，大阪府内のすべての市町村で実施されてきた「地域就労支援事業」（就職困難者等に対する就労支援事業，後述）の実績において，豊中市は目を引く成果を上げていたからである．調べ始めてみると，同市では2008年に労働政策に関わる中期計画である「豊中市雇用・就労施策推進プラン（基本方向）」を策定している．この計画はA4で50ページにわたるもので，地域の産業や労働市場の状況，雇用施策の動向の分析に始まる．そして，目標とする雇用・労働社会の姿を示したのち，政策の基本方向と事業内容を4つの視点（就職困難者等に向けた支援，地域特性を活かした就業促進，雇用・就業機会の確保と創出，雇用・就業のセーフティネット）から提起している．

基礎自治体の労政担当部門がこうした独自の中期計画を策定し，本腰を入れて就労支援施策に取り組んでいる例は——かなり控えめに言っても——それほど多くはない．行政のなかで労働政策を担当するのは国であり，地方自治体が関わるとしても都道府県の仕事であるという認識はまだ強い．

豊中市にはかつて「労働福祉課」が先駆的な労働福祉制度を構築した伝統があった．労働トラブルの解決支援における「パート相談」，市独自の労働紛争あっせん制度，労働紛争訴訟に関わる資金の貸付制度といった仕組みである（西岡2012a, p.11）．それでも労政への認識は希薄な状況で，市民の就労状況改善に資する支援サービスが発展を見たのは，無料職業紹介所の開設（2006年）にともなう地域就労支援事業の強化以降のことだった．

その後，市は多様な就労支援政策へと自主的な取り組みを広げ，同規模の基礎自治体（人口約40万人弱の中核市）のなかでも特異な存在となった．特に，2009年度以降は国が新たに開始したさまざまな雇用関連事業にも手を挙げ，

序　章　「就労支援の意味」を問うことの意味

図表序-1　横浜市と豊中市　就労支援の政策年表

年度	横浜市の動き	豊中市の動き	国、他自治体の動き
2000			地方分権一括法．改正生活保護法．機関委任事務から自治事務へ．改正雇用対策法． 社会福祉法制定（←社会福祉事業法）．ケースワーカー配置が法定定数から標準定数へ．
2001			自立（就労）支援モデル事業を京都府と札幌市で先行実施．
2002	【健康福祉局】就労支援モデル事業実施．横浜市ケースワーカーのOG2人が嘱託職員として中区でスタート．		母子家庭等自立支援対策大綱の制定．改正母子及び寡婦福祉法．改正児童扶養手当法．
2003	宮本みち子氏，若者就労支援政策推進のため首長補佐に着任（～2007年度）．	8月，豊中市地域就労支援センターの設置．	改正職業安定法．地方公共団体による無料職業紹介が可能になる． 若者自立・挑戦戦略会議「若者自立・挑戦プラン」．
2004	【健康福祉局】世帯類型別のケースワーカー配置基準と事務嘱託配置という制度を検討．無料職業紹介事業の導入についても検討．		12月，「生活保護制度の在り方に関する専門委員会」最終報告書．
2005	子どもと若者を専管とする新局設置準備の開始．		3/31付通知．生活保護自立支援プログラム，全額，国からの補助金．先行自治体として釧路，埼玉，東京等．
2005	【健康福祉局】世帯類型別ケースワーカー配置と事務嘱託配置を実施．無料職業紹介事業の届出．		6月，内閣府「若者の包括的な自立支援方策に関する検討会」報告書．
2006	【健康福祉局】2月より無料職業紹介事業開始．外部委託．生活保護部局単独での無料職業紹介は全国初．	11月，豊中市無料職業紹介所の開設．	地域若者サポートステーション事業の開始．
2006	【こども青少年局】4月，新局として開設．12月，若者サポートステーションを市単独事業として開始．のちに厚労省の予算がつく．		
2006	【経済観光局】4月，雇用創出課が市民局から移管し開設．12月，地域連絡協議会（政労使，関係機関，学識者）と雇用促進連絡会議（庁内課長級）による雇用創出促進計画策定．		
2007	【経済観光局】1月，無料職業紹介事業の開始（委託）．		改正地域雇用開発促進法．市町村が単独／複数で雇用開発計画を策定．国が同意して委託費を出す．
2007	【こども青少年局】10月，市単費にて若者向けの「居場所」を数ヵ所立ち上げ．		
2007	【健康福祉局】保護課長，厚労省に出向．		

序　章　「就労支援の意味」を問うことの意味

年度	横浜市の動き	豊中市の動き	国, 他自治体の動き
2008		7月,「豊中市雇用・就労施策推進プラン」の策定. 地域雇用創造推進事業(とよジョブ)の開始(2011年3月まで).	
2009		緊急雇用創出事業, ふるさと雇用再生事業の実施.	ふるさと雇用再生事業, 緊急雇用創出事業の実施. 7月, 子ども・若者育成支援推進法制定. 第1次補正予算により,「緊急人材育成・就職支援基金」を創設.
2010	【こども青少年局】7月, 子ども・若者育成支援協議会を設置. 【経済局】地域連絡協議会と雇用促進連絡会議は今年度にて終了.	緊急雇用創出事業(重点分野雇用創造事業, 地域人材育成事業)の実施. 地域雇用創造実現事業(とよジョブ+)の開始(2013年3月まで).	
2011	【こども青少年局】パーソナル・サポート・サービス事業, 若者支援に特化. 【健康福祉局】就労意欲喚起事業. 各区から手を挙げてもらう. 中区が10月に開始(by「はまかぜ」).	生活保護受給者等就労支援事業, 意欲喚起事業の開始. パーソナル・サポート・サービス事業の実施. 新しい公共支援事業の実施.	内閣府, パーソナル・サポート・サービス事業. 釧路市, 横浜市, 京都府, 北九州市, 沖縄県の5自治体. 5月, 求職者支援法と改正雇用保険法(雇用保険適用者の拡大).
2012	【健康福祉局】就労体験の少ない若者(15～39歳)に対する社会参加・就労体験事業を1月より保土ヶ谷区で開始. 4月より, 教育支援専門員を各区に拡大.		厚生労働省下で「生活支援戦略」「生活困窮者自立支援」の検討進められる. 内閣府のパーソナル・サポート・サービス事業は本年度をもって終了.
2013	【経済局】4月, 雇用労働課, 就職難航者の個別カウンセリングを中心とした「ワークサポートよこはま」を開始. 【健康福祉局】10月, 生活困窮者自立支援モデル事業(相談窓口)を中区にて開始. 【こども青少年局】パーソナル・サポート・サービス事業終了を受け, 若者サポートステーションの拡充(相談員増員).	くらし再建パーソナルサポートセンターの設立. 生活困窮者自立促進支援事業(モデル事業)の開始. とよなか若者サポートステーションの開設.	1月,「生活困窮者の生活支援の在り方に関する特別部会」報告書. 12月, 改正生活保護法と生活困窮者自立支援法の成立.

注：本書における分析対象期間は2012年度までだが, 2013年度の動きについても, 参考までに掲載した.

地域における訓練・就労場所の開発に力を入れてきた．こうした事業展開の経過をまとめたものが図表序-1 である．

3-2　調査の概要

続いて調査の概要を述べよう．横浜市では，2008～2010年度の時期に，市内のいくつかの困難者支援組織での聴き取りや（参与）観察を行なった．その後，2011～2012年度には新たなメンバーを加え，関東在住の9名（筒井，本田，堀，居郷，御旅屋，有海，福田，喜始，寺地）によって調査を継続してきた．以上の過程では，こども・青少年局の若者支援担当部署，経済局雇用労働課や市の職業訓練校，健康福祉局保護課，いくつかの区，さらには営利企業も含めた地域の支援諸組織へと対象を広げてきた（図表序-2）．

以上のような調査対象の展開からわかっていったことは，横浜市では，就労支援を実施する際，各部局の独立性，区の本庁からの独立性が高い，ということである．たとえば，無料職業紹介事業1つとってみても，雇用労働課／保護課／こども家庭課はそれぞれ別個に実施している．雇用労働課がイニシアチブをとっている豊中市とは対照的である．

豊中市では，2008～2010年度までの時期に，雇用・労働に関する中心的事業である地域就労支援事業（無料職業紹介事業を含む）および，豊中市地域雇用創造協議会がこの期間に実施していた「とよジョブ」の活動を主な対象とする調査・観察を行なった．その後，2011～2012年度には新たな研究メンバーを加え，関西在住の4名（櫻井，長松，阿部，仲）によって同市での調査を継続してきた．この過程では政策に直接・間接に携わる民間機関の数も非常に増え，私たちの調査対象も多様な関連機関へと広がりをもつことになった（図表序-3）．

以下の各章における分析でこれらの調査データに言及する際は，個別の調査日時・対象者について注釈しない（ここで一括して示す）ことをご了承いただきたい．

3-3　本書の構成

本書は三部構成をとる．第Ⅰ部（第1～2章）は国の労働政策・福祉政策の概略を述べ，両市の基本的属性をおさえる．第Ⅱ部（第3～5章）は横浜市，

図表序-2　2011〜2013年度　横浜市聴き取り調査のご協力先一覧

部署・組織		担当者	2011年度	2012〜13年度
横浜市職員				
経済局，雇用労働課および横浜市中央職業訓練校		西野晴夫さん（課長），永井隆さん（就労担当係長）		2012年6月5日，7月3日
		田中恒夫さん（訓練校校長）　※西野さんと永井さん同席		2012年7月23日
		西野晴夫さん（課長），福島一広さん（後任の就労担当係長），高崎基雄さん（後任の訓練校校長），横路恵美さん（訓練校副校長）		2013年6月25日
健康福祉局保護課		巻口徹さん（課長）		2012年6月18日
青葉区保護課		影島誠さん（課長），岩井一芳さん（係長）		2012年7月12日
南区保護課		霧生哲夫さん（課長）		2012年7月13日
鶴見区保護課		田子明子さん（課長），鎌田猛博さん（係長），藤井健市さん（係長）		2012年7月27日
関係組織				
ワーカーズコープセンター事業団／連合会		高成田健さん（神奈川事業本部），田嶋康利さん（連合会事務局長）	2012年2月13日	
		永戸祐三さん（理事長）	2012年2月24日	2012年7月19日
「くらしのサポートプロジェクト」協議体		主に，鳴海美和子さん（ワーカーズコープセンター事業団神奈川事業本部），平尾弘子さん（企業組合ワーカーズコープ・キュービック），松川由美さん（ワーカーズ・コレクティブ協会）	2011年11月以降，約20回訪問	
人材企業Z社		官公庁事業本部Sさん，広報室Tさん		2013年2月18日

　第Ⅲ部（第6〜10章）は豊中市を分析する．終章では，基礎自治体の就労支援について展望する．つまり，「私たちはどんな価値を重んじ，どんな社会のあり方や生活の仕方を望んでいるのか？」と自問し，行政のアカウンタビリティの問い方を洗練することにつなげていく．

　いくつか断り書きをしておく．第1に，分析対象の2市は，人口や産業，自治体規模の違いが大きいため，整然とした比較対照を意図した叙述はなされていない．第2に，あらゆる政策や事業を網羅することは不可能であり，またこうした調査は人的つながりや時機に依存することを，本書は反映している．そのため各章は，全体と関連しながらも，比較的独立性が高い．第3に，調査先からの要請により書けなかったことや表現を「丸めた」箇所，インタビュー対

序　章　「就労支援の意味」を問うことの意味

図表序-3　2011〜2013年度 豊中市聴き取り調査のご協力先一覧

部署・組織	担当者	2011年度	2012〜13年度
豊中市職員			
福祉事務所	佐津川晋さん（生活福祉課主幹），岡本真智子さん（就労支援員），阪本真悠さん（ケースワーカー）	2011年8月22日	
	佐津川晋さん（生活福祉支援チーム長〔主幹〕），岡本真智子さん（就労支援員），澤田美奈子さん（自立支援グループ長），高木孝一さん		2012年5月18日，2013年7月25日
無料職業紹介所・豊中	Aさん・Bさん（人材コーディネーター）	2011年8月1日	
	中井峰子さん（人材コーディネーター）		2012年12月27日
地域就労支援センター	小川英子さん（地域就労支援コーディネーター），槌谷光義さん（雇用労働課長）	2011年8月30日	2012年7月23日
市民協働部	西岡正次さん（市民協働部理事，くらしセンター長）	2011年3月15日	2012年3月1日
関係機関			
豊中市地域雇用創造協議会	平岡直子さん（コーディネーター）	2011年8月24日	2013年3月25日
豊中市社会福祉協議会	勝部麗子さん(地域福祉課長)，前中史雄さん（常務理事兼事務局長）	2011年8月30日	
	勝部麗子さん（同上），能田美貴さん（コミュニティソーシャルワーカー），Cさん・Dさん(びーのびーのプロジェクト参加者)		2012年12月17日
NPO豊中市障害者就労雇用支援センター	宮内加代子さん（事務局長），入部正也さん（㈱きると事務統括部長）	2011年8月24日	
㈱きると	入部正也さん（事務統括部長）		2012年5月14日
特定非営利活動法人ZUTTO	佐々木妙月さん（理事）	2011年9月14日	2012年5月14日
(ZUTTO事業報告会)			2012年3月21日
情報の輪サービス㈱	佐々木妙月さん（代表取締役）		2012年5月21日
	Eさん・Fさん・Gさん（銀座食堂従業員）		2012年9月11日
豊中市パーソナル・サポートセンター	白水崇真子さん(チーフパーソナルサポーター)	2011年9月14日	
S社（介護事業者）	Hさん（代表取締役）		2012年4月9日
豊中商工会議所	東能久さん（事務局長）		2012年4月25日
㈱ナイス	佐々木敏明さん（くらし応援室室長）		2012年8月7日
豊中緑化リーダー会	籔本圭一さん（会長）		2012年9月14日

象者と私たちの解釈が相違し，解消の見込みが非常に薄いため，言及しなかったり遠まわしに述べたりした箇所もいくつかある[3]．掘り下げが甘い箇所には，そうした事情によるものもあるので，「行間を読んで」いただければと思う．

注
1) このような社会的適応性を向上させる能力や習慣の形成が大切なのは，それが支援対象者本人の主観的な「生活の質（QOL: Quality Of Life）」をも高めるからである．このことは，サービスインテンシブ・アプローチが言及される際，あまり指摘されないが，見逃してはならない点である．
2) 現場の実践を調べる際に注意が必要なのは，現場の人びとは「中間的就労」と「社会的就労」の意味合いの違いを厳密に分けて使っているとは限らない，ということである．たとえば，事業名には「中間的就労」という言葉が使われていても，現場では「一般就労に至らなくても構わない」といった思いで支援がなされていたりすることもある．
3) なお横浜市では，残念ながら，或る就労支援組織のフィールドワークに基づく章の収録を，諸般の事情により，見送らざるをえなかった．

第 Ⅰ 部

国の政策と2市の概要

第 1 章

国の福祉政策・労働政策の変遷

福田志織・喜始照宣・長松奈美江

1　福祉・労働政策における 2 つの潮流

　本章では，日本における福祉政策と雇用・労働政策のなかで，公共職業訓練制度（第 2 節），生活保護受給者への就労支援政策（第 3 節），母子世帯の母への支援政策（第 4 節），若者への支援政策（第 5 節）を取り上げ，その変遷を概観する．第Ⅱ部と第Ⅲ部で分析する事例の法的・政策的背景について，基礎的理解を得ておくことが目的である（福祉と雇用・労働分野が交差する政策としては，その他にも障害者や高齢者等の分野があるが，本書ではこれらについて焦点を当てるわけではないため，ここでは割愛する）．
　各分野の政策変遷には，2 つの大きな潮流がある．1 つは，ワークフェアと呼ばれる「福祉から就労へ」という流れであり，もう 1 つは雇用政策における自治体の役割拡大の流れである．
　序章第 2 節でも確認したように，ワークフェアという言葉は多義的に使われることもあるが，広義には「何らかの方法を通して各種社会保障・福祉給付（失業給付や公的扶助，あるいは障害給付，老齢給付，ひとり親手当など）を受ける人びとの労働・社会参加を促進しようとする一連の政策」（埋橋 2007, p.18）を意味する．後述する生活保護受給者や母子世帯の母への就労支援の強化施策は，このワークフェアの流れ，より正確には「ワークファースト・アプローチ」の流れを受けているということができるだろう．

自治体の役割拡大については，2000年代初頭の地方分権一括法や改正雇用対策法によって，自治体に，地域の実情に応じて雇用に関する必要な施策を講じる努力義務が課されるようになった（濱口 2004）．生活保護等の福祉分野に関しては，これまでも自治体が中心的な役割を担ってきたが，近年では地域住民の就労支援についても自治体の役割および権限が拡大している．

2　公共職業訓練制度

　公共職業訓練とは，職業能力開発促進法に基づき，国（独立行政法人高齢・障害・求職者雇用支援機構）および都道府県（市町村は任意）が実施している職業訓練のことである．歴史的にみれば公共職業訓練は，失業対策事業としての離職者訓練がその始まりで，「日本的経営」が重視していた企業内訓練の補完機能を果たしてきた（熊沢 2008）．したがって，そうしたビジネスモデルが崩れてきた昨今においては，公共職業訓練のもつ社会的重要性はより高まるわけである．

　国と都道府県（市町村含む）の役割分担としては，前者が「高度な施設・設備や訓練指導員等を要し，スケールメリットを活かすことで実現可能となるものづくり分野における先導的な職業訓練を含め，高度な職業訓練」の実施を，後者が「地域産業の人材ニーズに密着した，主に基礎的な技術・技能を習得させる訓練」の実施を担っている（厚生労働省 2011a, p.14）．つまり，国が高度職業訓練，地方（都道府県）が普通職業訓練を行なう役割にある．また，国および都道府県による職業訓練には職業能力開発施設が利用されており（施設数は第3章の図表3-5を参照のこと），基本的には，高度職業訓練は国が設置する諸施設（職業能力開発大学校，職業能力開発短期大学校，職業能力開発促進センター）で，普通職業訓練は各都道府県が設置する職業能力開発校で行なわれている．ただし，2011（平成23）年10月1日をもって，独立行政法人雇用・能力開発機構（能開機構）が廃止され，「職業能力開発業務など主要な業務については，高齢・障害・求職者雇用支援機構に移管された」ことで，「今後，職業訓練における都道府県の役割は相対的に高まる可能性があ」り（黒澤・佛石 2012, p.17），国と地方の役割分担は崩れてきているという（木村 2010）．なお，離職者

訓練に関しては，後述するように，国および都道府県の職業能力開発施設内で実施されている訓練（施設内訓練）のほかに，民間の専修学校等を活用した委託訓練がある．

つぎに，訓練対象者別に見ると，公共職業訓練は，ハローワーク（公共職業安定所）の求職者を対象とした離職者訓練，在職の労働者を対象とした在職者訓練，中学あるいは高校卒業者等を対象とした学卒者訓練の3つに大別される[1]．田中萬年によると，失業対策としての離職者訓練がまず制度化され，その後，「高度成長期に労働力不足を背景に学卒者訓練が，さらに技術革新が進展する下で在職者訓練が制度化され」てきたという（田中・大木編 2005, p.28）．離職者訓練は原則無料だが，在職者訓練および学卒者訓練に関しては，受講費用は有料となっている．主な訓練内容は，以下の通りである[2]．まず，離職者訓練は，国（独立行政法人高齢・障害・求職者雇用支援機構）が実施する場合は「テクニカルオペレーションや金属加工などものづくり分野が中心」であり，都道府県（市町村含む）の場合は，地域ごとの雇用・訓練ニーズに応じて，「情報ビジネスや介護サービス，建築など」の訓練が実施されている．在職者訓練の場合も，国と都道府県では対象者および訓練内容が異なっており，国は「企業で中核的な役割を果たしている人」を対象に「専門的知識や技能・技術を習得する」ことを目指した高度なものづくり訓練を，都道府県は「機械や機器操作などの基礎的な取り扱いを習得させる」基礎的な訓練を行なっている（期間：2日～5日程度）．最後に，学卒者訓練は，学校ごとに特色が見られるが，代表的な学科としては「OA事務科や自動車整備科，生産技術科」などがある．

現在，全国での受講者数は，離職者訓練が151,552人（全体の約55.5％），在職者訓練が103,001人（約37.7％），学卒者訓練が18,561人（約6.8％）の，計273,114人となっている（「平成24年度　公共職業訓練実施状況」）．離職者訓練においては，訓練実施主体によって，施設内訓練と委託訓練に区別されるが，離職者訓練における民間教育機関への委託訓練の割合は1990年代後半ごろから拡大しており（黒澤・佛石 2012, p.17），現在，離職者訓練にしめる委託訓練の割合は約7割（109,822人：72.5％）にも達している．また，リーマンショックや東日本大震災等の影響による雇用失業情勢の厳しさに対応するため，離職者訓練計画数（定員）は近年拡大傾向にあり，また安定雇用の実現のため，訓練

内容の充実化も図られている(『平成22年版厚生労働白書』p.247).その他,離職者訓練における近年の動向としては「企業実習を組み込んだ訓練の導入」も注目される(黒澤・佛石 2012, p.17).他方,学卒者訓練に関しては,1975年に公共職業訓練計画数全体の30.6%をしめていたが,2007年には全体の約7%をしめるに過ぎなくなっており,在職者訓練に関しては,1970年代から90年代(1995年には全体のうち63.9%)にかけて計画人員(定員)は約3.8倍に増加したものの,その後は減少傾向にある(永田 2010, pp.51-52).

ちなみに,公共職業訓練は雇用保険法の財源をもとに運営されているため,主に雇用保険受給者を対象としているが,雇用保険を受給できない求職者を対象とする「第2のセーフティネット」として,求職者支援制度が2011年10月から実施されている.求職者支援制度は,2009年7月に開始され,2011年9月に終了した「緊急人材育成・就職支援事業」(基金訓練)を引き継いで(恒久制度化),同年10月に始動した職業訓練制度であり,主な支援内容としては,無料で受講可能な「求職者支援訓練」(1コース3ヵ月から6ヵ月)および「公共職業訓練」の実施,ハローワークでの就職支援の実施,ならびに収入や資産等の一定の条件を満たした者への訓練期間中における「職業訓練受講給付金」(月額10万円+通所手当)の支給が挙げられる[3].

さらに,こうした「『第2のセーフティネット』の整備(求職者支援制度の創設等)」とともに,現在進められているのが「雇用保険制度の機能強化」である.雇用保険制度の機能強化に関しても,2009年4月1日施行の雇用保険法一部改正による短時間就労者・派遣労働者の雇用保険の適用範囲拡大(適用基準の緩和)等,ここ数年で大きな動きがいくつか見られる.また,これらの取り組みが進められている背景としてあるのが「新成長戦略」(2010(平成22)年6月18日閣議決定)の方針であり,そこでは「成長を支える『トランポリン型社会』の構築」として,「北欧の『積極的労働市場政策』の視点を踏まえ,生活保障とともに,失業をリスクに終わらせることなく,新たな職業能力や技術を身につけるチャンスに変える社会を構築することが,成長力を支えることとなる」ことが述べられている[4].

以上からは,生活面での下支えが雇用保険によって強化されつつ,都道府県における公共職業訓練の役割が高まることが予想されよう.では,市町村にお

けるそれはどうなるだろうか．この点は，第3章第2節で，全国で唯一，公共職業訓練校をもつ基礎自治体である横浜市に着目し，考察してみたい．

3　生活保護受給者への就労支援政策

　生活保護受給者への就労支援はどのように進んできたのだろうか．地方自治体で生活保護受給者への就労支援が本格的に開始されるようになったきっかけは，2004年12月に出された「生活保護制度の在り方に関する専門委員会」の最終報告書（以下，「在り方委員会最終報告書」）である（厚生労働省社会保障審議会福祉部会 2004）．

　この「在り方委員会最終報告書」では，生活保護制度のあり方を，生活困窮者の自立・就労を支援する観点から見直すことが主張された．この報告書で主張されたこととして，次の2点を指摘する．第1に，生活保護受給者の「自立」が多義的な意味で捉えられていることである．「在り方委員会最終報告書」によると，「自立支援」とは，「利用者が心身共に健やかに育成され，又はその有する能力に応じ自立した日常生活を営むことができるように支援するもの」を意味する．そのような意味での支援が行なわれるために，「自立支援」は，就労による経済的自立のための支援（就労自立支援）のみならず，日常生活自立支援，社会生活自立支援を含むものとされた．日常生活自立支援とは，身体や精神の健康を回復・維持し，自分で自分の健康・生活管理を行なうなど日常生活において自立した生活を送るための支援である．社会生活自立支援は，社会的なつながりを回復・維持するなど，社会生活における自立の支援である．

　第2に，「在り方委員会最終報告書」では，生活保護受給者と日々接している地方自治体が，被保護世帯の現状をふまえ，地域の社会資源を活用することによって，「自立支援プログラム」の策定・遂行に取り組むことが期待された（厚生労働省社会保障審議会福祉部会 2004）．

　この報告書を受けて，厚生労働省は2005年度から自立支援プログラムの補助事業を開始し，各自治体で自立支援プログラムが実施されるようになった．早くから自立支援プログラムに取り組み，成果を上げてきた事例として，北海道釧路市（釧路市福祉部生活福祉事務所編集委員会 2009）や埼玉県（埼玉県ア

ポート編集委員会 2012），東京都板橋区（東京都板橋区ほか 2008）などが挙げられる．たとえば釧路市では，福祉事務所が地域の NPO と連携し，就職活動支援だけでなく，中間的就労事業や生活支援，受給世帯の子どもたちに向けた教育支援などを実施している．このように，地域における生活保護受給者の居場所づくりを目指して，多様な支援が行なわれている．

　これは，「在り方委員会最終報告書」で提起された多様な自立の考え方を反映した支援であるといえよう．しかし，釧路市のような事例が全国に広がっているわけではない．確かに，生活保護受給者への自立支援プログラムは全国で実施されるようになったが，実際の支援では，「雇用労働に就かせる」こと，そして「就労自立させる」ことだけが目指されている場合が多い．全国の福祉事務所において，生活保護受給者への支援として最も普及しているのは，「生活保護受給者等就労支援事業」活用プログラムである（五石 2011）．就労による自立以外の，「社会生活自立」や「日常生活自立」に特化したプログラムは，全国に広がっていない．各種の支援プログラムを評価する基準としても，支援を受けた者が実際にどのくらい就労したかを表す就労率が重視される傾向にある．

　ただし，「就労による自立」が重要視される背景には，全国の福祉事務所が抱える問題がある．第1の問題は，生活保護受給者への支援事業において，福祉事務所が連携する先として，ハローワーク以外に選択肢がない，ということである．「生活保護受給者等就労支援事業」活用プログラムは，以下の2段階で進む．(1) 福祉事務所が生活保護受給者のなかから，稼働能力があること，就労意欲があること，就労阻害要因がないこと，事業への参加に同意していることの4要件をすべて満たし，ハローワークとの連携による支援が効果的であると判断した者について，ハローワークに就労支援を要請する．(2) 福祉事務所から就労支援に関する要請を受けたハローワークでは，ハローワークの事業担当責任者，同プログラムのために新たに配置されたコーディネーター，福祉事務所のコーディネーターから構成される就労支援メニュー選定チームが，本人の希望，適性などに基づき，支援メニューを選定する（五石 2011, pp.148-149）．

　以上のように，このプログラムにおいては，ハローワークでの求職活動が支

援の中心である．生活保護受給者への就労支援に関する政府の指針でも，ハローワークとの連携は重視されている．2012年から厚生労働省社会保障審議会「生活困窮者の生活支援の在り方に関する特別部会」で検討された「生活支援戦略」でも，生活保護受給者への就労支援の強化の一環として，ハローワークとの連携を強化することが主張されている．しかしながら，受給者の有する能力に応じた「自立」を助長するために，受給者に促されるべき活動は，「雇用労働」に限らないはずである．また，若くして生活保護を受けている者は，過去における過度な労働やパワーハラスメントで心身ともに傷ついた人であることも多い．彼らの「自立」を助長するために，雇用労働が最適なものといえない場合もあろう．

　実際に行なわれているプログラムの内容や，以上で説明したような支援の方向性を反映して，就労支援の対象となる生活保護受給者は限定される傾向にある．中村ほか（2010）によれば，「生活保護受給者等就労支援事業」を含む各種の支援プログラムに関しては，全国の就労者がいない世帯のうち6.5%しか対象になっていないのが現状である．プログラムへの参加要件を満たす受給者が非常に少ないからである．さらに，参加要件を満たす，すなわち「働くことが可能な」受給者への効果的で集中的な支援が強調される一方で，この要件を満たさない受給者への支援は手薄になる傾向がある．

　福祉事務所が抱える第2の問題は，就労支援の大きな目的が，「保護費の削減」となってしまっていることである．生活保護受給者への支援プログラムの管轄は地方自治体の福祉部門（福祉事務所）である場合が多く，福祉部門は，年々増大し，地方自治体の財政を圧迫する保護費削減の圧力に晒されている．だが実際には，受給者の就労による保護費削減効果は大きいものではない．にもかかわらず，自治体としては「やらないわけにはいかない」し，やっている以上は，就労支援の「効果」が上がっていないと「行政のアカウンタビリティ」が問われる．ただし，本書で見ていくように，就労困難層がすぐに雇用労働に就くことは難しい．それだけでなく，実際の大きな問題は，生活保護受給者が多様である，ということなのである．就労困難層や多様な課題を抱えた層を支援していくためには，福祉事務所がハローワーク以外の機関とも連携することが必要である．また，即座に就職させることだけを目指さない支援や，支

援の結果を就労率だけで評価しないことが必要である．では，具体的にはどのような取り組みをしていけばよいのだろうか．そこで，第3章では横浜市の取り組みを，第8章では豊中市の取り組みを見ていきたい．

4　母子世帯の母に対する支援政策

　母子世帯への支援を規定する法律は，1964年に施行された「母子及び寡婦福祉法」である．また，母子世帯への直接的な現金給付としては，死別母子世帯が対象となる遺族年金と，主に生別母子世帯を対象とする児童扶養手当制度があり，後者は1961年制定の「児童扶養手当法」に規定されている（湯澤2009, p.30）．

　母子世帯に対する支援政策の大きな転換点となったのが，2002年の「母子家庭等自立支援対策大綱」の制定と，それに続く「母子及び寡婦福祉法」および「児童扶養手当法」の改正であった．「母子家庭等自立支援対策大綱」は，近年の離婚件数の増大を指摘した上で，「母子家庭については，母親の就労等による収入をもって自立できること，そしてその上で子育てができることが子どもの成長にとって重要」であると述べ，就労収入による経済的自立の重要性を強調している．また，「福祉事務所を設置する自治体（都道府県・市等）において相談，情報提供体制を整備」との記載もあり，国ではなく自治体を，母子世帯の母に対する支援の主体として位置づけている．

　この大綱の制定を受け，「母子及び寡婦福祉法」および「児童扶養手当法」が改正された．「母子及び寡婦福祉法」第4条には，制定時より母子世帯の母親本人の努力義務が規定されていたが，2002年の改正により，ここに「職業生活の」という1語が追加され，「母子家庭の母及び寡婦は，自ら進んでその自立を図り，家庭生活及び職業生活の安定と自立に努めなければならない」（下線部は筆者による）となった．また，「児童扶養手当法」にはそれまで努力義務の規定はなかったが，2002年一部改正により，「児童扶養手当の支給を受けた母は，自ら進んでその自立を図り，家庭の生活の安定と向上に努めなければならない」という同様の規定が追加された．この努力義務の強調は，条文に盛り込まれるのみならず，「受給資格者が，正当な理由がなくて，求職活動そ

の他厚生労働省令で定める自立を図るための活動をしなかったとき」には児童扶養手当の支給を停止するといった制裁的規定にも表れている（湯澤 2009, p.31）．また，児童扶養手当は「離婚後等の生活の激変を一定期間内で緩和し，自立を促進するという趣旨」であるという理由から，就労支援施策等の強化を図ることとあわせて，2008 年 4 月から受給期間が 5 年を超える場合に，その一部を支給停止することとなった．ただし，一定の事由に該当する場合は一部支給停止の適用を除外している（厚生労働省 2012a, p.51）．

　これらの法改正等を受け，各自治体は国の基本方針を踏まえた「母子家庭及び寡婦自立促進計画」を策定し，施策を講ずることとなった．厚生労働省の掲げる「母子世帯の自立支援策」は，(1) 子育て・生活支援策，(2) 就業支援策，(3) 養育費の確保策，(4) 経済的支援策，の 4 点を主な柱としており，各自治体はこの 4 本柱に対応した施策を実施している．ここでは，(2) 就業支援策について詳しく見ていこう．

　母子世帯の母に対する就業支援としては，①ハローワークによる支援，②母子家庭等就業・自立支援事業，③母子自立支援プログラム策定等事業，④自立支援教育訓練給付金事業，⑤高等技能訓練促進費等事業等がある[5]．

　①ハローワークによる支援においては，「マザーズハローワーク事業[6]」として，子育て中の女性に対する就職支援サービス（仕事と子育てが両立しやすい求人の確保，保育関連サービス情報の提供等）が提供される．②母子家庭等就業・自立支援事業は，母子世帯の母等に対し，就業相談から就業支援講習会，就業情報の提供までの一貫した就業支援サービスや生活支援サービスを提供する事業であり，都道府県・指定都市・中核市では「母子家庭等就業・自立支援センター」を設置し，養育費相談等の生活支援も含むワンストップの支援を提供する．③母子自立支援プログラム策定等事業では，福祉事務所に自立支援プログラム策定員を配置する．この自立支援プログラム策定員は児童扶養手当受給者に対して個別に面談の上，本人の生活状況，就業への意欲，資格取得への取り組み等について状況把握を行ない，個々のケースに応じた自立支援プログラムを策定する．また，この母子自立支援プログラムの一環として，ハローワークと福祉事務所が連携した就労支援を行なう．④自立支援教育訓練給付金事業および⑤高等技能訓練促進費等事業は，いずれも教育訓練を受講する母子世帯の

母への給付であり，④は雇用保険の教育訓練給付受給資格のない者に対して同様の給付を，⑤は看護師等の資格を得るために養成機関で修学する者に対して，当該期間の生活費として給付を行なう（厚生労働省 2012, pp.18-34）．

このように，母子世帯の母に対する支援政策は，2002 年の法改正を契機として「ワークファースト・アプローチ」へと大きく舵を切った．また，その実施主体として，自治体が大きな役割を担うこととなった．しかし，日本の母子世帯の就労率は諸外国と比較して高く，また就労している場合であってもその貧困率は 58％と OECD 諸国で最高であることから，母親本人の努力義務を強調し，就労による自立に努める代わりに児童扶養手当を制限する政策に対し，批判の声が上がっている（湯澤 2009, p.33 ほか）．

そうした批判の声は，オルタナティブな実践というかたちをとることもある．本書の第 9 章が取り上げる，豊中市の庄内地区にある「銀座食堂」がそれだ．母子世帯の母がリビング・ウェイジを稼げる飲食店を目指す社会的企業である．

5　若者に対する支援政策

「若者」というカテゴリは近年まで，福祉政策，雇用・労働政策によって支える主な対象としては想定されてこなかった．それは，少なくとも 1980 年代までは，「学校と労働市場のあいだには，「新規学卒就職」と「日本的雇用」システムを通じきわめて強いリンケージが存在し，それが，若者たちの円滑な「学校から職業への移行」を実現してきた」ためと言われる（児美川 2010, p.18）．しかし 1990 年代以降，高卒就職者と大卒就職者のウェイトの逆転，雇用需要の縮小と雇用形態の多様化といった，需給両面における構造変化が進行し（金崎 2006, pp.171-172），若年失業率・離職率の上昇，若年者における無業者や非正規雇用従事者の急増といった問題が社会問題化するようになった．

こうした状況を重く受け止めた，1999 年の「第 9 次雇用対策基本計画」では，若年者雇用対策が 1 つの柱として示されている．同計画では，「中長期的に構造的失業の増加を抑制するためには，若年者の適切な職業選択，円滑な職業促進を図ることが重要であり，学生・生徒や未就職卒業者に対する職業意識啓発対策，就職支援を実施し，専門的な援助や就業体験の拡大を図るとともに，早

期離転職を繰り返す若年者に対する再就職支援対策が必要」と述べられ,従来は雇用施策の主要な対象ではなかった若者を,雇用のチャンスに恵まれない存在として位置づけを改めて,積極的な支援の対象としていく方向転換がなされた(高梨 2002, p.192).

続く 2003 年 6 月には,文部科学大臣・厚生労働大臣・経済財政政策担当大臣を構成メンバーとする若者自立・挑戦戦略会議が「若者自立・挑戦プラン」を発表した.同プランは,若者の置かれた雇用状況を改善するため,「政府,地方自治体,教育界,産業界等が一体となった国民運動的な取り組み」の必要性を述べ,①キャリア教育の推進,②能力を軸としたマッチングの仕組みや,実践的な職業能力評価の仕組みといった若年労働市場の整備,③高度な専門能力をもつ人材の養成等による若年者の能力向上,④創業・起業支援による新たな市場・就業機会の創出,の 4 点を具体的政策の方向性として打ち出した.またこのほかに,地域における若年者対策の拠点として,若年者に対する能力開発,情報提供等のサービスを実施する「若年者のためのワンストップサービスセンター」(通称ジョブカフェ)の設置が提唱され,ジョブカフェは 2013 年 4 月現在,46 の都道府県で設置されている.

「若者自立・挑戦プラン」策定以降も,「若者自立・挑戦プランの強化の具体的方向」(2004 年 6 月),「若者の自立・挑戦のためのアクション・プラン」(2004 年 12 月),「若者の自立・挑戦のためのアクション・プランの強化」(2005 年 10 月)等が発表され(児美川 2010),また「若者の人間力を高めるための国民会議」では「フリーター 20 万人常用雇用化プラン」(2005 年 10 月)が示されるなど,正規雇用の職に就けない若年者の支援は継続されてきた(労働政策研究・研修機構 2012a).

続いて 2006 年より,厚生労働省は「地域若者サポートステーション事業」を開始した.この事業は,厚生労働省と自治体が協働し,地域の支援団体等に委託する形で「地域若者サポートステーション」を設置するもので,2013 年 3 月現在,全国に 149 ヵ所が設置されている.「地域若者サポートステーション」は,地域における若者支援の拠点として,キャリア・コンサルタントなどによる専門的な相談や,協力企業による就労体験といった支援サービスを提供している[7].

一方で,「就業支援」に留まらない, 包括的な支援施策の流れも出てきている. ここまで概観してきた若者支援施策は, 主に「就業支援」に関するものであったが, 孤立やひきこもり等, 就業支援の枠を超えた包括的な自立支援の必要性も指摘されている. 2005年6月に発表された, 内閣府「若者の包括的な自立支援方策に関する検討会」の報告書は,「若者自立・挑戦プラン」に始まるさまざまな対策について,「いわゆる「ニート」やひきこもりと呼ばれる若者など, 社会との繋がりを築きにくい若者に対しては, これまで政策的支援が十分に届いていなかったのではないか」と問題提起し, また,「若者の自立支援を国の最重要課題の一つとして位置づけ, 教育・生涯学習・就労・社会保障・家族・健康医療等に関する包括的な自立支援方策を全政府的に推進すべき」との方針を示した. また, 地域の福祉機関や就労支援機関, 教育関係機関, 保健・医療機関等が連携する専門支援機関ネットワークの構築, 若者の自立支援に対応する専門的な相談員(ユースアドバイザー)の養成といった具体的な提案を行なっている.

　先述の「地域若者サポートステーション」に関しても, 新たな動きが見られる. 2013年2月, 厚生労働省「「地域若者サポートステーション事業」の今後の在り方に関する検討会」の報告書が発表され, このなかでは, 生活困窮者に対する生活支援策との連携がポイントの1つとして強調された. 若年無業者・フリーターの増加を受けて始まった若者支援施策であったが, これまで「就業支援」に重きを置いてきた施策から, 生活支援を含む包括的な支援策へのシフトを迫られているといえよう.

　支援の包括性を担保するには, 自治体は, 庁内各部署と庁外諸機関との連携を形式にとどまらない実効的なものにしなければならない. それには,「汗をかく」ことを厭わない職場文化とともに, 行政的な強制力もまた必要となる. 2009年7月に制定された「子ども・若者育成支援推進法」はそれである. 同法は, 自治体に子ども・若者育成支援の努力義務を負わせている. 行政行為だからやらねばならないという正当性による迫りなのである.

　以上のような政策動向に自治体が臨機応変に対応するには, 事業受託業者にそのようなシフトが可能なのかが, 1つのポイントになるだろう. だとすれば私たちは,「連携」という耳当たりの良いスローガンにメスを入れ, 事業受託

業者の「自助努力」を当然のごとく要請して良いのかと自問するべきだろう．

6　対象者を限定しない支援へ

　本章では，公共職業訓練制度，生活保護受給者への就労支援政策，母子世帯の母に対する支援政策，若者に対する支援政策について，その変遷を概観した．
　公共職業訓練制度は国および自治体（主に都道府県）が実施してきたが，近年は自治体が担う役割の比重が高まっている．また，求職者支援制度の開始により，雇用保険を受給できない者に対する職業訓練や，職業訓練の受講を条件とした給付金の支給が行なわれている．また，生活保護受給者や母子世帯の母に対しての支援政策は，ワークファースト・アプローチの潮流を背景に就労支援が強化され，特に後者では就労への努力（求職活動，職業訓練の受講等）が給付金を受ける条件として位置づけられるようになった．一方，若者については，近年の若年者雇用問題が契機となってさまざまな政策が導入されたため，当初より就労支援の色合いが濃かったが，就労支援のみでは自立が困難な若者を対象とした，包括的な自立支援政策の動きも始まっている．
　ここまで，「学卒者・在職者・離職者」「生活保護受給者」「母子世帯の母」「若者」と，支援対象者のカテゴリ別に，彼らへの支援政策を概観した．一方で，近年の新しい動きとして，対象者を限定しない支援の方向性が模索されている．
　2010 年度より，内閣府は「パーソナル・サポート・サービス」モデル事業を開始した．これは，政府の新成長戦略（2010 年 6 月）の「21 の国家戦略プロジェクト」の 1 つであり，自立に際して複合的な課題を抱える人を対象に，包括的・個別的な支援を行なう仕組みの構築を目指した事業である．このモデル事業は，自治体，もしくは NPO 等の民間団体が主体となって運営し，2010 年度より全国 5 地域（横浜市が参加）で，2011 年度は 19 地域（豊中市が参加），2012 年度は 27 地域で実施された．
　「パーソナル・サポート・サービス」モデル事業は，3 年間という時限的な予算によるものであったが，2013 年 1 月に発表された厚生労働省社会保障審議会『生活困窮者の生活支援の在り方に関する特別部会報告書』では，この

「パーソナル・サポート・サービス」モデル事業を発展させた包括的・個別的な支援体制を，制度として全国に拡大していくことが方針として打ち出された．この報告書を受けて「生活困窮者自立支援法」[8]が起案され，2013年秋の国会で成立した（2015年4月施行）．

「生活困窮者自立支援法」には，この相談支援事業（同法では「自立相談支援事業」との名称で規定されている）のほか，住居確保給付金の支給や就労準備支援事業，一時生活支援事業，家計相談支援事業，学習支援事業，生活困窮者就労訓練事業（いわゆる中間的就労[9]）といった施策[10]が盛り込まれている．

中間的就労とは，一般就労といわゆる福祉的就労との間に位置する就労の形態を指す[11]．同法では，これを社会福祉法人，NPO法人，営利企業等が自主事業として行ない，都道府県知事が認定する仕組みが想定されている．このような働き方は，これまでも就労支援に関わる自治体や民間団体によって各地で取り組まれてきたのであり，本書第Ⅱ部以降でも，これに類する取り組みが紹介される．これらは，「生活困窮者自立支援法」が構想される前から各地のニーズに合わせた多様な形で行なわれてきたもので，同法に基づいて国が定めるであろう基準[12]を一律に満たしているわけではないものの，今後，中間的就労が全国的に制度化されるうえで，非常に示唆に富む先駆的な事例である．

また，「生活困窮者自立支援法」は，その定める施策を適切に実施する義務を，自治体[13]に負わせると規定している．費用についても，国が一定割合[14]を負担するが，自治体にも負担を求めている．本章でこれまでに見た，さまざまなカテゴリの人への支援制度と同様に，新たな法においても，自治体の役割が重要視されている．基礎自治体の就労支援に着目した本書の研究は，この新たな動きを考えるうえでも，1つのヒントとなるだろう．

注
1) 「職業能力形成システム」として，現行の公共職業訓練の一部を包含するかたちで制度設計されているジョブ・カード制度についての詳しい説明は，堀（2012）や木村（2011）等を参照されたい．
2) 訓練内容についてはおもに厚生労働省HPや広報誌『厚生労働』2012年10月号，pp. 26-28を参照．
3) 求職者支援制度リーフレット（厚生労働省HP）

4)「新成長戦略──『元気な日本』復活のシナリオ」2012, p.32（首相官邸HP）
5) その他，在宅就業支援に取り組む自治体への助成事業，母子家庭就業・自立支援センターにおける職業訓練受講時の託児サービス実施事業，民間企業に委託してのひとり親家庭就業支援事業，就業・社会活動困難者への個別訪問事業等が実施されている．
6) 2012年時点で，マザーズハローワーク（ハローワークの所外に独立設置）が全国で13箇所，マザーズコーナー（ハローワーク内に設置）が全国で160箇所設置されている．
7)「地域若者サポートステーション事業」実施団体選定（厚生労働省HP）
8)「生活困窮者自立支援法」（厚生労働省HP）
9) 上記「生活困窮者自立支援法」条文に「中間的就労」の文言はないが，『社会保障審議会生活困窮者の生活支援の在り方に関する特別部会報告書』によると，この就労訓練事業が，同報告書のいう「中間的就労」であると考えられる．
10) 自立相談支援事業の実施および住宅確保給付金の支給は必須事業，就労準備支援事業，一時生活支援事業，家計相談支援事業，生活困窮家庭の子どもへの学習支援事業等は任意事業である．
11)「中間的就労のモデル事業実施に関するガイドライン」（厚生労働省HP）
12) 生活困窮者自立支援法の施行は2015年4月だが，同法に定める各事業は2013年度よりモデル事業として一部自治体で実施されている．生活困窮者就労訓練事業（いわゆる中間的就労）のモデル事業実施に当たっては，厚生労働省よりガイドラインが提示されており，同法施行後も一定のルールの下での事業実施が求められるだろう．
13) 自立相談支援事業および住居確保給付金の支給については，市および福祉事務所を設置する町村が実施義務を負い，都道府県には必要な助言や情報の提供等の援助の義務が課せられる．
14) 自立相談支援事業，住居確保給付金については経費の3／4，就労準備支援事業，一時生活支援事業については2／3，その他の事業については1／2を国庫が補助し，残額を自治体が負担する．

第 2 章

横浜市と豊中市の概要

御旅屋達・寺地幹人

　本章は自治体の就労支援を論じるに当たって，自治体の基本的な情報を整理し，単に研究対象を紹介するだけではなく，当該の自治体においてなにゆえ独自の支援のかたちが育ってきたのか，その理解の下敷きとして位置づけられる．第Ⅱ部第Ⅲ部において論じられる，その地域に特徴的な支援は，それぞれの自治体において解決すべきであるとされた課題をベースに組み立てられている．本章は，2市の人口動態，位置的特徴，労働市場など基本的情報を整理し，そこから見とおすことのできる，2市が抱える課題について推察する．

1　横浜市の概要

　横浜市は，周知の通り神奈川県東部に位置する県庁所在地である．東京都区部を除けば人口規模が最大（約370万人）であり，18の行政区を抱える政令指定都市である．北部は東京都区部への通勤圏であり，中心部はオフィス街や商業地帯であり，また東京湾岸の大規模な港湾地帯が存在するなど，多様な顔をもち，市内に多様な産業が存在することがうかがえる．2005年の横浜市民意識調査によると「横浜を最も良くあらわすイメージ（複数回答）」として，「海と港」が85.8％，「異国情緒・国際都市」が57.1％と他の項目に比べ高い数値を示しており，横浜港に面したみなとみらい地区を中心に，異国情緒あふれる観光都市として，国際的で華やかなイメージがもたれている．しかしこういったイメージはもちろん横浜市の特徴の一部にすぎない．横浜市は，県で最大の

面積（437.4km²）であり，北は川崎市，東京都町田市，南は鎌倉市，逗子市など7つの自治体と隣接しているという一面もある．

人口にまつわる基本的情報を整理していくと，まずは市を大きく二分することができる．すなわち，東京通勤圏としての市北部と，横浜通勤圏としての市中南部である．市内を通る鉄道路線から見ると，東急田園都市線が通る青葉区，東急東横線が通る港北区，京急線，JR京浜東北線が通る鶴見区などが前者に当たる．かたや相鉄沿線に当たる泉区・瀬谷区・旭区・保土ヶ谷区，横浜駅以南の京急線が通る南区・金沢区，JR根岸線が通る磯子区・港南区・栄区・中区など，横浜駅より南西部に当たる区が市中心部への通勤圏である後者といえる．平成22年（2010年）の国勢調査によると，特に青葉区においては半数以上が市外への通勤・通学者であり42％が東京都へ通勤・通学している．続いて港北区（35.1％），鶴見区（28.4％），都筑区（27.8％），西区（27.7％）が東京都への通勤・通学者を多く抱えていることになる．市内での通勤・通学の割合が最も高いのは磯子区（62.6％）であり，南区・港南区（60.6％）がそれに続いている．

人口は2005年から2010年までにいまだ約11万人の増加を示している（東京都区部に続き全国で2番目に大きな増加数）．しかしながらここ数年の増加率の低下は著しく，2011年の増加数は2,218人（人口増加率0.06％）で戦後最も少なくなっており，徐々に人口減少への道を進んでいるといってよい．一方で港北ニュータウンを擁する都筑区（増加率1.29％）や港北区（0.76％）など北部の東京通勤圏は，人口増加の流れが続いており，区によって人口動態は大きく異なる．先述のように，特に人口が集中している北部を中心に東京都区部への通勤圏に当たり，昼夜間人口比は市全体で91.5（2010年国勢調査）だが，行政の中心である中区では166.6，商業の中心である西区では179.7となり，この両区に関しては他県在住者も含め就業・就学者の集中する地帯となっている．この両区以外の区の昼夜間人口比率はすべて100を下回っており，横浜市の労働市場は中区と西区がその中心にあるといえる．

また，全国的な流れに違わず，横浜市においても，高齢化は進行しているが，行政区によってその様相は大きく異なる．図表2-1を見ても，東京通勤圏と市内通勤圏ではっきりと分かれていることが見て取れる．都筑区，青葉区，港北

区といった東京通勤圏を中心とした市北部中部においては若年人口の割合が比較的高く，一方で横浜市内への通勤圏である市南部においては老年人口の割合が高くなっている．このように人口動態を見る限り，ある種の南北の格差が生じていることがわかる．

続いて労働市場を見てみよう．横浜市の有効求人倍率は2013年1月で，0.75倍（季節調整済み，全国0.85倍）であり，全国の動きと連動するように2010年以降は回復傾向を見せている．1997年からの推移を表した図表2-2を参照すると，基本的には全国の動きと連動していることがわかる．この15年ほどのピークである2006年においては1.2倍まで回復するものの，その後は

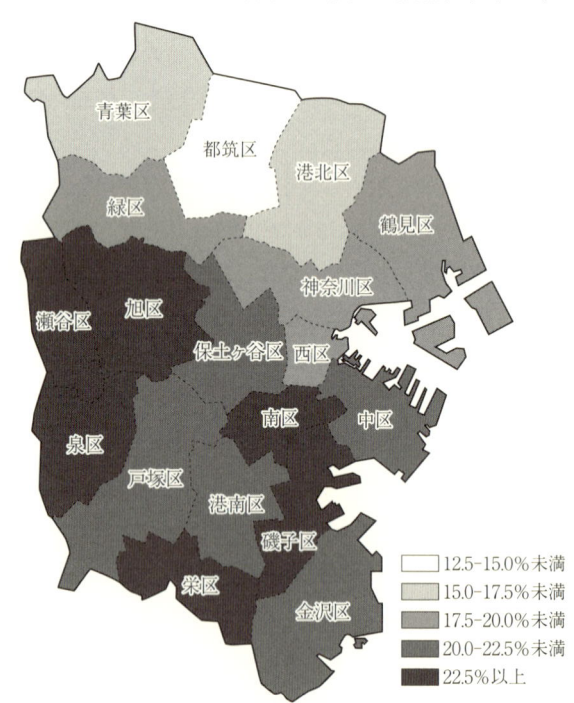

図表2-1　横浜市の18行政区と行政区別高齢化率（2010）

出典：横浜市HPより筆者作成．

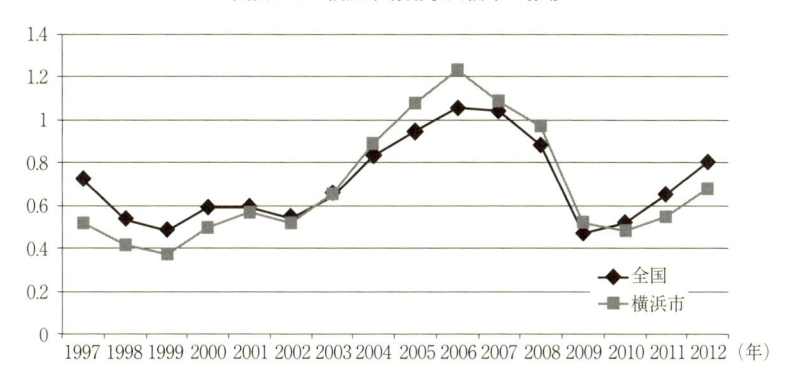

図表 2-2　横浜市有効求人倍率の推移

出典：横浜市 HP より筆者作成.

また低迷しており，厳しい状況が続いているといってよい．

では，横浜市ではどの業種において人材が求められているのだろうか．図表 2-3 は市内の求人数をグラフにしたものである．特に「医療，福祉」や「建設業」の割合が高く，京浜工業地帯の一部ではあるが，製造業の求人は比較的多くないことがわかる．なお，2 番目に大きい「その他サービス業」には，実にさまざまな業種が含まれる．廃棄物処理業，物品賃貸業，民営職業紹介所，労働者派遣業……つまり，非常に都市的な労働需要が存在している．また，図表は省略するが，情報通信業の従事者数が全国と比較して多いのも横浜市の特徴である．このように，大きな規模をしめる求人は，一定の職業訓練が必要でありつつも，不安定雇用のそれが多い．だからこそ求人があり，他方でこのことが，第 3 章第 2 節で詳しく見るように，市の職業訓練校において，介護系と IT 系のコースが用意されていることの証左（の一部）となる．

以上，横浜市の概要について見てきた．北部の東京通勤圏には比較的若い世代が多く，横浜市内で経済活動を営む者の多い市南部においては高齢化が進行している．また，第 3 章で後述するが，生活保護率や母子家庭率においても，市内の南北格差は存在する．ここに，横浜市の抱えている課題の一部が見えてくる．横浜市はそのイメージに比して決して安定した労働市場を維持できているわけではない．北部の若年層の雇用は東京都の労働需要が支えており，特に横浜通勤圏となる南部に関しては苦しい状況に置かれている．第Ⅱ部の諸章に

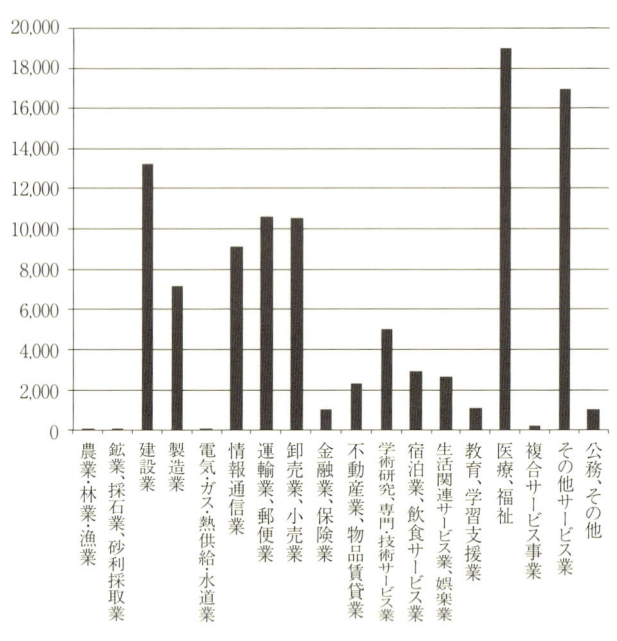

図表 2-3　2011 年度横浜市求人数

(グラフ: 業種別求人数)
- 農業・林業・漁業: ごく少数
- 鉱業、採石業、砂利採取業: ごく少数
- 建設業: 約 13,200
- 製造業: 約 7,100
- 電気・ガス・熱供給・水道業: ごく少数
- 情報通信業: 約 9,100
- 運輸業、郵便業: 約 10,600
- 卸売業、小売業: 約 10,500
- 金融業、保険業: 約 1,000
- 不動産業、物品賃貸業: 約 2,300
- 学術研究、専門・技術サービス業: 約 5,000
- 宿泊業、飲食サービス業: 約 2,900
- 生活関連サービス業、娯楽業: 約 2,600
- 教育、学習支援業: 約 1,100
- 医療、福祉: 約 19,000
- 複合サービス事業: ごく少数
- その他サービス業: 約 17,000
- 公務、その他: 約 1,000

注：横浜公共職業安定所，戸塚公共職業安定所，川崎公共職業安定所，横浜南公共職業安定所，港北公共職業安定所の 5 ヵ所の求人を合計．鶴見区を管轄区域に含む川崎公共職業安定所の求人を含む．また，横浜南公共職業安定所は逗子市，葉山町及び横須賀市を管轄区域に含んでいる．
出典：横浜市 HP より筆者作成．

おいては，多くの人口を抱え，安定した雇用を創出・維持できているように見える首都圏近郊都市における就労支援の現状を具体的に描き出していく．

2　豊中市の概要

　豊中市は，大阪府北部（豊能地域）に位置し，最西部は兵庫県（伊丹市，尼崎市）に，最南部は大阪市に隣接している．推計人口は 391,603，世帯数は 169,507（いずれも 2013 年 4 月 1 日時点）で，大阪府の市町村では 5 番目に人口が多く，2012 年 4 月 1 日に特例市から中核市に移行した（以上，櫻井（2012, p.55）と豊中（2013a）を参考）．面積は，大阪市・堺市の特別区を含む 74 の府内基礎自治体中 20 番目の 36.38km^2 である（図表 2-4）．

第 2 章　横浜市と豊中市の概要

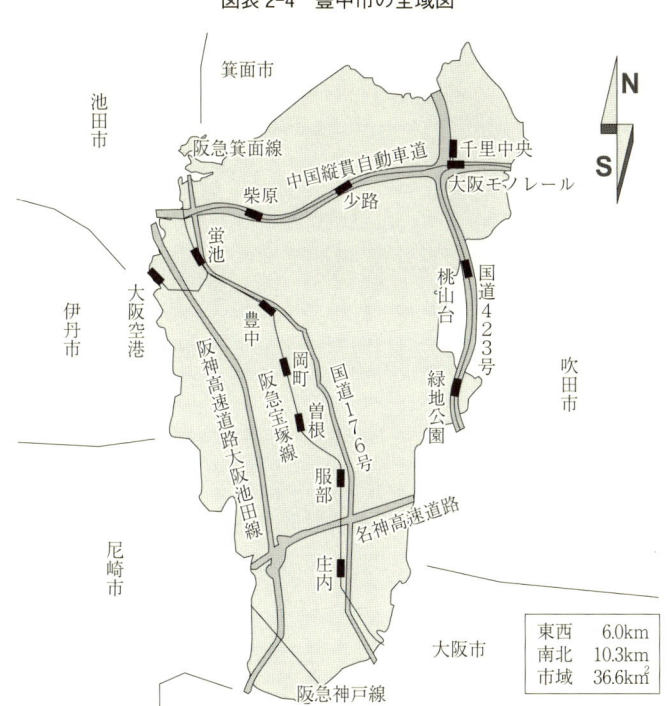

図表 2-4　豊中市の全域図

出典：豊中市の「とよなかわがまち――豊中市地図情報提供サービス」（2013 年 5 月 1 日取得，http://web02.city.toyonaka.osaka.jp/gis/frontindex.htm）より転載．

　市の東部には，吹田市にまたがって千里ニュータウンがあり，これは日本初の本格的なニュータウンである．2012 年でまちびらきから 50 年を迎えたが，1975 年をピークにその人口は減少しつつも，豊中市はその再生に取り組んでおり，豊中市域においては 2005 年の 2.8 万人から 2010 年の 3.2 万人へと，その人口が回復しつつある（豊中市 2013b）．こうしたニュータウンが存在することもあり，豊中市は，大都市のベッドタウンとしての特徴をもち，交通の利便性も高い．また，「文化活動への参加・創造の場と機会の提供が一定の水準に達して」おり，「市民の参加意欲が高く，施設がフルに活用されている」とされる一方で，文化面では東西南北でひと括りにできず，全域としては個性がないまちだという意見も存在する（豊中市 2013c, p.3）．

豊中市（2008, p.14）による市の特徴の整理・評価をまとめると，以下の5点になる．
①経済的には大阪市や大阪都市圏の影響が大きく，少子高齢化が進むものの，人口の自然増が見られ，ファミリー層の流入等がうかがえる．
②産業面では，「特定産業が集積する」という特色はないが，市全体の事業所数・従業者数等でみると，産業の規模は府内で上位にある．しかし，人口当たりのそれは下位にある．
③豊中市は高速道路や空港といった高速交通網の結節点にあり，電車・モノレール・バスなどの公共交通にめぐまれた交通利便性は，地域経済に大きな影響を与える要素である．
④住宅供給や住環境整備とともに，福祉や教育なども施設や機能面で高い水準にある．
⑤都市空間としては市街化が一巡して開発余地は限られているが，市域南西部に低未利用地（空港周辺にある国有の移転跡地等）があり，駅前商業地等では空き店舗等の低未利用地（床）が出ている．また南西部地域（空港周辺）では工場等の移転と宅地化，市内全域で宅地の更新や細分化などにともなう土地利用の転換・更新などが目立っている．産業・企業の新陳代謝，宅地の更新・変化など，土地利用は転換期にあるといえる．

人口に関してさらに詳しく説明する．従業地・通学地別人口を確認すると（大阪府 2012, p.4），総人口のうち，従業も通学もしていない者は37.7％，自市で従業・通学している者は28.3％，他市区町村で従業・通学している者は33.9％となっている．大阪府全体の値と比較すると，若干ではあるが，従業も通学もしていない者の割合が低く，他市区町村で従業・通学している者の割合が高いといえる．

約10年間，総人口は38万後半から39万前半で推移しているが，月単位の人口増加率の年平均を確認すると，2005年まではやや減少の傾向で，2006年以降はやや増加の方向に転じている（特に2008年と2012年は増加傾向）．転入者・転出者の年間平均の推移を確認すると（豊中市 2013a），転入者は緩やかに減少傾向，転出者は減少傾向にある．

高齢化に関しては，過去3回の国勢調査結果における65歳以上の人口割合

を確認すると（豊中市 2012a），14.4％（2000 年），18.4％（2005 年），22.0％（2010年）と，全国的な流れと同様に豊中市においても進行している．平成 12 年版『厚生白書』（厚生省 2000）は，大都市圏域部の高齢化が一斉に進行するという内容の事例として，前述の千里ニュータウンがある豊中市を取り上げており，10 年以上前から都市近郊の高齢化の典型例として扱われてきた地域である．

続いて，労働市場の状況を確認する．失業率に関しては（図表 2-5），全国平均よりも高い傾向にある．ただし，大阪府全域と比べると，2005 年時点を除き，豊中市の方が低い．

豊中市を含むハローワーク池田管内（豊中市のほか，池田市，箕面市，豊能郡を管轄）の有効求人倍率は，2013 年 2 月時点で 0.46 となっている．その推移を見ると（図表 2-6），常に全国や大阪府全域よりも 0.2 ～ 0.4 ポイント前後低い値をとってきていることがわかる．豊中市の求人状況は，全国や大阪府全体と比べてその数が少ない傾向にあり，その理由としては前述したように，大阪都市圏のベッドタウンであって特徴的な市内産業に乏しいことや，駅前商業地等で空き店舗が出ているといったことなどが関連しているように推測できる．

では豊中市においては，どのような業種で人材が求められているのだろうか．豊中市そのもののデータではないが，ハローワーク池田管内の求人の状況を示したのが図表 2-7 である．これを見ると，大阪府内全体に比べて，ハローワーク池田管内においては「医療，福祉」の求人の割合が高く（府全体 19.9％，池田 34.1％），「建設業」「製造業」「運輸業，郵便業」「生活関連サービス業，娯

図表 2-5　全国・大阪府・豊中市の失業率および完全失業者数

	全国	完全失業者（千人）	大阪府	完全失業者（千人）	豊中市	完全失業者（人）
1990	2.1	1914	4.2	187	3.4	6961
1995	3.2	2876	6.2	288	5.2	10835
2000	4.7	3120	7.0	311	5.7	11263
2005	4.4	3894	6.0	267	6.4	12264
2010	5.1	4088	6.9	331	6.4	11795

注：全国・大阪府の失業率は労働力調査，その他は国勢調査のデータより．
出典：豊中市「豊中市雇用・就労施策推進プラン（基本方針）」（2008 年）の 17 ページを元に，筆者作成．ただし 2010 年の値は，『労働力調査』と『国勢調査』を参照し，記入もしくは算出した．

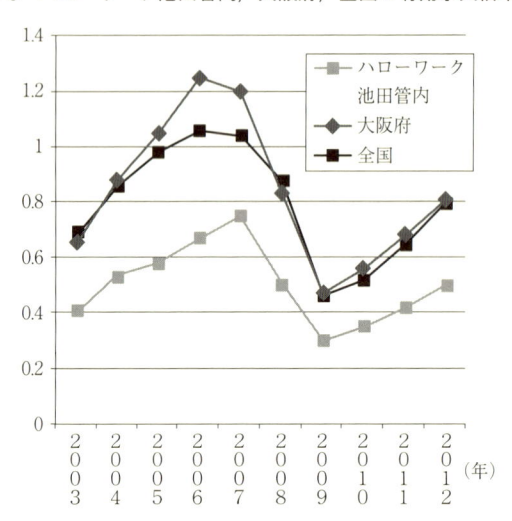

図表 2-6　ハローワーク池田管内，大阪府，全国の有効求人倍率の推移

出典：豊中市「豊中市雇用・就労施策推進プラン（基本方向）」（2008年）の17ページ，大阪労働局『大阪労働局統計年報平成22年度』の97ページと『大阪労働局統計年報平成23年度』の95ページ，厚生労働省「月次一般職業紹介状況（職業安定業務統計）2013年2月」（2013年3月29日公表）を元に，筆者作成．ただし，ハローワーク池田管内の2008年，2009年，2012年の値と大阪府の2012年の値は大阪労働局への問い合わせにより記入．

楽業」といった業種もわずかながら高い．対して，「卸売業，小売業」「学術研究，専門・技術サービス業」「宿泊業，飲食サービス業」「その他サービス業」などは，大阪府全体に比べて，その割合が低い．

　以上，豊中市の概要を述べた．まとめると，豊中市は大阪都市圏におけるベッドタウンとしての性格が強く，2000年代中盤までは人口が減少する傾向にあったが，近年は若干増加してきている．これには人口の自然増加に加え，転出者数が減少傾向にあることも関連していると考えられる．
　豊中市そのものではないが，これを含むハローワーク池田管内は，全国平均より失業率が高い．また，全国や大阪府全体に比べて有効求人倍率が低く，就業機会が豊かとはいえない．産業別の求人の状況を見ると，「医療，福祉」分野の求人が突出して高いという特徴があり，「卸売業，小売業」「その他サービス業」といった業種の求人が少ないのは，横浜市と対照的といえる．ただし，

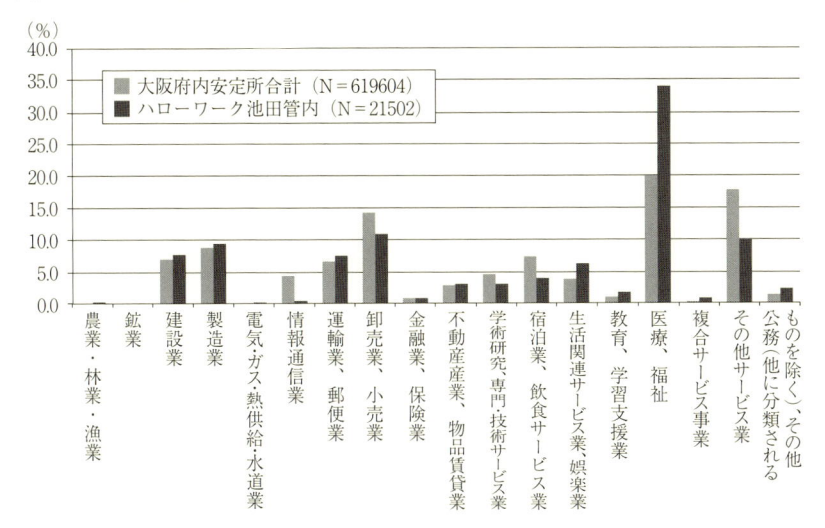

図表2-7　2011年度の求人合計に対する産業別％（新規学卒を除きパートタイムを含む）

資料：大阪労働局『大阪労働局統計年報平成23年度』の104-105ページを元に筆者作成．なお，本章図表2-3（横浜市の求人数）は，「一般（パートタイムを除く）」の値なので，比較の際には留意が必要である．

ハローワーク池田管轄内の求人数としては，「医療，福祉」「卸売業，小売業」「その他サービス」「製造業」という，現業的な仕事が順に上位をしめるという業種構成になっており，これは横浜市との共通性が確認される点である．一般に，就労困難者への就労支援では，そうした業種・職種を利用して仕事体験を実施したり，就労先としてもそれらが選ばれる傾向があるので，2市における取り組みには，共通性が大きいといえるかもしれない．

第 II 部

横 浜 市

第 3 章

横浜市の就労支援政策

御旅屋達・喜始照宣・堀有喜衣・筒井美紀

1　横浜市の就労支援の概要

　横浜市はその規模の大きさもあり，非常に細分化された行政組織をもち，就労支援も複数の部局で行なわれているが[1]，主たるものとしては，企業支援から職業訓練まで幅広い事業を担当する経済局，困難を抱えた若年者，および母子家庭の母の自立支援を担当するこども青少年局，生活保護世帯の自立支援を担当する健康福祉局，の3部局が挙げられる．本節では，これらを順に概観する．そのうえで，紙幅の都合上，すべての事業を取り上げることはできないので，第2節では市立の職業訓練校を，第3節では生活保護受給者の就労支援に焦点化し，第4節で本章のまとめを述べる．

1-1　経済局による支援

　横浜市の雇用労政の中核を担っているのが経済局雇用労働課である．雇用労働課は，職業訓練を含めた広義の「就労支援」事業のみならず，生活資金の貸付などの勤労行政関係，シルバー人材センターの運営助成，技能職振興など，それぞれ独立した別個の事業を担当しており，課全体の予算としてはここ数年，10億円前後で推移している．

　図表3-1には，その業務のうち広義の「就労支援」に該当する事業，つまり「A　雇用・就業支援事業」と「B　職能開発事業」の予算の推移を示した．A

図表 3-1　横浜市経済局雇用労働課の「就労支援」関係予算の推移

(単位：千円)

		2007	2008	2009	2010	2011	2012	2013
A 雇用・就業支援事業費	地域連携雇用促進事業費「横浜で働こう！」推進事業費	10,111	10,111	25,573	31,315	36,635	36,730	35,350
	産業人材育成事業費	3,000	3,000	2,000	1,000			
B 職能開発事業費	職業訓練校の運営	50,021	45,627	45,015	101,427	104,836	122,113	133,644
	能力開発訓練	27,571	10,452	14,196				
	職能総合開発センターの運営	34,878	33,846	33,084	33,207	78,836	85,922	26,568
A＋Bの合計		125,551	103,036	119,868	166,949	220,307	244,765	195,562
(参考)雇用労働費の合計		¥1,049,074	¥994,656	¥939,888	¥954,484	¥1,002,997	¥1,030,148	¥985,419

出典：横浜市経済局 HP（横浜市 2012d）より筆者作成．

を構成する「地域連携雇用促進事業」と経済局の就労支援を包括する事業である「『横浜で働こう！』推進事業」は，2007年度から2013年度にかけて約3.5倍，またBは増減変動を含みながら同様に1.4倍強となっている．A＋Bの合計で見ると，同様に1.5倍強を示している．すなわち，広義の就労支援は，予算面で見ると，施設改修などによる変動はあるものの，増加傾向にあることがわかる．

　就労支援事業は，さまざまな理由で就労困難を抱えている人びとを対象としているため，充当すべき予算を増加させることは不可欠だとしても，なにか比例的な成果が生じるようなものではなかろう．したがって試行錯誤の結果，充分な成果が得られないこともある．

　たとえば2012年度まで「『横浜で働こう！』推進事業」に含まれていた「ジョブマッチングよこはま」は，2007年度より実施されてきた横浜市独自の事業であり，民間企業が受託し実際の運営に当たってきた．個別の就労相談や履歴書の書き方・面接対策の講習といった求職者側をエンパワーするメニューを実施する一方で，無料職業紹介（許可を受けている事業者への委託）によって企業側にも求人開拓のはたらきかけをするものである．もちろん，就労相談や講

習を受けた求職者は，市やハローワークが開催する合同就職面接会や，より一般的な経路（求人広告など）をたどって就職するのでもよいわけである．とはいえ事業のスキーム全体として見た場合は，求人開拓された登録企業へと就職していくのが，1つの理想的なあり方といえるだろう．

　この観点からすると，2011年度の同事業においては，就職決定者212人のうち求人登録企業への就職者は12人，2012年度は262人のうち29人であった．この実績は，事業スキームの再考を促すことになる．このマッチング比率の低さの原因として見逃せないのは，3回4回と就職面接に臨んでも不調に終わる求職登録者が，決して少なくないという事実であった．そこで同事業は2012年度末で終了とされ，2013年度からは就職が難航している求職者を対象とし，個別カウンセリングを中心とした就労支援事業である「ワークサポートよこはま」が行なわれている．

　就労支援事業は，就労困難な人びとの，その多様な理由に対処していく必要があることから，包括性を帯びる傾向が高い．「横浜で働こう！」推進事業は，経済局主導で行なう就労支援事業を包括した事業総体であるが，利用者のニーズの多様性に応えるべく，複数の事業をそのなかで展開している．具体的には，ポータルサイトの運営を主としたキャンペーン事業，就職活動が難航している求職者を対象にした就職活動支援事業である「ワークサポートよこはま」事業（旧ジョブマッチングよこはま），合同就職面接会・合同企業説明会，「地域で働く女性のための就業支援事業」，「横浜型若者就労支援事業」が含まれる．これらの事業のうち，対象特化型の事業といえるのが「地域で働く女性のための就業支援事業」，「横浜型若者就労支援事業」である．前者は公益財団法人「横浜市男女共同参画推進協会」との共同事業であり，民間企業との協力のもと，女性専用の就労支援ポータルサイトの運営，就職相談や就職フェアの開催などを実施するものである[2]．後者は市内在住の39歳までの若者を対象とした事業であり，こちらは民間企業への業務委託の形態で行なわれている．職業訓練，インターン先企業とのマッチングから，定着支援までをカバーし，連続的な支援が提供されている．

　雇用労働課はまた，労働相談等を行なう施設である「横浜しごと支援センター」の運営も管轄している．「横浜しごと支援センター」は，基本的には，現

職者の労働相談を主目的として設立され，その運営は民間企業の指定管理に委ねられている．就労相談やキャリアコンサルティング，就労支援セミナーや合同面接会といったいわゆる「就労支援」に当たる事業も行なっており，その対象者は現職者のみならず一般求職者も含まれる．

さらには基礎自治体としては事実上唯一の職業訓練校である「横浜市中央職業訓練校」も雇用労働課の管轄であるが，この点については次節にて詳しく説明することとする．

1-2 こども青少局による支援

横浜市は，特に若者の自立支援において先進的な取り組みをしてきた自治体である．以下では横浜市の展開する若者を対象とした自立支援事業を概観していく．

特に若者を対象とした就労支援において横浜市を特徴づけるものは，複数存在する独自事業とネットワーク化，そしてその担い手として一定の影響力のあるNPOや企業などが複数存在することであろう．就職氷河期と呼ばれ，若者の就職の問題化が第一の峠を迎えた2000年代初頭より，横浜市は政府の政策に先駆けて，独自の事業を立ち上げている（図表序-1）．2006年には「こども

図表3-2 横浜市こども青少年局「困難を抱える子ども・若者の自立支援の充実」予算の推移

(単位：千円)

	2007	2008	2009	2010	2011	2012	2013
若者サポートステーション	47,160	43,440	41,440	41,440	205,701	43,375	45,773
若者サポートステーション機能強化事業							60,798
青少年相談センター	40,753	31,208	27,817	28,010	40,326	43,729	48,351
地域ユースプラザ	20,305	50,257	68,443	89,104	88,435	89,219	113,782
よこはま型若者自立塾		17,000	17,000	17,000	13,200	25,900	24,080
よこはまユース・ニューディール			43,360	89,481	89,481		
子ども・若者支援協議会					3,121		
寄り添い型支援事業						19,073	46,308
パーソナルサポートモデル事業						186,025	
合計	¥108,218	¥141,905	¥198,060	¥265,035	¥440,264	¥407,321	¥339,092

出典：横浜市こども青少年局HP（横浜市2012e）より筆者作成

青少年局」が発足，困難を抱えた子ども・若者への支援に積極的に取り組んでいく体制を作ってきた．予算は事業の組み替えなどがあり，2012年度は減少に転じたものの，この7年間は増加傾向にある（図表3-2）．2013年度は約3.4億円を計上しており，生活支援や居場所の提供など，狭義の「就労支援」なら含まれないものも含まれてはいるが，経済局の予算と比べても一定の予算の集中が図られているといえる．

上述のように，横浜市には複数の独自の事業が存在し，ほとんどの事業はNPOなどの民間団体が業務を受託して運営しており，市はそれらのネットワーク化を進めている．不登校・ひきこもり，非行，家庭内問題等，若年者に多く見られる問題の相談機関であり，市の直轄の組織でもある「青少年相談センター」，現在は厚生労働省の委託事業となった，就労支援機関としての「地域若者サポートステーション」，困難を抱えた若者に居場所を提供する「地域ユースプラザ」の3機関の連携を掲げた「ユーストライアングル」の構築がその象徴といえる．このユーストライアングルを中心として多様な事業・資金を活用して市の若者支援事業は形成されている．たとえば特に「ひきこもり」のような社会との距離が遠い若年無業者を対象とした合宿型自立支援事業である「若者自立塾」は厚生労働省の事業としては2010年度をもって終了しているが，

図表3-3 こども青少年局「ひとり親支援・DV対策事業」予算の推移

（単位：千円）

	2007	2008	2009	2010	2011	2012	2013
ひとり親家庭等の自立支援	69,057	73,348	70,948	129,071	334,543	323,540	312,092
母子生活支援施設緊急一時保護事業	63,898	65,621	63,940	63,930			70,135
女性緊急一時保護施設補助事業	16,000	16,000	16,000	16,000			16,000
DV被害者対策事業	16,321	27,504	29,575	31,260	116,375	110,158	34,495
外国籍女性と子どもへの総合的自立支援事業	4,850						
瀬谷区支えあい家族支援モデル事業			4,750				
加害者更正プログラムへの運営費補助							1,000
合計	¥170,126	¥182,473	¥185,213	¥240,261	¥450,918	¥433,698	¥433,722

出典：横浜市こども青少年局HP（横浜市2012e）より筆者作成．

横浜市においては「よこはま型若者自立塾」として，当時から独自の形態で事業を進め，現在でも継続されている．

また，内閣府の「パーソナル・サポート・サービス事業」（第1章第4節）を若者支援に特化させてきたのも横浜市の特徴であろう．そのほか，神奈川県ふるさと雇用再生特別基金市町村補助事業を活用し，雇用創出から地域経済の活性化までを統合した事業である「ユースニューディール」を実施，2009年の「子ども・若者育成支援推進法」成立を受け，全国の政令指定都市で初めて「横浜市子ども・若者支援協議会」を設置（2012年以降予算は「困難を抱える子ども・若者の自立支援の充実」からは外れる）するなど多様な事業を展開している．

なお，ひとり親世帯の自立支援事業についても，こども青少年局（こども家庭課）が所管である[3]．特に2010年度からは「母子家庭等」の自立支援から「ひとり親家庭等」の自立支援へと名称を変更し，サービスを普遍化し，また，2010年度と2011年度には国や県からの資金による予算を大幅に増加させている（図表3-3）．事業は具体的には，母子家庭等就業・自立支援センター事業の運営等を含み，生活支援から就労のための相談，訓練までを行なっている．同センターの運営は，一般財団法人・横浜市母子寡婦福祉会という当事者団体（1951年に任意団体「横浜市みのり会」として設立）に委託されている．同法人は有料職業紹介免許をもっており，固有の求人ネットワークを広げてきた．2008年度からはそれまでの活動をベースに市の無料職業紹介事業へと参入し，現在では同法人の複数の就労支援員がそれぞれ4～5区ずつ担当，区役所における仕事・生活相談を実施している．

1-3　健康福祉局による支援

地方自治体の就労支援政策を論じる際に生活保護受給者の自立支援を無視することはできない．横浜市の生活保護率は人口ベースで1.9%（2012年度末）であり，全国平均（約1.7%）より若干高い．区別に保護率を確認すると，中区の数値が際立って高い（6.3%）ことがわかるが，これは，区内に簡易宿泊所街である寿町を抱えていることが原因である．中区以外にも南区や瀬谷区，鶴見区など特定の区が目立って高い被保護率であり，市の保護率を引き上げている一方で，港北区，都筑区，青葉区といった東京通勤圏においては保護率の低さが

図表 3-4　横浜市健康福祉局「生活保護事業」予算の推移

(単位：千円)

	2007	2008	2009	2010	2011	2012	2013
生活保護費	91,601,584	91,685,059	93,200,010	108,429,649	122,126,261	124,302,834	126,184,580
被保護者自立支援プログラム事業	132,117	140,235	157,072	193,115	258,915	392,312	500,717
生活保護者法外援助費	104,487	96,892	92,762				
長期生活支援資金貸付原資助成	30,877						
住宅手当緊急特別措置事業				1,294,340	593,527	393,933	
不正受給対策等の強化						61,478	
生活困窮者支援モデル事業							11,281
合計	¥91,869,065	¥91,922,186	¥93,449,844	¥109,917,104	¥122,978,703	¥125,150,557	¥126,696,578

出典：横浜市健康福祉局HP（横浜市 2012f）より筆者作成．

目立ち，この点からも市内における地域格差が見て取れる．

　横浜市の生活保護事業担当部局に当たるのが健康福祉局である．特に被保護者の就労支援に当たるのが「被保護者自立支援プログラム事業」であり，この事業のなかで就労支援事業が行なわれている（本章第3節）．その予算額の増加率は生活保護費の増大に比して大きく（図表3-4），また，中区・保土ヶ谷区においては訓練を中心とした就労意欲喚起事業も行なわれるなど，受給者の「就労」を意識した事業が進められていることがうかがえる．

2　就労困難層への職業訓練——横浜市中央職業訓練校

　本節では，神奈川県における公共職業訓練[4]の現況について説明し，ついで基礎自治体唯一の職業訓練校である横浜市中央職業訓練校の取り組みについて紹介する．基礎自治体が自前で職業訓練校をもつ意義はどこにあるか，そこから学べることは何か．これについて論じたい．

2-1 神奈川県における公共職業訓練の概要

2011年現在,神奈川県下には,公共職業能力開発施設が10校あり,約1万6千人規模の職業訓練(障害者訓練含む)が行なわれている.そのうち,職業能力開発校(おもに普通職業訓練のための施設)の1つである横浜市中央職業訓練校では,離転職者を主対象に7コース定員計370人規模の職業訓練が実施されている(神奈川県 2011, p. 22).これは2011年度に385人,さらに2012年度には年間定員は490人に拡大されている(神奈川県全体にしめる,この定員割合の少なさについては後段で言及する).施設数の内訳は,図表3-5に示した[5]).

横浜市中央職業訓練校以外の職業能力開発校(=県立の職業技術校)に関していえば,近年,再編・統合が進んでおり(大規模総合校化),2008年度には東部総合職業技術校(横浜市鶴見区)が開校,2013年4月には,神奈川県西部にある県立職業技術校4校(藤沢,平塚,小田原,秦野)が再編・統合された,「工業技術・建築技術・社会サービスの各分野の訓練を1校で実施する,大規模・総合型の新しい職業技術校」(県立西部総合職業技術校)が秦野市に開校した(神奈川県 HP).そのため,神奈川県における公共職業能力開発施設,特に職業能力開発校の施設数に関しては,ここ数年で減少傾向にある.

つぎに,神奈川県の職業能力開発における横浜市中央職業訓練校の位置づけについて,検討する.ここでは,キャパシティ/機会,および県下における施策目標の側面から,横浜市中央職業訓練校の位置を確認する.

第1に,キャパシティ/機会について,入校までの流れから見ていこう.図表3-6に示したように,たとえば,神奈川県在住の離転職者(求職者)が横浜

図表3-5 公共職業能力開発施設数(2011年度)

設置主体	施設	全国	神奈川県
都道府県 (市町村を含む)	職業能力開発校	160	6
	職業能力開発短期大学校	13	1
高齢・障害・求職者雇用支援機構	職業能力開発促進センター	61	1
	職業能力開発短期大学校	1	1
	職業能力開発大学校	10	—

注:障害者職業能力開発校は除いた施設数.
出典:福澤(2012, p.23)および神奈川県(2011, p.22)の図表をもとに筆者作成.

第3章　横浜市の就労支援政策

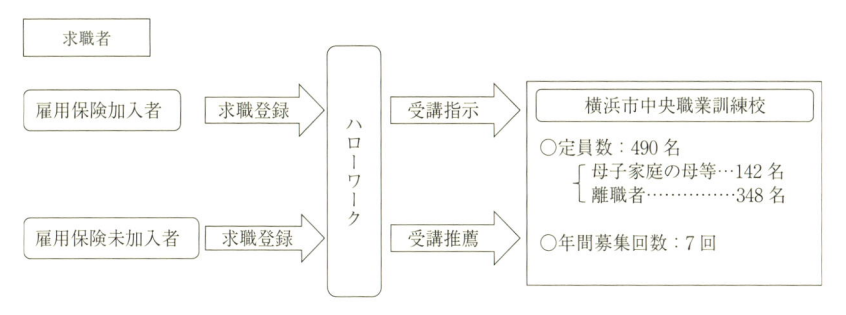

図表 3-6　横浜市中央職業訓練校への求職者の流れ

```
求職者
├─ 雇用保険加入者 ──求職登録──┐
│                              ├─ハローワーク ──受講指示──→ 横浜市中央職業訓練校
└─ 雇用保険未加入者──求職登録──┘              ──受講推薦──→ ○定員数：490名
                                                              ┌母子家庭の母等…142名
                                                              └離職者…………348名
                                                             ○年間募集回数：7回
```

注：図中の「母子家庭の母等」の「等」は，具体的には生活保護受給者が対象である．
出典：インタビュー時の入手資料等をもとに作成．

市中央職業訓練校での職業訓練（離職者訓練）の受講を申し込む場合，まず（当人の居住地域を所轄する）ハローワークで求職登録をし，公共職業安定所（ハローワーク）長の受講指示あるいは受講推薦を受ける必要がある．これは，雇用保険の加入・未加入によらない，共通の手続きである．

また，横浜市中央職業訓練校が実施している訓練のほかに，県や国が実施している職業訓練への受講申し込みもできる（図表略）．これらの職業訓練は基本的に雇用保険加入者を対象としているが，求職者が雇用保険未加入者の場合には，民間訓練機関で実施されている国（高齢・障害・求職者雇用支援機構神奈川職業訓練支援センター（ポリテクセンター関東））による認定を受けた求職者支援訓練の認定コース（「基礎コース」と「実践コース」がある）を受講することが可能である．

第2に，施策目標の側面から見てみよう．『第9次神奈川県職業能力開発計画』において，神奈川県は，職業能力開発に関する実施目標として，「若年者の職業的自立の支援」，「多様な求職者のニーズに応じた職業能力開発の推進」，「企業ニーズに応じた人材育成の推進」，「技術・技能が尊重される社会づくり」，「人材育成推進体制の整備・充実」の5つを掲げている（神奈川県 2011）．このうち，横浜市中央職業訓練校は，国や県とともに，「多様な求職者のニーズに応じた職業能力開発の推進」，特に「非正規労働者等の職業能力開発の推進」を担う機関の1つとして位置づけられている．より具体的には，「求職者に対する職業訓練機会の提供」，「受講者のニーズに応えた入校時期の設定」および

「母子家庭の母，子育てのため離職し再就職をめざす女性等に配慮した教育訓練機会の提供等による支援」が横浜市中央職業訓練校には主に期待されている（神奈川県 2011, pp. 26-37）．

そのため，横浜市中央職業訓練校では，離職中の求職者，母子家庭の母，生活保護受給者を対象とした職業訓練が実施されている．神奈川県全体での離職者訓練の定員数のうち，横浜市中央職業訓練校のしめる割合は決して多くはないが，「様々な求職者に対してそれぞれのニーズに応じた職業能力開発の機会を提供」（神奈川県 2011, p.29）するという県が掲げる施策目標からすれば，横浜市中央職業訓練校の存在は無視できないだろう．というのも，同校の特色としてはひとり親[6]と生活保護受給者を対象とする訓練コースが複数設けられているからだ．確かに，県が実施する委託訓練「即戦力」の場合も，訓練科によって「ひとり親枠」が設けられている（平成25年6月生募集案内）．しかしそれは，定員13～30人につき1～3人程度と，それほど多くはない．これに対して横浜市中央職業訓練校では，図表3-6からわかるように，母子家庭の母等（生活保護受給者も含む）は490人のうち142人と，約3割をしめている．

2-2 横浜市の職業訓練校の取り組み

(1) 横浜市中央職業訓練校の経緯と概要

ここまでで述べたように，公共職業訓練は原則として国や都道府県が主体となって実施することが基本となっている．区市町村などの基礎自治体も実施できるが，主体となって実施する基礎自治体は横浜市が唯一である．理由としては，住民への生活における直接的なサービスを主たる使命とする小規模な基礎自治体が，失業対策の1つである公共職業訓練を担うという発想がそもそも存在していなかったことがあるだろう．どこの国においても失業対策を主に担うのは国である．しかし「切羽詰った自治体」においては，福祉支出の削減のために就労支援に力を入れざるをえなくなっているのである．

ただし，他の基礎自治体と比較した横浜市の就労支援の大きな特徴は，「顔の見える労働市場」を提供する機関として，基礎自治体唯一の自前の職業訓練校をもっている点にある．第2章で見たように，横浜市は政令指定都市であり，その規模からいって他の基礎自治体より抜きん出た存在といえる．だが，規模

が大きいことが自動的に，自ら職業訓練校をもつことへと結びつくわけではない．横浜市が職業訓練校をもつに至ったのには，市内における産業構造の転換への対応という歴史的な経緯が存在した．下記では，インタビュー時に頂いた資料である「横浜市中央職業訓練校（以下，職業訓練校と略す）の沿革及び変遷」に沿って説明したい．

横浜市に職業訓練校が設置されたのは，1958年11月である．この時期は，横浜市民の重要な職場の1つであった駐留軍および特需産業の離職者が1万人近く生まれることが見込まれていた．当時の横浜市の人口は122万人あまりであったことを考慮すると（うち男性が約62万人），1万人という多数の離職者への対応は待ったなしであったことが現在からも想像できる．そこで離職者や要保護者等が短期の訓練により職業能力を取得することを目的として職業訓練校が設置されたのであった．さらに根岸湾埋め立てによる漁業離職者に対しては，金沢職業訓練所（1959年8月）や磯子職業訓練所（1960年10月）が設置され，職業の転換の支援が行なわれた．

1962年，磯子職業訓練所で行なう各科の訓練について，「職業訓練法」に基づく公共職業訓練の認可を受ける（市町村レベルでは唯一）．その後3ヵ所の訓練所が統廃合され，1982年からは横浜市職能開発総合センターにおいて，横浜市中央職業訓練校による公共職業訓練を行なっている．

訓練科の変遷を見ると，1958年〜1969年には，洋裁・縫製やタイピスト・経理，ラジオやテレビの組み立て，機械製図等が行なわれていた．1970年〜1981年には，市内の中小企業の人材ニーズに対応するため，経理や電気機器修理関連や機械製図訓練に変わった．さらに1982年〜2005年までは，中高年や障害者および母子家庭の母などの福祉的対象者のための就職支援に変わり，中小企業の人材ニーズに応えるだけではなく，介護人材の養成も行なわれた．

長い歴史をもつ職業訓練校であるが，都道府県とは違い任意設置であるため，運営について国からの補助金が受けられないことや，訓練内容や訓練対象者について県が行なう訓練との棲み分けなど，訓練校のあり方や横浜市が行なう職業訓練等についてさまざまな議論がなされた時期があった．そのなかで2005年に国は，「母子家庭の母等就労困難者の職業的自立支援事業」を開始し，母子家庭の母や生活保護受給者を対象とした「母子家庭の母に対する準備講習付

の職業訓練」が新規の訓練制度として始まることになった．条件を満たした人には訓練手当てが支給される職業訓練であり，国が都道府県に委託し国費で行なう訓練として実施されることとなった．翌2006年6月，横浜市は上記訓練を国から受託することになる．訓練の対象者を母子家庭の母や生活保護受給者に変更するとともに従来の訓練科を一新し，訓練経費もほとんどが国費で賄われることとなった．これは前述したように，同校が福祉的対象者の訓練に取り組んできた歴史的蓄積があってこそ，可能になったことだと考えられよう．

職業訓練校は，従来どおり横浜市の公共能力開発校として，CAD製図科を施設内訓練として1科残し，他の訓練は国の委託訓練として訓練校内で実施することとなった．この委託訓練の制度により，横浜市でも初めて国費を使っての訓練を行なうことができるようになったのである．ちなみに2011年度における全国での母子家庭の母等を対象とした訓練計画数は1,563人，訓練修了者1,046人のうち横浜市の修了者は140人と，全国にしめる割合は13.4％となっている．

続いて同校の訓練科目について確認しよう（図表3-7）．7コースのうちCAD製図科のみ市の直営であり，それ以外は民間への委託である．また，「母子家庭の母等就労困難者の職業的自立支援」事業は，パソコン基礎科（旧基礎訓練科），OA経理科，CAD製図科，介護医療事務OA科，であり，前三者にはその優先枠が設けられている．

図表3-7　横浜市中央職業訓練校の訓練概要（2012年度）

	パソコン基礎科	OA経理科	CAD製図科	介護・医療事務OA科	IT・Webプログラミング科	ITビジネス科	介護総合科
申込資格	離職中の求職者（母子家庭の母、生活保護受給者の優先枠あり）			母子家庭の母、生活保護受給者	離職中の求職者		
期間	2ヵ月（5日間の準備講習あり）		6ヵ月	3ヵ月(5日間の準備講習あり)	3ヵ月		
定員	15人	20人	20人	20人	30人	30人	30人
募集回数	年4回	年3回	年2回	年3回	年3回	年3回	年3回

出典：横浜市職業訓練校HPより筆者作成．

母子家庭の母や生活保護受給者の優先枠が設けられているのであれば，それは有効に活用されるべきであろう．そのため職業訓練校は，訓練生の募集については，それが置かれた経済局をこえて，横浜市役所内の各部局と連携している．主たる連携先は，生活保護受給者については健康福祉局保護課，母子家庭の母についてはこども青少年局こども家庭課である．具体的には，特に，ケースワーカーや査察指導員（スーパーバイザー＝係長）らへの働きかけだ．当事者により近い位置にある職員が，職業訓練校についてリアルで有意味な知識やイメージをもっていることが重要だからである．

リアルで有意味な知識やイメージとは，たとえば，こんなふうに考えればよいと筆者は思う．「ワードとエクセルが使えないために就職面接で落とされた」対象者を担当するケースワーカーがいるとしよう．このケースワーカーが，低コストでその基礎を学べる機会が，しかも同じ横浜市という自治体内に存在することを知っていれば，その情報を対象者に提供できる．ワードとエクセルが使えなくてもよい仕事を探すのと，いったんその訓練に集中して使用方法を習得するのとではどちらが良いだろうか，と問いかけることもできる．

さらに職業訓練の意義を当事者に近い担当者に伝える際には，職業訓練と職業紹介は，似て非なる特性をもった支援であることを認識してもらうことも重要である．すなわち，生保受給者や母子家庭の母である求職中の者は，じっくり職業訓練を受けるよりもすぐに仕事に就きたいという希望が強いことが多いため，対象者に直接接する担当者は，職業紹介につなげることをまず考える．しかし実際にはすぐに仕事を得ることが難しい人びとも多く含まれているため，職業訓練を受け職業能力を伸ばしてから仕事を探した方が現実的であることも少なくない．このような，職業訓練と職業紹介とのあいだにあるギャップは，どのような自治体の政策においても，また国の政策においても，生じるものである．だからこそ，職業訓練がどのようなものであるかについての周知徹底は，重要だと考えられるのである．3-3で見るように，横浜市における生活保護のケースワーカーは，新卒採用者をはじめ経験年数の短い者の割合が非常に高くなっているので，なおさらそういえるのではなかろうか．

そこで母子家庭の母や生活保護の担当ケースワーカーに職業訓練についての理解を深めてもらうために，担当者会議の場で生徒募集のPRを行なうほか，

初任者研修の会場を訓練校とし，職業訓練についての研修や訓練施設見学を行なうなどしている．

(2) 各科の入学者と選考について

パソコン基礎科，OA経理科，介護事務OA科，CAD製図科の4科で，2006年度は，定員200人に対し応募178人と下回ったが，2007年度は応募が327人（定員220人）で1.49倍であった．ただし科目別に見ると（図表略），パソコン基礎科やCAD製図科は2009～2010年度と定員割れしており，OA経理科，介護事務OA科は倍率を大幅に上回っている．

図表3-7に示したように，母子家庭の母や生活保護受給者の優先枠は，介護・医療事務OA科以外，各科の半数となっている．だがもともとは全定員が母子の母あるいは生保受給者だった．けれども，これでは定員充足しないので，半分を一般離職者に開放した．

このような優先枠の未充足については，他の公共職業訓練施設においてもしばしば聞かれるところである．能力開発の機会に恵まれてこなかった人びとへ，その機会を一気に大幅に拡大すべく，中央政府が基金訓練（現在は求職者支援制度に受け継がれている）を導入したことで，人びとが，利便性の高い場所にある訓練実施施設（民間の専門学校など）の方を選びがちになり，未充足問題が発生することがある．これは推測にすぎないが，横浜市においても，同様の現象が生じているかもしれない[7]．

続いて入学試験について確認しよう．選考は，入校申込書の審査と面接による．筆記試験は実施していない．まず，入校申込書の審査があり，どれくらい「意欲」があるのかと，どれくらい「就職の逼迫性」があるのかを検討する．次に面接は，主に講座の委託先が行なっている（その詳細については，委託契約先のノウハウに属するということから聴き取りはできなかった）．選考結果については，委託先，ハローワーク担当者，訓練校の3者で会議を開いて最終的に決定する．

このような選考方法が影響しているのであろう．訓練校に来ている母子家庭の母は就職意欲が非常に高い人が多い．生活費や学費の賄い方の点からいうと，雇用保険加入者もいれば未加入者もいる．未加入者の場合は，児童扶養手当や

求職者支援制度給付金を活用したり，あるいは，授業時間にかぶらない時間帯のアルバイトで補充したりしている．いずれにせよ，何らかの手段によって資金を充当しながら，非正規雇用からの転換や，正社員でもより良い労働条件の仕事に転職しようとする人が中心である．だからたとえば，専業主婦で離婚したばかり，といった人は少ない．こうしたことからは，職業訓練は，母子家庭の母のうち，就職意欲が高い人にマッチした支援になっていることがうかがえる．

(3) 就職について

就職率の推移を見ると（図表3-8），雇用情勢による変動はあるものの，就職が困難である層が通う訓練校であるとは思えないほど高い数値を誇っている．なぜだろうか．

就職者は，ハローワークを通じて入職する者がもっとも多い．だとすると，一般の求職者と競合していることになる．訓練校を経て一定のスキルを身につけていることが採用に結びついていることに加えて，中小企業の採用の場合には，母子家庭の母や生保受給者を雇用すると企業に補助金が付くのも採用のインセンティブになっていると推測される．しかし，それだけではない．訓練の

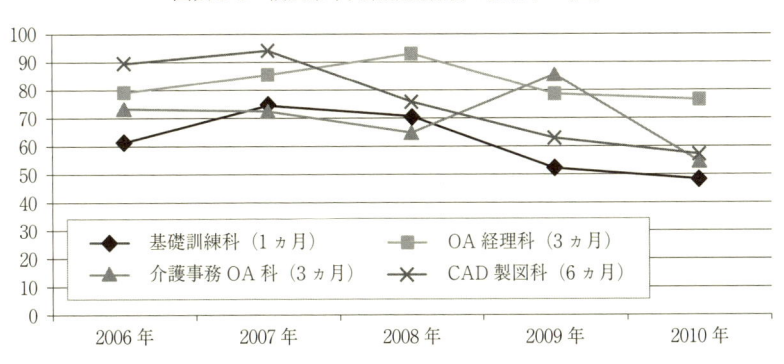

図表3-8　横浜市中央職業訓練校の就職率の推移

注1：就職者には就職による退校者数を含む．
　2：「基礎訓練科」は2011年度には2ヵ月となり，2012年度より「パソコン基礎科」(2ヵ月) に変更された（図表3-7を参照）．
出典：インタビュー時の提供資料．

委託先がもつ求人ネットワークを活用したり，実習先に就職するケースも少なくない．つまり求人企業は，訓練を修了した「普通名詞」の求職者と出会うのではないのだ．そうではなく，Aという「固有名詞」の訓練委託先の訓練修了生であること，実習先でBという「固有名詞」の生徒を見ていることがポイントなのである．職業訓練校は，ただ単に職業訓練を提供しているのではなく，「顔の見える労働市場」の一部として機能している側面があるのだ[8]．

(4) 本節のまとめ

本節では神奈川県の公共職業訓練を概観し，全国で唯一の基礎自治体がもつ横浜市の職業訓練校について検討した．

生活保護受給者や母子家庭の母のような就労困難者を直接捕捉しているのは基礎自治体であり，就労困難者にとっても生活空間にある基礎自治体の範囲にある職業訓練校に通えることはメリットであるに違いない．また採用側である地元の中小零細企業にとっても，歴史のある職業訓練校の卒業生の「質」に対して一定の信頼をもちやすく，採用活動が容易になる面があるだろう．他方で，国や県の訓練と比較すると訓練の規模が小さいため，選べる職種は限られる．横浜市ほどの規模でも母子家庭の母（ひとり親）や生活保護受給者の優先枠があるコースが4コース，離職者が3コースである．それでも財政的な規模が小さい基礎自治体には大きな負担になることはまちがいない．

ひるがえって，他の基礎自治体が職業訓練校をもつメリットとデメリットを比較考量した場合，規模が小さく，経験もノウハウもない基礎自治体が職業訓練校を自前でもつメリットは今となってはあまり感じられない．いまから規模の小さい自治体が，慣れない職業訓練にいきなり手を出すよりも，国が行なう求職者支援訓練や，県の職業訓練を就労支援として有効に活用した方が効率的である．基礎自治体の財政規模が大きく歴史のある横浜市の職業訓練は，別格だと考えた方が良いだろう．

ただし，新しい職業訓練を経て仕事に就くという経路はまだ日本では一般的とはいえないが，横浜市の中央職業訓練校の就職率の高さに見られるように，就労困難な求職者の場合には大変有効な就労支援であるのも事実である．継続的に卒業生を送り出す職業訓練校という教育機関は，単に職業訓練を行なう場

というだけではなく，地元に根ざし，一定の信頼が置ける人材を送り出す，「顔の見える労働市場」の一部として機能する側面もまたあるからだ．

さらに，他の基礎自治体が横浜市の事例から学べる点として，職業訓練を自前でやるかどうかにかかわらず，就労支援にさまざまな立場で関わる職員に，職業訓練について理解する機会をもってもらうことの重要性が挙げられる．一般に，基礎自治体にとって就労支援は未知の分野であり，精通している職員は稀であるからだ．したがって，職業訓練関係者が，基礎自治体のなかの就労困難な求職者を支援の対象とする部局へと出向き，あるいは訓練施設に職員を招待し，具体的で有意味な職業訓練の知識とイメージを喚起し，それをもってもらうような働きかけが肝心なのである．基礎自治体の就労支援に携わる人びとに対する職業訓練の有効性の周知と理解が肝要である．

3　生活保護受給者の就労支援

3-1　問題の所在

効果的な就労支援は，いかにしてその実現が可能か．本節は，その困難さがいっそう増している生活保護受給者の就労支援を取り上げ，分析し考察する．

生活保護ケースワーカー（以下，「生保CW」と略記）一人当たり担当世帯数の全国平均は，2000年の78から2011年の96へと急増した（横浜市は86）．生保CWの年間居宅訪問回数からは，効果的な就労支援の難しさがよりリアルにわかる．横浜市だと，世帯の状況に応じて年12回，4回，2回，1回の4つに格付けされ，2回の格付けが6割をしめる．厳しくいえば，生活保護法第1条に明記された「自立を助長する」という同法の目的・理念は，その実現が形骸化しているのだ．

これに対して横浜市は，どのような試行錯誤を重ねてきたのか．本節は，次の3つの問いを軸に，事実を明らかにし考察を進めたい．第1，生保CWだけでは，なぜ就労支援が不充分なのか．第2，横浜市はいかにして，効果的な就労支援を実施しようとしているのか．第3，就労支援の「成果」をどのように考えればよいか．これら3点を問う重要性は以下のとおりだ．

第1の問いについて．就労支援を拡充するには，生保CWを思い切って増

員する方法もある．自立の助長は本来，生保CWによってなされるべきだ，という指摘をそこに付加することもできよう．こうした重要な議論に進むには，生活保護受給世帯の経年変化，生活保護課の人員体制，異動や人材養成の実態について確認しておくことが必要である．

　第2の問いについて．効果的な就労支援には，対象者への寄り添いと同時に，「出口」（就労先）の確保も不可欠である．したがって，求人開拓のノウハウやネットワークという，生保CWには欠けてきたものを補う方法を考えねばならない．

　第3の問いについて．いかに丁寧な支援であれ，最終的には「成果」が「数字」で問われる．このことへの批判は多い．ノルマ達成への圧力から，就労可能性のより高い人に注力したり，無理やり就職させたりして「数字を作って」いる，非正規就労がほとんどで，経済的自立などできない……．ワークファースト・アプローチに傾くことへのこうした批判は妥当なのだろうか．生産的な批判を行なうには，この点を検討する必要がある．

3-2　横浜市における生活保護受給世帯の経年変化

　まず，横浜市における生活保護受給世帯がどのように変化してきたかを，世帯類型別に確認する（図表3-9）．世帯類型には，「高齢（65歳以上）」「障害」「傷病」「母子（18歳以下の扶養者がいる）」「その他」の5つがある．「その他」には，たとえば，仕事と家族を失い路頭に迷っていた中高年・若年の男女，夫の失業保険が切れ，妻のパートだけでは子どもを養えなくなった家族などが含まれる．この「その他」と「母子」は，稼働可能な者の割合が，他の類型よりも多い．

　図表3-9からは，受給世帯全体ならびに各類型の単調増加が確認される．1993年度末の約1万5000世帯は2013年度冒頭には5万世帯を超えた．3.3倍もの増加である．とくにリーマンショックの影響が大きく，2008年度末以降の増加は著しい．しかも，「その他」と「母子」の急増が目立っている．ただしこれは，アジア通貨危機の影響があった1998〜1999年ごろからの現象だ．結果として，受給世帯全体にしめる「その他」と「母子」の比率は，1993年度末は15%程度にすぎなかったのが，2013年度冒頭で27%近くに達している．

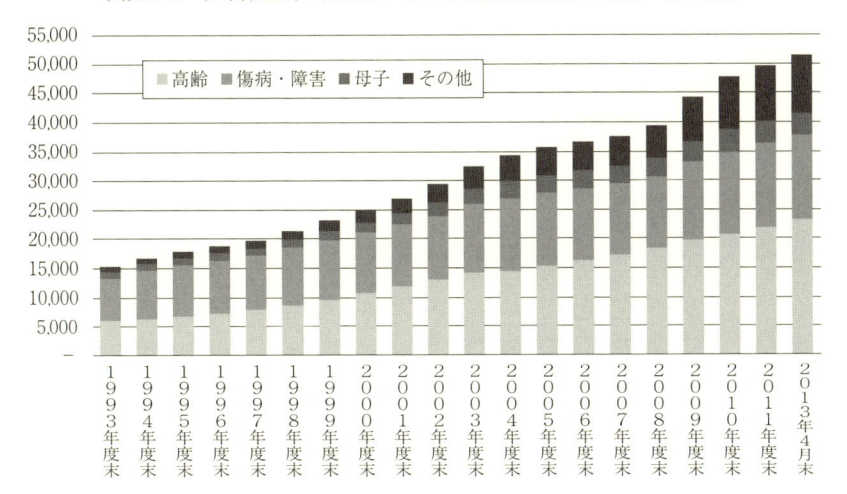

図表 3-9 世帯類型別・横浜市における生活保護受給世帯数の経年変化

出典：横浜市健康福祉局ホームページ（横浜市 2012g）より筆者作成.

以上をまとめると，ここ 20 年ほどで生活保護受給世帯は，いずれの世帯類型でも急増し，特に，稼働可能な者がより多い「その他」と「母子」が目立っている．つまり，就労支援の対象者が，横浜市の生活保護政策担当者の前に，大きく膨れ上がってきたのである．

3-3 保護課の人員体制

横浜市は，この事態の変化にどのように対処しようとしてきたのか．それを説明するには，（生活）保護課の人員体制について確認しておく必要がある．

横浜市の保護課は，健康福祉局の一部門である．健康福祉局は，福祉六法の下に営まれる業務を管轄する．市では「福祉職」という枠組みをとおして新規採用をし，10 年で 2～3 ヵ所を異動すること（区から区，区と本庁のあいだの異動）で，福祉のトータルな人材を養成する．つまり，「生活保護のプロ」をつくろうとしているわけではない．こうした方針のなかで，新採用の福祉職は区の保護課に配属され，1 対 1 の対人援助の基礎を学ぶことが多い．その業務は，生活保護法に基づき定型化しているので，誰にでも疑問点などを訊きやすく比較的学びやすいことに加え，係長をはじめとして同職種が多く配属されて

いる職場であることにより，きめ細かな人材育成ができるからである（鶴見区保護課長・田子明子さん）．生保CWとして一人前になるには，地区担当（ケースをもつ）を1〜2年，面接担当を1年，これを2ヵ所経験する，つまり4〜6年を要するというのが標準的である．ただし，南区保護課長・霧生哲夫さんによれば，生活保護のケースワークは向き不向きが大きく，向かないと思った人は他の福祉職場に移っていくことも少なくない．

　最前線で実務を担う，区保護課の人員体制はどうなっているか．被保護世帯率が2番目に高い南区を例にとってみよう．内部は保護運営係（事務手続き）と保護係に分かれる．保護係の係長（スーパーバイザー）は計8人，一般CWは65人．この65人のうち女性は49人（75.4％）だ．年齢構成は，20代19人（29％），30代36人（55％），40代7人（11％），50代3人（5％）．経験年数別では，3年未満30人（48％），3年以上5年未満8人（12％）である．課長の霧生さんによれば，こうした若くて経験の浅い生保CWが大半となっているのは，全市的な傾向で，リーマンショック後に福祉職の新規採用を増大したことでさらに拍車がかかっている．女性が圧倒的多数をしめることも全市的傾向で，出産退職や産休があると，アルバイトのCWを雇用することになるが，すぐにそれが叶うとは限らない．さらには，係長のなり手が減ってきた．困難なケースの相談・指導や部下の育成よりも，担当ケースをこなしている方が気持ちが楽だ，と考える職員が増えてきたという．

　以上の事実からは，実にさまざまな課題や困難を抱えた，急増の著しい生活保護受給者の就労支援には，とても手が回らないであろう状況が浮かんでくる．憲法25条の生存権を，定型性の高い給付事務によって保障することに傾斜し，就労支援という自立の助長（の1つ）が形骸化したとしても，それにはやむにやまれぬ側面がある，といってよい．

　もちろん，横浜市は手をこまねいていたわけではない．市が行なったのは，世帯類型基準のCW配置という保護課内部の変更と，就労支援専門員と求人開拓員の導入という外部資源の活用だ（本庁保護課長・巻口徹さん．以下の説明では，図表序-1も参照されたい）．

　2000年に制定された社会福祉法（旧・社会福祉事業法）では，CW配置が法定定数から標準定数へと変更され，各自治体にCW配置に関する一定の自由

度が与えられた．横浜市は，「高齢」「障害」を120：1，「傷病」を96：1，「母子」「その他」を62：1とする「横浜基準」を，2005年に導入した．「高齢」「障害」「傷病」のケースは，他の部署に任せられる部分も多いのに対し，稼働層である「母子」と「その他」世帯は，より手厚い支援が必要だ．だから，62：1というゆとりを持たせた比率にしてある．このようにすると，「母子」と「その他」世帯が多かったり増加したりしている区は，そこにCWを割けるわけである．

これは合理的な基準といえよう．ただし，それでも，CW一人当たり担当世帯数の平均が，冒頭で述べたように86にも達しており，年2回の居宅訪問がやっとということが多く，実質的な就労支援はほとんど不可能なのだ．そこで，外部資源の活用となったのである．

3-4 就労支援専門員と求人開拓員の導入

就労支援専門員は，就労意思を表明した受給者を生保CWから引き受け，キャリアカウンセリングも含めて支援する．2012年度現在でこそ，市全体で60人となり，全区で2人以上の配置が実現しているが，もともとは中区での実験的試みから始まったものである．図表序-1に示したように，厚生労働省は，生活保護受給者就労支援のモデル事業を2001年に札幌市と京都市で実施していた．2002年に横浜市もこれに加わる．家庭の都合で中途退職した市の元生保CWを2人，嘱託職員の身分（つまり，市による直接雇用）で就労支援専門員として中区で活動させ始めたのである．

彼女らが行なっていたのは，居宅を訪問しての就労支援と，求人（企業）開拓の両方であった．この人もこの企業なら，何とか働けるのではないか．この人は不運にも会社が倒産したんです，技術はある人なんです，希望を失って元気をなくしているだけなんです——このように，求職者と求人企業のあいだにたって媒介するという，CWだけではなかなかできなかったことを，担当CWと相談しながらやっていたのだ．

こうした丁寧なマッチングは，やはり効果がある．確かにハローワークには就労支援ナビゲーターがいるが，別組織であるうえに，彼らは契約職員だから，いつ担当が変わるかわからず，支援の持続性を担保することが難しい．そのた

め全市的に就労支援専門員を拡大してきたのだ．現在そのなり手は，市の元生保CWのみならず，ハローワークのOB・OG，人材企業の就労支援スタッフ，民間企業の人事経験者などさまざまである．

　ところで，当初，就労支援専門員が担っていた求人開拓は，2006年2月から開始された無料職業紹介事業に移される．発端は，就労支援専門員が開拓してきた求人を支援対象の生保受給者に直接紹介できず，開拓企業にいったんハローワークに求人票を出してもらわねばならないという手間が，2004年に本庁保護課に報告されたことだった．そこで早速に，無料職業紹介事業を横浜市で実施することの検討を始め，2005年度に届け出たのであった．

　求人開拓員は2010年度現在，全市で6人の配置となっている．1人平均3区を担当する勘定だ．担当区の保護課に週1～2日出勤し，就労支援専門員と相談しながら業務を進める．求人開拓員は，生保受給者には接触できない．本人から同意書を取ることによってそれは可能だが，検討の結果，個人情報保護に慎重を期すべきだとして実施は見送った．したがって受給者は，開拓企業の情報は，就労支援専門員や生保CWから間接的に聞くことになる．受給者が求人開拓員から直接に情報を得る方が相互にやりやすいかもしれない．けれども筆者は，受給者の個人情報の守秘を第一義としたのは良い判断だったと考える．というのも1つには，支援者と支援対象者（受給者）の関係のなかで，真の同意が成り立つことは難しく，いま1つには，無料職業紹介事業（求人開拓）は業者への委託のため，市（保護課）が求人開拓員を直接に選考して直接に雇用してはいないからである．

　ところで，この業者委託は，2011年度までは競争入札で行なっていたが，2012年度よりプロポーザル方式（公募提案方式）に変更した．競争入札は価格競争となるので，入札業者は人件費削減によってこれに対応しようとする．すると業者には腕の良い求人開拓員が集まらなくなり，サービスの質も成果も落ちてきた（図表3-11，求人開拓企業への就職者数・率を参照），という反省があったからだ．実際に受託業者も，2011年度より変更された．

　とはいえ，プロポーザル方式が万能なわけではない．というのも，審査員の前に立つ入札業者のプレゼンテーションに説得力があったとしても，それは必ずしも，腕の良い求人開拓員をその業者が必要十分に集めていることを保証は

しないからである．南区保護課長の霧生さんも，委託先がどこであろうと，求人開拓員個人の資質のバラつきがある，と指摘する．腕の良い求人開拓員には，外国人受給者の求人を取ってくる者もいるのに対し，そうでない求人開拓員は，求職者が生保受給者であることを隠したり，ハローワーク求人を吟味せずに提案したりすることがある，と述べる．

このような，就労支援人材の質の低下を防ぎ，向上させていくにはどうしたら良いだろうか．それを考えるためには，自治体から見れば外部である委託業者の内部，その置かれた状況，その課題認識を明らかにする必要がある（第4章）．

3-5　就労支援等の予算と成果

図表3-10からわかるように，生活保護受給者の生活・就労支援は，生活保護自立支援プログラムをとおして，厚生労働省が資金を全面的にバックアップしている（事業の大枠についても定めている）．「生活保護事業」のなかの「就労

図表3-10　横浜市健康福祉局保護課・2012年度予算

（単位：千円）

		合計	国	県	その他	市費
生活保護事業	生活保護費	124,302,834	91,980,285		3,366,296	28,956,253
	就労支援事業	392,312	110,098	280,798	1,416	
	無料職業紹介事業					
	就労意欲喚起事業					
	学習支援事業					
	年金相談事業					
	不正受給対策強化	61,478	61,478			
	住宅手当緊急特別措置事業	393,933		392,993	940	
	合計	125,150,557	92,151,861	673,791	3,368,652	28,956,253
援護対策事業	生活困窮者支援	16,419	8,209		81	8,129
	寿地区対策	178,643			510	178,133
	ホームレス自立支援	443,882	827	316,156	302	126,597
	中国残留邦人支援	846,722	647,649		135	198,938
	合計	1,485,666	656,685	316,156	1,028	511,797

出典：インタビュー時の提供資料を筆者が加工．

支援事業」から「年金相談事業」までは，3億9200万円となっているが，市の支出はゼロである．神奈川県からの支出も，もともとは国が出所であり，県で基金化したために県予算として計上されている．

就労支援の成果はどうなっているだろうか．図表3-11は，2007年度から2012年度までの，就労支援専門員による支援実績の推移と就職者数の推移である．専門員の増加につれ，支援対象者総数，就職者総数，保護廃止世帯総数も増加しているが，専門員1人当たりで計算すると（b÷a, c÷a, e÷a），むしろ減少基調にある．また，支援対象者にしめる就労者の割合（c÷b）は増えたり減ったりしている．さらに，求人開拓企業への就職者の，就職者全体にしめる割合（d÷c）は低下基調にある．以上は，景気に左右されるからであることは当然として，そう簡単に「成果」の出ない，より困難なケースへと対象が拡大されてきているからだと考えられる．支援員を増やした分の比例的な成果が出るわけではないのだ．

2012年度の就労者2570人を年齢段階別に見ると（図表略），15〜34歳が19.1％，35〜44歳が23.5％，45歳以上が57.4％となっている．雇用形態別では，パート・アルバイトが76.5％，日雇いが3.3％，正社員が20.2％である．

図表3-11　健康福祉局保護課　就労支援専門員による支援状況の推移

	2007年度	2008年度	2009年度	2010年度	2011年度	2012年度
専門支援員数（a）	25	25	25	33	48	60
支援対象者総数（b）	2,251	2,225	2,334	2,789	3,662	4,549
b÷a	90.0	89.0	93.4	84.5	76.3	75.8
就職者総数（c）	1,401	1,193	1,264	1,563	1,969	2,570
c÷a	56.0	47.7	50.6	47.4	41.0	42.8
c÷b＊100（％）	62.2％	53.6％	54.2％	56.0％	53.8％	56.5％
求人開拓企業への就職者数（d）	388	375	411	342	340	424
d÷c＊100（％）	27.7％	31.4％	32.5％	21.9％	17.3％	16.5％
上記のうち保護廃止世帯数（e）	312	234	272	407	518	601
e÷a	12.5	9.4	10.9	12.3	10.8	10.0
年間の保護費削減額（f）[千円]	592,778	518,898	515,903	689,590	860,978	1,076,787
f÷g	5.6	4.9	5.0	5.1	4.4	4.5
事業費（当初予算）（g）[千円]	106,161	105,551	103,252	136,028	195,105	238,825

出典：インタビュー時の提供資料を筆者が加工．

職種別では，清掃が24.9%，工場・倉庫作業が18.2%，サービス・接客が10.4%，警備・管理人が6.1%，建設・土木が6.4%で，これら5つで3分の2となる．就労のより難しくなる中高年層が，非正規として現業職に就いていく，という平均像が浮かび上がってくる．

3-6 本節のまとめ──就労支援の「成果」をどう考えれば良いか

以上の成果はどのように考えれば良いだろうか．3点を指摘し，本節のまとめとしたい．

第1に，生活保護費削減の点からすると，保護費全体を考えれば微々たるものである．図表3-10に戻れば，2012年度の生活保護費は1,243億円，しかるに保護費削減額は10億円（図表3-11），まさに大海の一滴だ．それもそのはずで，図表3-9で確認したように，「高齢」「障害」「傷病」で受給世帯の7割強をしめているからだ．

この現実を前に就労支援の無意味さを指摘する言説に対しては「削減額の10億円は小さい金ではない」といった説得が常套的に試みられている．確かにそうだが，金額の多寡によって正当化に力むよりも，自分で（僅かでも）稼げる者を1人でも多く生み出している事実を，成果としてもっと誇って良い．なぜならそれは，貧困の連鎖を断ち切っていく「小さな種」にほかならないからである．これが第2点だ．「自分で稼いでいる」という認識は，金に心が囚われるのではなく，金が象徴するもので心が満たされるという，主観的な「生活の質（QOL）」の改善である．近年，被保護世帯の児童・生徒への教育支援や就労支援が広まりつつあるが，彼らの保護者が，たとえ僅かにせよ自ら稼いで自尊感情を回復する姿を見せることもまた，なくてはならない．そのためにも，生保CWには乏しかった求人開拓や就労相談の機能を外部資源の導入によって拡充することは必要であった，と筆者は考える．

第3に，「数字達成のために無理やり就職させている」といったワークファースト・アプローチへの批判は，低きに流れるのを止めるという点で続けられねばならないが，政策決定の中心部に向けて発せられないかぎり，あまり生産的ではない．というのも，現場の支援者はどこかで数字合わせをするしかない，不条理な立場に立たされているからである．そこに現実的な対案のない批判が

聞こえてくれば,現場の支援者は「自分たちにはいかんともしがたいことで責められている」と憤慨するであろう.とはいえ,「この程度で良い」と思った瞬間に,目指すべき就労支援はできなくなる.ではどうすれば良いのか.それには,数字合わせに麻痺することなく,どこかで良心が痛み続ける就労支援者であることが欠かせない.より良い就労支援を行ないたいという思いを促す職場文化があるかが,これを左右するだろう.

およそいかなる事業も,計画を立て,やるべきことを分類し,それぞれに資源を投入することで遂行されている.そこでは時間は,1本の道のように直線的であり分節化されている.文化人類学者であるE.T.ホールの概念を援用すれば,就労支援は,事業としては,「モノクロニックな時間体系」の発想で進められているのだ (Hall 1976/1993, pp.30-36).これに対して,人が生きていくということは,その人にとって同時に生起するいくつもの事柄に直面していくことである.つまり人は本来,「ポリクロニックな時間体系」に生きている (Hall 1976/1993, pp.30-36).就労支援は,現場としては,支援者と支援対象者が「ポリクロニックな時間体系」のなかで相互に関わりあうことにほかならない.支援対象者がうまく整理できない困難な状況を解きほぐしながら,自分は何を苦しい／楽しいと思うのか,どこから働きたい／働きたくないといった気持ちが起こるのかを共同で考えてみることなのだ.これを「モノクロニックな時間体系」に沿ってのみ対処するなら,生きていくことの本性に反しよう.

事業としては「モノクロニックな時間体系」のなかで進めざるをえない就労支援は,現場では「ポリクロニックな時間体系」の発想で進めないとうまくいかないこと.現場の支援者はこのズレが生み出す矛盾や不条理を背負わざるを得ないこと.この事実をふまえた信念,それを共有する職場文化なくしては,効果的な就労支援はなされないであろう.

4　就労支援は基礎自治体の仕事である

以上,本章は,横浜市の就労支援政策について見てきた.人口が日本で最大であるこの基礎自治体は,その行政組織も大規模で,内部は細分化されている.したがって,全市的な就労支援政策方針があるにせよ,実際の施策遂行は,

局 - 部 - 課 - 係という組織構成単位に沿って配分された予算のなかで，直接雇用（市の正規職員，嘱託職員）の場合は指揮命令 - 労務の提供という関係，委託契約の場合は命令的業務発注 - 業務受託という関係に基づき，分業的になされている．無料職業紹介（求人開拓）1つとってみても，横浜市の場合は，中央職業訓練校（経済局雇用労働課），保護課（健康福祉局），こども家庭課（こども青少年局）が個々別々に届け出をし（あるいは届け出をしている業者に委託をし），それぞれの予算によって実施している．

　このような大規模で細分化された組織においては，構成単位を超えた連携は，常にうまく進むとはかぎらないだろう．それを進めていくには，（上級）管理職の間で大枠に関する合意を得ることに加えて，現場における地を這うような実務において，理解の隔たりやサービスの谷間を一つひとつ埋めていくしかないのだ．それによって初めて，たとえば「訓練校の就職実績はそんなに良くないと聞いているんですけど」（或る区の保護課でのインタビューにて）といった誤解が流布することを止められるだろう．

　本章第2節のまとめでは，基礎自治体にとっては未知の世界である職業訓練について周知と理解を徹底することが肝要だ，と述べた．では，職業訓練について理解するとはどういう意味か．それは，まずは職業訓練を職業訓練単体で捉える発想から自由になるということである．中央職業訓練校は，単に職業訓練を施すだけではなく，訓練対象者を雇用へとつなぐネットワークをも有しているのであった．つまり職業訓練が，「ネットワークが張りめぐらされた労働市場」の一部分として位置づいている．この事実を認識すれば，「職業訓練は受けたとしても，採用面接で評価されるとは限らないし，実務で発揮される能力はまた別のものがある」といった，それ自体としては正しいとしても，効果的な就労支援にブレーキをかける発想を，打ち破っていけるのではなかろうか．

　基礎自治体にとっては未知の世界であるという点では，求人開拓（無料職業紹介）もそうである．「求人開拓は基礎自治体の仕事ではない」という考え方から，いかにして自由になれるか．もちろん，求人開拓について検討した結果，あるいは実験的に実施してみた結果，ハローワークとの関係をより緊密にしていく方が効果的・効率的だという結論や，求人開拓よりも，就労相談や面接講習に注力した方が良いという結論に至るかもしれない．それはそれで良いので

ある。大切なのは、就労困難者が就労していくためには、自治体という公的制度が背後に控えているという信頼が付与された労働市場が不可欠だという理解を、検討をとおして自治体職員が深められるかどうか、だと思うのである。

以上のような認識や理解は、自治体職員個人の内側だけからは、なかなか生まれてこないのではなかろうか。この点で、求人開拓や職業相談、職業訓練に関する外部資源の活用は、自治体職員にとって学習とネットワークを拡大する機会でもある。庁外資源の活用を、その方が施策の成果が上がるからといった功利主義的観点のみから捉えるべきではない。就労困難者の就労という目標に向けて、相互を尊重し、足りない部分を補い合い、アイデアを出し合うことが、どれほど各自の潜在能力を発揮させ、総和以上の結果を生み出すか。これらが、どれほどの喜びをともなうものか。このような経験と実感を得られた就労支援関係者が増えることこそ、形式だけではない、「ネットワークが張りめぐらされた労働市場」の形成と維持とを可能にするのだ。

とはいえ、ここには1つの構造的限界がある。なぜなら、「ネットワークが張りめぐらされた労働市場」があるとしても、現在の労働市場のもとでは、就労支援対象者は、リビング・ウェイジを得ることが非常に困難だからである。第3節で見たように、たとえば生保受給者で就労した者の8割近くが、非正規という、より不安定な（正社員も決して安泰ではないのだ）就労をなしている。

ではどうすれば良いのか。少なくとも3つの方法がある。①ディーセントワークのための労働市場の規制、②福祉的給付の全額廃止を必ずしもゴールとしない「半福祉・半就労」、③「一般就労（企業就労）」以外の雇用創出、である。これらはもちろん、互いに排他的ではなく、3つとも実行していくことができる。その基本方向を示すのは、国の責任である。以下では②について補足しておく。これは序章第2節で新しい働き方・生き方のモデルだと述べたものだ。

福祉的給付の受給世帯にとって最も心配なのは、住居喪失と怪我や病気であろう。いざというとき、どうなるのか。この不安は、どれほど効果的な就労支援がなされようとも、決してぬぐい去ることはできまい。生存権は、就労支援だけでは保障できない。だからこそ、半福祉・半就労があってよい[9]。

生活保護受給者や母子家庭の母など就労困難者への対処が「手ぬるい」とい

う，自治体に対するバッシングは決してなくならないし，むしろ強まるだろう．しかるに，共感的な報道や世論も少なくはない．新聞などで最近よく目にするのは，真面目に地道に働いてきたのに，容赦のない景気と世知辛い雇用実践によって「すべり台」のように生活保護まで転落した，失業した夫との関係が悪化したあげく母子家庭の母になったなど，「誰にでも起こりうる」という恐怖心を刺激して社会的連帯[10]の精神を喚起しようという記事や，サービスインテンシブ・アプローチの結果，就労困難者が再生を果たしたという，共感を刺激して倫理的配慮の精神を喚起しようという記事である．だがこうした記事は，私たち市民が，行政のアカウンタビリティをどう問うべきかについては，必ずしも充分に示唆的ではない．だからこそ本章は，（横浜市という）基礎自治体の組織・人員体制，職業紹介と職業訓練に関する外部資源の活用の詳細を掘り下げ，就労支援の「成果」をどう考えたら良いかについて述べてきたのであった．

続く第4章と第5章では，横浜市役所の外側に分析のメスを入れていこう．

注
1) ほかに，総務局による知的障害者の雇用促進や市民局による各区役所での緊急雇用創出など．
2) 2013年度については，ハローワークや横浜市男女共同参画推進協会と連携した「子育て応援就職フェア」を開催．合同就職面接会を中心に，就職や面接に役立つミニセミナーなど複数メニューを用意し，子育て世代の就労支援を展開している．
3) ひとり親家庭について，健康福祉局は医療費の補助などを実施している．
4) 公共職業訓練については第1章第2節を参照のこと．
5) なお，本節では取り上げないが，図表3-5に掲載された施設以外にも，全国では，職業訓練指導員養成施設である職業能力開発総合大学校（高齢・障害・求職者雇用支援機構が設置・運営）が1校，障害者を対象とする障害者職業能力開発校が19校あり（福澤 2012, p.23），神奈川県に関しては，相模原市に神奈川県障害者職業能力開発校1校がある．
6) 従来は「母子家庭の母」であったが，2013（平成25）年度からは，より包括的・普遍的な「ひとり親」という概念が用いられている．本章では，これらは同義のものとして読まれたい．
7) 求職者支援制度によって訓練対象者が増加すれば，多様な課題を抱えた人びとが含まれるようになることはたやすく予想できる．メンタル上の課題をもつ人びと，学ぶ気持ちが弱い人びと，給付金目当ての人びとに至るまで，必

ずしも訓練を受ける準備ができた人びとばかりとも限らなくなる．そうした人びとにとっては，訓練の内容よりも利便性が優先されることになる．公的な資金を用いた職業訓練は，対象層を広げれば広げるほど良いというわけではない．訓練対象者の量的拡大・質的多様化を，どこがどのように引き受けるかは，議論を尽くすことが必要なはずである．
8) また，訓練生の自宅の近くで職場が見つかると就職がうまくいくという．通勤の，時間的・体力的・精神的負担が小さいことは，より長く勤続することにつながりやすいし，たとえば子どもの病気で病院に寄ってから出勤するような場合でも，そのロスが小さいことを，求人側が理解しているからであろう．
9) 半福祉・半就労については終章の注4) も参照．
10) ここで「連帯」は，Comte=Sponville（2004/2006）の定義にならっている．連帯とは寛大さとは異なる．寛大さとは，利害関係のない他者であってもその利害を考慮に入れる徳である．連帯とは，利害関係のあるもの同士（たとえばある国家の国民である）で，利己主義を知的に実効的に解決しようとする徳である．

第 4 章

就労支援の委託にともなう課題
人材企業を事例として

筒井美紀

1　人材ビジネスに着眼する理由

　本章は，自治体（および国）による就労支援事業のほとんどが委託されている（直営は少ない）という事実をふまえて，委託される側に目を移して見ていく．ここで委託される側の総体を，「就労支援諸機関」と呼んでおきたい．それらのなかには，利潤が第一義の組織（営利企業）もあれば，必ずしも利潤を第一義としない，社会的企業や労働者協同組合，NPO法人や任意団体とさまざまである．そのうち本章は，営利企業——人材ビジネス——を取り上げる（続く第5章は労働者協同組合である）．

　その理由は，官公庁からの委託先として営利の人材企業が優勢的な存在でありつつ，批判もあるからである．営利の人材企業は，有料職業紹介や一般／特定労働者派遣をはじめとした労働力供給方法をとおして，さまざまな産業・職業に拡大してきた（佐藤・佐野・堀田編 2010）．人材企業に対する昨今の需要の変転はいっそうめまぐるしい．市場化テストによって行政から人材企業へと委託する動きが，リーマンショック以降，加速した．そうかと思えば，景気回復の兆しによって，民間企業からの人材需要が再び高まっており，これはビジネス・チャンスである．だが自治体にとっては，こうした営利の人材企業による，それまで培ってきた支援のノウハウや，それを提供できる支援人材の蓄積がなければ，就労支援事業は成り立たない．他方で，営利企業への委託に対する批

判がある.利潤が第一義であることで,より困難な層への支援が遠のきがちだ,成果が上がっても利益率が低ければ撤退する……ならば私たちは,どう考えたら良いのか.就労支援事業全体は,どうあるのが望ましいのか.

そのためにはまず,営利の人材企業が,どのような組織をもち,どのように活動しているか,現場支援者の採用・雇用はどうなっているか,利益に関する判断や自治体との関係はどうなっているかについて,具体的に確認することが必要だ.就労支援の質と規模は,これらによって左右されるからである.

データは,再就職支援会社のZ社のインタビューを用いる(図表序-2参照).Z社は,人材ビジネス業界大手のグループ会社の1つで,有料職業紹介事業の免許をもち(一般労働者派遣事業の免許はなし),再就職支援や企業研修を得意分野として提供してきた.その事業歴をベースに,2005年に官公庁事業本部を設立,生活・就労支援事業を受託してきた.国からは長期失業者の支援,地方自治体からは生活保護受給者の就職支援(面接相談や求人開拓)や女性再就職支援の受託実績がある.こうしたさまざまな受託経験をもつ組織からは,より相対化された視点からの説明が得られよう.また同社は,横浜市健康福祉局保護課から4年間にわたり就職支援事業(求人開拓や就職活動セミナーの実施)を受託している.

本章は以下3つの問いを解明していく.第1,どのような組織でもって,事業(「案件」「プロジェクト」とも呼ばれている)がどのように受託され運営されていくか.第2,キャリアカウンセラーや求人開拓員の供給源はどうなっており,そこからどのようにして採用・雇用がなされているか.第3,事業受託側にとっては,自治体との関係で何が困難であり課題だと認識されているか.これらを第2~4節で順に解明し,第5節で結論を述べる.

2 事業はどのように受託され運営されているか

Z社の官公庁事業本部に属するのは,全従業員の約6割である.民間需要と比しての官公庁需要の大きさを象徴していよう.この数字は,事業(プロジェクト)単位で有期雇用される,プロジェクト・マネージャー,カウンセラーやセミナー講師,求人開拓員といった現場支援者をも含んでいる.プロジェクト

を管理するのは正社員の営業担当者であり，この営業担当者の上に本部の上級管理職がいる．官公庁事業本部は，事業単位で雇用される有期の現場支援者が圧倒的多数をしめている．

プロジェクト・マネージャーが日々の事業運営に責任をもつのに対して，プロジェクトを本部の立ち位置から管理するのが，営業担当者である．営業担当者は，複数のプロジェクトをかけもちしており，適宜，本部の上級管理職への報告・連絡・相談を行なっている．

官公庁からの受託事業はその財政年度に合わせて，4月開始の3月終了で期間1年，というのが一般的であり，毎年8月になると次年度予算確定に向けての動きが始まる．事業受託を企図する組織は，これに合わせて営業活動を活発化させ，最終的には1〜3月に集中する入札へと至る．これも，上記営業担当者の仕事である．つまり営業担当者は，現在進行中の事業を管理するとともに，新規事業の獲得と既存事業の継続という仕事に従事する．これらを成功させるためには，目下のプロジェクトがどのように進行しているか，何が課題か，どのように改善したらよいか，といった状況把握と発案が重要になる．そのため営業担当者は，本部の立ち位置からのプロジェクト管理を行なう．各プロジェクトは，週1回の打ち合わせ，また自治体担当者と月1回の報告会をもつのが平均的だ．

以上の流れからも明らかなように，次年度の事業が獲得できるかどうかは，1〜3月にならないと判明しない．つまり，どのようなスキルや経験をもった現場支援者が何人くらい，どの地域に必要なのか，確実なことはこの時期にならないとわからない．受託内定の連絡がいつ来るのか，いつ来るのか……と，気を揉む毎日が続き，諾否によって日々，人材需要が変転する．こうしためまぐるしい状況のなかで，現場支援者の採用が起こされている[1]．これは，あらゆる入札組織に共通する現象だ．Z社では，最適な人材を提供するための施策として，落札後すぐに採用活動に入り，これまでの実績や経験を重視した採用を行なっている．

このような，（通常）時限1年の入札が惹き起こす現象は，制度課題として敷衍して考察しておく必要がある．つまり，受託機関にとって必ずしもベストの人材が必要人数そろうとは限らないと同時に，（通常）期間1年で有期雇用

される現場支援者の立場からしても，1〜3月は，次年度の職と収入がどうなるか，不安と心配で気持ちが落ち着かない時期だ．では，現場支援者はどのように行動するだろうか．一般論として次のようなことがありうる．たとえばYさんが，2012年度はA社受託事業で，P市の生活保護受給者の相談業務をしていたとする．2013年1月中旬にB社から，Q市で受託内定の出た事業に参加しないか，と声がかかった．同じく生活保護受給者の相談業務である．P市からA社への入札結果はまだ連絡がない．この場合，Yさんとしては，先に打診のあったB社の話を受ける方が，雇用安定の点からは合理的である．

そうするとA社は，P市の事業を無事に継続受託できたとしても，Yさんに連絡すると「残念ながら次年度はお引き受けできない」という返事が返ってくる．A社は，Yさんという腕の良い，A社とP市の固有性にもなじんだ支援人材を，少なくとも2013年度は失うということだ．他をあたって良い人材を確保できればよいが，それは保障のかぎりではない．有期雇用される他の現場支援者もまた，Yさんのような動き方をしているからである．

なおB社にしても，万々歳というわけではない．生活保護受給者の相談業務の人員が，2012年度より2人増えて，4人必要になったとしよう．4人のうち2人は，前年度からの継続，うち1人はYさん，しかし残る1人の採用に腐心するかもしれない．Zさんという，2年前にB社で母子家庭の母の就労支援に携わった人に心当たりはある，しかしZさんは生活保護受給者の相談業務の経験はない……こうしたことが起こりうる．

したがって繰り返せば，いずれの受託機関にしても，常にベストの人材が必要人数そろうとは限らないのである．第3章第3節では，受託機関のいずれを問わず，個々の求人開拓員の力量にはどうしてもばらつきがあるという，南区保護課長の指摘を紹介した．その大きな原因の1つとして，委託期間が短期であるという制度的特徴によって，めまぐるしい現場支援者の採用状況にならざるをえない現状がある，といってよい．だから自治体側でも，入札の書類や，プロポーザル方式でのプレゼンテーションから，腕の良い現場支援者が必要十分にそろうかどうかを判断することはできない．第3章第3節では，就労支援の外部化を良しとする筆者の見解を述べた．それが質をともなったものであるためには，現場支援者の労働市場の，高すぎる流動性を発生させている短期の

委託期間の見直しもまた不可欠だと強調しておきたい．

3 現場支援者の供給源と採用後の訓練

　続いては，以上に述べた，めまぐるしい状況で行なわざるをえない現場支援者の採用が，どのようになされ，また採用後はどのように訓練されるのか，その供給源とあわせて説明しよう．現場支援者には，カウンセラー，プロジェクト・マネージャー，研修講師，求人開拓員，などなど多様な職種・業務がある．採用経路・方法として共通性が高いのは，人的ネットワークを恒常的に張りめぐらし，これを厚くしつつ，必要に応じて活用する，という点である．この方法は，人材需要が1〜3月にかけて日々変動するなかで決まっていくという特徴からすると合理的である．以下，職種・業務別に簡単に説明しよう．

　カウンセラーについては，CDA (Career Development Advisor) やGCDF (Global Career Development Facilitator) などの資格取得者を対象としたメーリング・リストに募集情報を流している．プロジェクト・マネージャーは，同事業での経験あるいはマネジメント経験を有するZ社社員より選出している．研修講師は，「あの人，良かったよ」という業界での評価を聞きつけた声かけを前もって行ない，供給源を厚くしておく．求人開拓員は，営業経験者を採用する．同社の民間再就職支援部門のクライアントに門戸を広げることもある．

　採用経路・方法として加えておかねばならないのは，競合他社からの「移籍」である．具体例で説明しよう．P市が生活保護受給者の就労支援の委託先を，2012年度はA社だったのを，2013年度はC社に変更した．A社に雇用されてカウンセラーをやっているXさんは，この仕事を続けたいと思っている．年度末間際にようやく就労意欲が出てきたVさんやWさんのことが気がかりだ．彼らの支援を続けるならば，C社で雇用されるしかない．他方でP市も，評判が良く実績も上げたXさんに，是非とも続けてもらいたい．けれどもXさんに直接，そのように言うわけにはいかない．P市が結ぶのはC社との業務委託契約なのであって，Xさんとの雇用契約ではないからである．こんなとき，P市からはC社に対して，Xさんの評判を耳に入れることや，P市の求人をハローワークに出したという情報を伝える．するとXさんはハローワーク

の紹介状をもってC社に面接に来る．個々の対象者に対する支援の継続性を維持しようとするならば，期間１年の事業委託という制度のなかでは，こうしたインフォーマルな取引行為もまた，ときおり必要となる．

さて，以上のようにさまざまな職種・業務の現場支援者が，「畑が違う」ことをやってきた，ということはしばしばある．たとえば，女性の再就職支援のプロジェクト・マネージャーはここ２年やってきたが，生活保護受給者の就労支援のそれは初めてだとか，アパレルメーカーで10年以上の営業経験はあるが，求人開拓，しかも母子家庭の母を対象とした求人開拓に関しては未経験，といったケースもある．

このような，資格や経験が不充分の人材には，採用後の訓練が重要になる．Ｚ社の場合，上記のようなプロジェクト・マネージャーなら，３ヵ月はサブ・マネジャーとして管理業務を補佐しながら，ケースを経験し実績を積む．具体的には，生保CWが受給者の居宅訪問をする際に帯同したり，保護費支給日に役所に出向いて受給者に声かけをする．本来これらは，対象者を直接支援するカウンセラーや求人開拓員の仕事だが，経験の浅い人材が実体験を積めるようにする，このような工夫が欠かせない．また，上記のような求人開拓員なら，OJTに加えて，Off-JTによる基礎知識の習得も行なう．そもそも（有料）職業紹介事業とは，いかなる法律に基づいてどのようになされるものなのか．５年ごとの有料職業紹介責任者講習会に出席し，こうした基本事項を理解する．

以上のように，OJTとOff-JTを重視していたとしても，支援対象者との相性を含め，クレームが発生することもある．たとえば，自己の経験に基づいた支援が，支援対象者には「上から目線」に映ってしまい，苦情が申し立てられているカウンセラー．こんな場合はＺ社では，指導を含め，一定期間内での改善を求める．また，継続受託が決まった自治体から「Ｕさんはちょっと……」と言われる場合もある．そんなときは，Ｕさんには指導による改善を促すとともに事情を説明し，Ｕさんの適性に合った別の自治体の案件を紹介する．このように，現場支援者に対して，職場を変更してもらうなど厳しい対応をとるのは，支援対象者と支援者との双方にとって不幸な状態に陥ることを防ぐためである．

思うに，期間１年の受託制度がもたらす人材需要のめまぐるしい変動を勘案

すれば，経験の浅い人材などがクレームを惹き起こすことはやむをえず，その場合，彼らを柔軟かつ厳しめに（再）配置する対応もまた，必要となってくるのだ．

ただし，支援対象者と支援者との，相性を軸としたマッチングを優先しているだけなら，支援者1人ひとりの経験は広がらない．これはかんばしくない．たとえば前記Uさんの「適性」は，固定されたままである一方，支援対象者は実にさまざまな人生行路を有し多様なニーズを抱えている．これに対応するには，手厚いOJTとOff-JTをとおした，対応幅の広い支援者の育成が不可欠である．誰しにも「これが初めての経験」ということがあり，「そうした対象者の支援は苦手だ／自信がない」といった未経験者を採用しないのは，彼／彼女から経験を積む機会を奪い，かつ結果的に，業界全体の労働力供給源を乏しくする．労働力供給源を厚くすることは，1社1社にとってはもちろん，就労支援諸機関全体にとって大いなるプラスなのだ，と筆者は考える．

4　事業受託側の困難と課題——自治体との関係で

それでは続いて，事業受託側が，自治体との関係において何が困難であり課題と認識しているかを確認していこう．インタビューからは3点に整理できる．第1に短い受託期間，第2に一般競争入札，第3に自治体側のノウハウ・経験不足，である．

第1点の，短い受託期間がもたらす困難は，容易に想像がつくだろう．1年だと，事業の検証や改善を丁寧に行なう機会が得られない．そしてそのまま受託業者が変更されうる．これは何よりも支援対象者にとってマイナスだ．たとえば12月に初めて来所した人には，年度末で事業終了だと3ヵ月程度しか接することができない．それでは成果は出ない（カウンセラーのなかには，年度末で事業がなくなった後も，クライアントと個人的に連絡を取りつつ支援する者もいるそうだ——もちろん対価の支払いはない）．さらに本章が強調してきたように，現場支援者の雇用と育成が大変不安定なままである．だから，せめて3年はほしい，5年あれば大変望ましい，とZ社は述べる．

ところが政令指定都市は，長期契約や随意契約は難しいという．小規模の自

治体だと，比較的最近まで3年契約もあったが，見直しが進んでなくなりつつあるそうだ．この指摘はもちろん，Z社の経験の範囲内のことだから，どこまで一般性があるかについては留保をつけるべきであろう．ただし自治体には，前例踏襲や他自治体の模倣の傾向があることをふまえれば，ここで指摘されていることがいっそう広まることは充分にありえる．

　第2点の，一般競争入札について．Z社は，価格重視になることの弊害を強く問題視している．当該自治体に業者登録していれば，どの団体でも入札可能なこの制度では，委託時に求められ，約束した事業運営が不履行となる可能性がある．入札価格を下げるのに一番手っ取り早いのは人件費の削減である．当然ながら，低賃金の雇用は敬遠され，より腕の良い支援者を集めることを遠ざけ，結果として質の悪いサービスの提供を招いてしまう．Z社はかつて，入札価格600万円に対して他社が400万円を提示した，という入札の経験がある．コスト削減の努力はもちろん欠かせないが，後者のような低価格では，現場支援者に適正な賃金を支払えまい．したがって自治体には，一般競争入札ではなく，プロポーザル方式によって，入札に相応しい業者であるかを見てほしい，と述べる[2]．

　しかしながら，小規模の自治体になると，一般競争入札にせざるをえない場合が多々ある．プロポーザル方式を実施するなら，有識者や大学教員などの審査員を集めなければならないが，そのような人脈がない，あるいは必要人数がそろえられない，という事情だ．

　こうした自治体でなくても，プロポーザル方式は，それだけ手間暇がかかることは事実である．審査員の確保だけをとってみても，依頼や交渉，日程調整，報酬の支払いなどがある．これに対して，一般競争入札は価格だけを見れば良い．極端にいえば，最低価格であることがわかる，つまり算数さえできれば良い，ともいえよう．

　ところで，これは受託価格と関連することだが，就労支援事業の利益率はどれくらいなのだろうか．Z社によれば，業界全体の粗利（営業利益）相場は20％前後だが，10％前後になることもある．だからといって，9％だから受託しないといった意思決定はしない．新規事業の場合においては，実績を積むための機会として受託することもある．しかし，事業運営に支障をきたすほどの

あまりにも低い水準では，良質なサービス提供が担保できないためエントリーの段階で辞退している．

第3点について．一口にノウハウ・経験の不足といっても，その程度は実にさまざまである．横浜市や豊中市は，就労支援のノウハウ・経験を蓄積してきた基礎自治体であるけれども，全国的に見ればこれは決して一般的ではない．Z社は営業活動を展開するなかで，就労支援の方法や委託先の選定方法に迷っている担当者に出会うこともある．

では，事業を受けた場合，そうした自治体の担当者——課長や係長，主任や係長——とどのように接しているのか．重要なのは，支援的・協力的な態度で臨むこと，つまり，受託企業は自治体の担当者に寄り添い，経験を分かち合い，支援するとともに，協働することが肝心だ，という．

ところが，組織としてノウハウや経験が不足している自治体では，数年単位で行なわれる人事異動が引き継ぎの点で大きな問題を生んでいる．すなわち，後任がまったく「素人」状態で着任し，「支援・育成」のゼロからのやり直し，ということも少なくない．人事異動でも支障をきたさぬよう，事業をチームで担ってほしい，とZ社は要望を述べる．

5　就労支援諸機関の育成と現場支援者の雇用安定を

以上，本章は，就労支援事業が委託される側に目を転じた．冒頭で述べたように，就労支援が委託される就労支援諸機関は多様だが，そのなかで優勢的な存在である，営利を第一義とする人材ビジネスに焦点を当て，その内部を詳しく見てきた．

周知のとおり，就労困難者支援はそもそも，多大な利益が上がるような事業ではない．だから，たとえば人材ビジネスA社が，P市の事業で素晴らしい成果を上げたとしても，営業利益10％という数字を前に，次年度も大幅改善の見込みなしと判断したら，撤退するだろう．ここでA社を，「社会的貢献」や「社会的責任」を果たしていない，金儲けしか頭にない貪欲な存在だと非難するのは筋違いである．営利企業が掲げる「社会的貢献」や「社会的責任」は，あくまでもその企業が上げるべきだと判断する利益水準の範囲内でのことなの

だ. そこに道徳性をもち出すのは筋違いであるし, そうした道徳言説の効果も期待できまい.

　今後, 問題のより複雑な, より時間のかかる就労困難者のケースは, いっそう増加するであろう. このことは, 現場支援者への適正な人件費は払えつつも, 最終的な利益はほとんど出ないであろう事業の委託が, 増加していくことを意味する. そのとき, 営利を第一義とする人材支援機関だけでは, それらを必ずしも充分にはカバーしきれない. だとすれば, 社会全体で見たときの, 自治体による事業委託の, 営利を第一義とする機関への過度な依存状態（over-dependency）を変えていくことが必要だろう. つまり, 社会的企業やNPO, 労働者協同組合や社会福祉協議会もまた, 就労支援の経験とノウハウをいっそう積み上げてこれを担っていくというのが, 社会全体の筋書きとして, 妥当なのではなかろうか. だとすれば, こうした諸機関をいかに育成し, その事業遂行能力を高めるか, それが私たちの当面する課題となろう.

　なお本章は, 就労支援諸機関を, 営利を第一義とする／しないで大別しているが, 前者の場合でも, 企業が上げるべきだと判断する利益水準は個々別々であり, それが低くなれば（低くても良いと判断しているならば）, 後者に限りなく近づく, あるいは後者との違いはなくなる. 筆者は2013年3月2日に, イタリアの超エリート大学であるボローニャ大学で, 学生の就労支援を請け負う営利企業の代表者にインタビューする機会に恵まれた（法政大学キャリアデザイン学部教授・佐藤一子さんのご厚意による）. 同社は3人で営んでいる零細企業であり, 当該事業の最終的な利益は3%程度とのことだった. 営利を第一義とする／しない, という境界線は, どのような法人格なのかだけでなく, 利益に対するどのような考え方をもっている組織なのかによって引いてみても良いのではなかろうか.

　話を元に戻すと, そもそも根本的に, 就労困難者を生み出さない労働政策の展開が肝要である. 「追い出し部屋」に象徴される雇用「管理」の不条理を, いかにして止めるのか. 「追い出し」の対象となった人びとへの支援をとおして, 人材支援諸機関がそのノウハウと経験を蓄積し, 自治体から受託した就労支援事業において, 結果としてそれが発揮される, このような矛盾した事態が生じないよう, 根っこの部分で手を打つべきなのである. それがあるべき労働

政策だ．人材支援諸機関が蓄積したノウハウと経験は，就労困難へ陥るもっと手前のところでこそ，十全に発揮されるべきなのである[3]．

ところで再三強調してきたように，現場支援者の働き方・働かせ方は非常に不安定である．不安定な人が不安定な人を支援しているというこの下支えの脆弱さは，早急に改善されねばならない[4]．だから筆者は，政令指定都市が先陣をきることを期待する．適正な水準の人件費と事業運営費を支出することは当然として，まずは委託期間をせめて3年にすることだ．

これと関連して，現場支援者の職務実績を評価する賃金制度を自治体が備えることも必要であろう．たとえば営業職なら，求人開拓の結果のいかんにかかわらず給与が同一であっては，インセンティブがはたらきにくい．もちろん筆者は，「何件開拓したか」，「開拓企業に何人就労したか」という数字を評価基準にせよ，と言いたいのではない．それは，支援対象者の存在を無視したやり方であり，支援の質を下げるだろう．そうではなく，たとえば求人開拓企業に就労した支援対象者の納得度を，職務実績として反映させるのである．業務委託制度のなかでは，職務実績の差異を反映する賃金制度の入れ込みは難しいだろうが，期末手当などのかたちをとった給付は可能ではないか．しかもこれは，より正当な賃金が得られるだけではなく，履歴書に書き込める，より客観性のある職務実績にもなるのである．雇用が不安定ながらも努力によって（小さな）上昇の余地を担保するこうした制度は，不安定性の抜本的改善ではないという点を強調したうえで重要だと指摘しておきたい．

最後に，就労支援のノウハウや経験に関する自治体間格差について述べておく．「こうした格差を，自治体の努力や工夫の不足に求めるのは間違っている．格差が埋まるよう国が責任をもつべきだ」という言論がある．筆者はこの主張に原則として賛成である．けれども思うに，より良い実践は「この問題を何とか解決したい」という思いの込もった現場の試行錯誤からしか生まれてこないのだから，格差解消は内発的にしかなされないだろう．これに関して，中央政府のような外在的存在にできることは，そうした内発性を刺激する法的・財政的整備くらいである．その整備は，ルーマン（Luhmann 1973/1990, p.68）の概念を援用していえば，「甲の場合は乙を適用する」といった「条件プログラム」よりはむしろ，社会的効果を志向する「目的プログラム」を準則とした法や政

策によって支えられるべきだと考える.「条件プログラム」とはたとえば,生活保護の申請と審査である.そこにはいくつかの適格要件があって,それらを満たしていれば受給が認められる.これに対して,対話的了解が不可欠な就労支援という営みは,ルーティーン的処理ができない.就労支援には,より良い社会的効果を目指していこうという意志を促し手段を保障し続ける「目的プログラム」的な法や政策が必要である.

自治体職員はその下で,事業委託をとおして受託機関と密に仕事を続け,ノウハウと経験を蓄積していくしかない.この点で,Ｚ社が指摘した支援的・協力的な仕事態度は重要である.それは単に,より効果的・効率的なノウハウと経験の蓄積にプラスだということではない.就労支援に従事する経験不足の自らが支援されることに,善なるものの存在を自治体職員が実感することは,たとえ「数字」では見えてこなくても,就労支援事業の持続には不可欠なのだ.仏を彫ったら魂を入れなければならないのである.

注
1) 受託内定が出る前に現場支援者を採用し,受託が叶わず雇用問題が生じるケースが,日本人材協会で問題化されているとのことである.
2) もっとも,繰り返せば,プロポーザル方式であっても,業務委託契約であるかぎりは,自治体の側からすると,その自治体が望むような現場支援者が採用されるかの保証はない(第3章,3-4).アメリカ合衆国ミシガン州で労働力媒介を担う,準公共システム「ミシガン・ワークス!」の一支所である南部中央ミシガン・ワークス!(SCMW!)は,2012年度まではプロポーザル方式による業務委託契約を行なっていたが(筒井2012a),2013年度からは直接雇用契約の締結に変更した.第一義の理由は予算削減にあるが,SCMW!が望む人材を直接面接して雇用したかったからだという(労働政策研究・研修機構2013).
3) 2013年10月現在,安倍政権では,雇用調整助成金のような雇用保蔵を半減し,「ミスマッチ」人材の転職を奨励する労働移動支援助成金の大幅増を企図している.そこで果たされる人材支援諸機関の媒介機能が,「就労困難へ陥るもっと手前のところ」になるか否か,注視が必要である.
4) 同様の問題状況にあるアメリカには,NAWDP (National Association for Workforce Development Professionals) という就労支援者たちのNPOがあり,政策・制度要求を積極的に展開している(筒井2014).

第5章

協同労働団体の連携による就労困難な若者の支援
「くらしのサポートプロジェクト」の挑戦

本田由紀

1 協同労働による就労支援を問うことの意味

　本章は，政府の「新しい公共の場づくりのためのモデル事業」として2012年度に神奈川県下で実施された，「就労困難な若者による地域課題解決型仕事おこしプロジェクト」（以下では通称「くらしのサポートプロジェクト」をさらに短縮して「くらサポ」と略記）の成果と課題について検討を加えることを目的とする．

　「くらサポ」は，3つの協同労働団体間の緊密な連携のもとに，就労に困難を抱える若者に就労体験・専門訓練を行ない，地域課題の解決に資する仕事おこしに若者自らが取り組むことを趣旨とするプロジェクトである．近年の我が国の社会経済状況は厳しさを増し，一方ではさまざまな要因により仕事に就くことに困難を抱える若者が増加するとともに，他方では急激に進行する高齢化のために地域社会の荒廃が進んでいる．「くらサポ」は，この2つの大きな課題に対して，協同労働という形態を通じて一挙に取り組もうとするものである．

　第1章で確認したように，折しも，2012年度には厚生労働省主導で「生活支援戦略」の検討が進められ，2013年1月25日に公表された社会保障審議会「生活困窮者の生活支援の在り方に関する特別部会」報告書が出された．「くらサポ」はこうした社会情勢ときわめて合致した取り組みである．

　さらに「くらサポ」は，雇用労働に就くことを目的とする従来の就労支援と

は異なり，協同労働という形態が採用されているという点でも，挑戦的な試みである．協同労働とは，「働く意思のある者たちが協同で事業を行なうために出資をし，協同で経営を管理し，併せて協同で物を生産したり，サービスを提供する働き方」[1]である．協同労働（その組織は労働者協同組合と呼ばれる）は，スペインのモンドラゴン協同組合企業体やイタリアの社会的協同組合，アメリカのホームヘルパー協同組合[2]をはじめ，先進諸国で広がりを見せている．

日本での協同労働の担い手は，戦後の失業対策事業が高度成長期に打ち切られるなかで「自らの手で事業体をつくり，仲間や失業者の働く場を確保しようという目的」（広井編著 2011, p.41）で開始されたワーカーズコープと，「生活クラブ生協に参加していた主婦たちが主体となって，雇う–雇われる関係ではない，地域に根差した，地域のための，「生活者」としての協同労働」（村上 2012, p.236）を目指したワーカーズ・コレクティブという，大きく2つの流れから成る．両者のあいだには，後述する組織形態の違いだけでなく，ワーカーズコープが「ワーカーズ・コレクティブほど，既存の（男性中心の）市場労働に対する批判性，それに対するオルタナティブであろうとする立場性は強くない」（村上 2012, p.248）というように，理念面でも相違がある．しかし近年両者は，「地域の就労弱者の働く場を創る活動」であるという点では，共通性を強めつつあることが指摘されている（村上 2012, p.253）．

本章が対象とする「くらサポ」は，上記のように出自や理念を異にするワーカーズコープとワーカーズ・コレクティブが連携して，「地域の就労弱者の働く場」を創りつつ，深まりつつある地域課題にも対処しようとする取り組みであり，その帰趨からは日本の社会的労働市場のあり方を検討・構想する上で多面的な示唆が得られると考えられる．

なお，就労支援（もしくは社会的就労・中間的就労）の諸類型のなかで，「くらサポ」は，団体の外部に就労を委託する「外部型」ではなく団体の内部に就労の場をもつ「内部型」に該当し，また「社会的企業型」「一般事業所型」の分類では前者に，「雇用型」「非雇用型」の分類では後者に該当する[3]．さらに，一団体で就労支援を受け入れる「単独型」と，多団体間が協力し合って実施する「連携型」を，類型として追加するならば，「くらサポ」はいうまでもなく後者に該当する．今後，就労支援の取り組みが広がるなかで，「くらサポ」の

ような特定の類型がもつ可能性と課題を見定めるうえでも，本章の検討は意義をもつ．

　本章は，次のような構成をとる．第2節では「くらサポ」の実施団体と枠組みの概要を説明する．第3節では「くらサポ」の受講生像について述べる．第4節と第5節では本プロジェクトを通じて得られた成果として，それぞれ受講生の変化と実施団体の変化について検討を加える．それに基づき，第6節では本プロジェクトの特徴と課題について述べる．

2　「くらしのサポートプロジェクト」の枠組み

2-1　実施団体の特性とプロジェクト開始の経緯

　まず，本プロジェクトの実施主体である3つの協同労働団体の概要を図表5-1に示した．3団体とは，ワーカーズ・コレクティブ協会（以下「ワーコレ協会」と略記），企業組合ワーカーズコープ・キュービック（以下「キュービック」と略記），ワーカーズコープセンター事業団神奈川事業本部（以下「ワーカーズ

図表5-1　3団体の概要

	組織形態	設立年	構成団体・事業所数	メンバー数	主な事業内容	特徴
ワーカーズ・コレクティブ協会	NPO	2004年	180団体		協会自体は食堂，講座，相談など．参加団体は介護をはじめ多様．	協会は多数の小規模なワーカーズ・コレクティブに対する中間支援的な役割．
企業組合ワーカーズコープ・キュービック	企業組合	1990年	12事業部	約160名	食堂，葬祭，リサイクル，事務など	生協（ユーコープ）やJAからの受託事業が大半をしめるため，地域に出て仕事をおこした経験はほとんどない．
ワーカーズコープセンター事業団神奈川事業本部	NPOおよび企業組合	1987年	27事業所		清掃，建物管理，介護，配食，生活支援など	全国組織の神奈川支部．多様な仕事おこしや事業受託のノウハウを蓄積．メンバーにしめる男性の比率が比較的高く，最低賃金水準の確保に努める．

コープ」と略記）である．この3団体は協同労働という点では共通しているが，図表5-1に示したように，組織形態や規模，意思決定のシステム，事業内容などに違いがある．

　地域に密着した仕事をおこす経験やノウハウは，ワーコレ協会とワーカーズコープがキュービックよりも豊富である．また，ワーカーズコープは全国組織であるため，スタッフの地域間異動があり，実際に本プロジェクトに関しても2012年7月に実行委員長が交代することになった．他方，ワーコレ協会は中間支援的な性質が強い組織であるため，就労支援事業の実施は協会に加入している個々のワーカーズ・コレクティブに依頼する必要がある．また，ワーコレ協会とキュービックのメンバーの大半は既婚の中高年女性であるのに対し，ワーカーズコープでは男性も一定比率をしめており，そのことと関連して内部での労働報酬を一定水準以上に堅持しようとする方針が強い．

　このように性質が異なる3団体が連携して「くらサポ」の実施に至るまでには，次のような経緯があった．3団体は同じ地域で活動を展開する協同労働団体として，これまでも折々に接点がありはしたが，連携して事業を行なう経験はなかった．しかし「くらサポ」を立ち上げる数年前から，各団体が個別に，若者支援機関や行政の求めに応じて若者をジョブトレーニングに受け入れ始めていた．そのようななかで，2011年に若者の就労支援に関して3団体間の情報共有や連絡調整のために「若者就労支援ワーカーズ連絡会」を立ち上げ，以前よりは関係が密になり始めていたところに，ちょうど県から「新しい公共の場づくりのためのモデル事業」[4]の募集が8月に開始されたため，急きょ当時のワーカーズコープ神奈川事業本部長の発意により，応募に挑戦して採択された．モデル事業そのものは単年度であるが，3団体はモデル事業終了後も就労支援を継続していくことを予定していた．

2-2　プロジェクトの概要・運営体制

　上記の経緯で2011年9月に県に対して提出した申請書には，事業概要が以下のように記載されている．

　【事業概要】ニートひきこもりを中心とした就労困難な若者を対象に，高

齢化し孤立している地域で拠点を作り，地域の課題解決をめざす買物サポート等生活支援事業を展開し，就労体験の場を提供する．また多くの訓練も合わせて提供し，その後の就労をめざした「仕事おこし」プログラムを提供し，若者自身による就労創出をめざす．

ここに，「くらサポ」の趣旨が集約されている．キーワードは，「就労困難な若者」，「高齢化し孤立している地域」，「生活支援事業」，「若者自身による就労創出」であり，これらを「拠点」において結びつけることが目的とされている．「くらサポ」は，3団体に各1名配置されているコーディネーターが，外部の若者支援機関から若者を受け入れ，就労体験・専門訓練の実施現場である団体内部の個別事業所に送り込む形で運営されている．各団体のコーディネーターと団体外部の関係諸機関（県，市，研究者等）が，事業運営を担う「協議体」を構成し，方針やスケジュール等のすり合わせを定期的に行なっている．3つの実施団体内部の事業所はほとんどが小規模であるため，一度に多数の受講生の就労体験や専門訓練を受け入れることが難しい．それゆえ，特に就労体験に関して，個々の受講生が複数の事業所を経験できるようにするためのスケジュール調整をすることが，コーディネーターの重要な任務であった．こうした団体間・団体内・団体外との連絡や調整の業務は，運営団体，特にコーディネーターに相当の負荷がかかる結果をもたらしているが，反面ではネットワークの全体が就労支援の場としての多様性や相乗効果をも生み出してきたといえる．

2-3　プロジェクトのスケジュールと就労体験・専門訓練の内容

「くらサポ」では次のような年間スケジュールが設定された．第1に，2012年度の1年間を1期と2期に分けて受講生を受け入れる．第2に，訓練の内容を就労体験と専門訓練に分け，まず就労体験では各団体内の複数の事業所で異なる事業内容を少しずつ体験することにより，個々の受講生の関心や適性を見きわめたうえで，続く専門訓練では個々の受講生が選択した特定の事業について，より密度の濃い実地訓練を行なう．第3に，就労体験・専門訓練を終えたあと，1期生は9月ごろから翌年2月ごろまで，そこに後から合流する2期生は12月ごろから翌年2月ごろまでを，仕事おこしに向けての準備期間とする．

実際には，プロジェクト終盤の2013年2月の時点で，外部からの要望に応えて3期生の受け入れがなされた．

各団体内で，就労体験・専門訓練は個別の受け入れ事業所において実施される．ワーコレ協会は10ヵ所，キュービックは4ヵ所，ワーカーズコープは10ヵ所の事業所が受け入れ先となっていた．各団体の受け入れ事業所の事業内容には，いずれも高齢者デイケアと調理・配食が含まれていることが共通しているが，ワーコレ協会は利用者の自宅での家事サービス，キュービックは買物代行，ワーカーズコープは施設管理および清掃を含んでいることを，それぞれの団体の特徴としている．

各事業所において受講生が実際にどのような体験・訓練を行なっていたかについて，受講生自身による記録（後述の様式②）から把握できることは3点ある．第1に，いずれの団体においても，まず団体の理念や社会状況，各事業所の業務内容について座学による説明を行なった上で就労体験・専門訓練に進んでいること，第2に，就労体験においては複数の事業所において多岐にわたる業務を実際に体験していること，第3に，就労体験・専門訓練それぞれの終了時に各団体内および全団体の受講生を集めて振り返りの場を設け，経験したことを受講生が自身のなかで整理・理解できるような配慮がなされていることである．

なお，本プロジェクトでは，実施内容について詳細に記録をとるために，次の5種類の様式を用いた．すなわち，①アセスメントシート（コーディネーターが記入），②就労体験・専門訓練振り返りシート（受講生が記入），③評価シート（各事業所の受け入れ担当者が記入），④仕事おこし準備会振り返りシート（受講生が記入），⑤仕事おこし準備会コーディネーター記録シート（コーディネーターが記入），である．

2-4　仕事おこし準備会の内容とプロジェクト終了時点の状況

記録様式④・⑤の記載内容から，各団体の仕事おこしには次のような特徴が見いだされる．

・ワーコレ協会：拠点となる建物が早期から決まっていたため，仕事おこし

は受講生自身による事業計画の具体化と，チラシ配布・掃除等の実習を中心として進められていた．
- キュービック：仕事おこしの前半では調理実習に大きな時間が割かれており，メニューやタイムスケジュールの作成，実際の調理を繰り返し行なっている．後半では受講生を調理担当と生活総合支援担当の2つに分割し，前者は調理，後者は買い物支援サービスなどの研修を進めている．事業計画の策定は比較的後半になってから取り組まれていた．
- ワーカーズコープ：拠点をつくる地域が早期から決まっていたため，仕事おこしでは事業計画や地域調査と，「生活介護サポーター養成講座」の受講とが並行して進められていた．

このように団体により相違はあるが，いずれの団体の仕事おこしにおいても，1) 事業計画に関する受講生のあいだでの議論，2) 事業開始に向けてのチラシや拠点，定款などの具体的な準備，3) 就労体験・専門訓練後も引き続いて受講生の実習・研修の実施，という3つの要素が主な構成要素であることは共通している．

モデル事業としての「くらサポ」の最終段階である2013年3月時点において，3団体における仕事おこしの進展状況は以下の通りである．

- ワーコレ協会：「ワーカーズ・コレクティブたすけあいぐっぴい」の拠点である「ばぁばの家あさだ」の2階を事務所として，「ワーカーズ・コレクティブはっぴいさん」を2013年2月24日に開所した．事業内容は，掃除・片づけ，外出の手伝い，買い物代行，犬の散歩，窓ふき，ごみの片づけ，庭の掃除・草むしり，木の剪定などであり，利用料は2人体制で1時間2400円＋交通費，時間外は1時間2800円である．
- キュービック：2013年3月時点で地域拠点の物件を検討中であり，キュービック事務所内に暫定的にデスクを設けて2月23日に開所した．メンバーは事業立ち上げに向けて買物サポートなどの研修を続行中である．事業内容は，ワーコレ協会と同様の生活支援サービス（料金は1時間2000円）および配食である．

・ワーカーズコープ:「くらしのヘルパーズ」という名称で，対象地域の町内会長からの紹介により拠点が決定しており，拠点への事務機器の搬入等を進めている．メンバーは事業実施に向けてヘルパー資格取得等の研修中である．事業計画は生活支援サービスで，料金は時間単位（30分1000円〜）と1件単位のものがある．2012年度中から買い物代行サービスや大掃除などの仕事を散発的に受注している．

3 「くらしのサポートプロジェクト」の受講生像

「くらサポ」では，2012年3月にチラシを作成し，さまざまな若者支援団体や行政機関に配布することにより受講生の募集を行なった．結果的に「くらサポ」の受講生数は，1期生17名，2期生7名，仕事おこしからの参加1名，3期生6名，合計31名である．このうち8名は就職や他の訓練への移動等によりプロジェクトを途中離脱し，2013年3月時点で合計23名が継続して参加している．

なお，「くらサポ」では，受講生に対して賃金や交通費は支給されない．それゆえ，本プロジェクトの参加者は，極度の経済的な窮迫状況にはない者，すなわち家族の収入や生活保護・障害者年金もしくは貯金等に基づく生計維持が可能である者に限定される．

記録様式①のアセスメントシートの記入内容から，受講生の概況は次のようにまとめられる．まず性別については，31名のうち男性が27名をしめており圧倒的に多い．年齢層については，20代が12名，30代が15名，40代が3名，50代が1名であり，30代が約半数で最多となっている．就労の困難さと関わりの深い，病気・障害・ひきこもり経験については，精神障害（うつ・統合失調症）が15名，知的障害が2名，発達障害・アスペルガーが2名で，合計18名が障害をもっているほか，てんかん等の病気が3名，そしてひきこもり経験者が12名であり，31名中の8名はこれらの複数が重複している．これらのいずれにも該当しない者は6名にすぎない．本プロジェクトの受講生は全体として就労の困難さが相当に深いが，受講生のあいだでもその度合いには幅が大きいことがうかがえる．

学歴については，把握できている28名のうち，大学院卒2名，大学卒10名，大学中退2名，専門学校卒4名，専門学校中退1名と，19名までが高校よりも上の学校段階を経験している．他方で，中学卒3名，高校中退1名，養護学校2名と，高卒未満の学歴の者が合計6名含まれており，高校卒は3名にすぎないため，教育経験が二極化しているといえる．職歴については，31名中24名までが何らかの仕事経験をもつことが確認されているが，その内容は補助的な業務から編集・デザインという高度なスキルを要する職務まで幅広い．福祉制度の利用状況については，障害者手帳の取得者が11名，生活保護受給者が8名であり，1名は重複しているため合計18名がこのいずれかに該当している．

以上から，「くらサポ」の受講生は多くが心身の病や仕事面での過去のつまずきを抱え，就労困難の度合いがかなり高いことがわかる．これは，本プロジェクトが当初からそのような層を受講生として想定しており，そうした層を対象とする支援団体や行政機関に対して募集をかけていたことから，当然の結果ともいえるが，個人として自発的に応募してきた受講生も含まれるため，困難の度合いや内実には，相当に大きな多様性がある．

そのような受講生の多様な困難さが，本プロジェクトにおいて具体的にどのような形で表れていたかについて，各団体スタッフによるいくつかの指摘を以下に挙げる．

- 【服薬の弊害】：「幻聴などを抑えるために睡眠剤や感情を抑制する薬が投薬されているので，日中でもブレーカーが突然落ちて眠気に襲われたり，表情がなかったりする場合がある．」
- 【不器用さ】：「とにかく不器用．お茶碗を洗うのも，カーテンをはずすのも苦労し，掃除機をかけるとふすまに穴をあける．方向音痴で目的地にたどりつけない．忘れ物が多い．」
- 【柔軟性の欠如】：「本の並べ方などにこだわりがあり，柔軟に考えることが難しい．」「気負いがあり，120％の力を出そうとする．作業をするときに完璧を目指す．時間の中でやれる範囲でやるというところの判断が苦手なため，時間がかかってしまう．」「すごく真面目なので一日やると疲れてしまう．」「自分の考えがあると人の考えをきかない．」

- 【意見を言えない】:「いやなことをいやと言えない．会議でも意見を言わない．こちらがいろいろ聞いていくと「こっちよりこっちがいい」とは言う．」「場をまとめるような発言はするが，本音は言わない．どこでどうつまずいたかつかみづらい．」
- 【自己否定や不安の強さ】:「自己否定が強い．自分が一歩足を踏み出したことが希望でなく不安に思えてパニックになる．予定が変更になったりしたときもパニックになる．」「自分の行動がどのように受け止められたり周りに影響するかをとても気にしている．」
- 【ネガティブな考え方】:「このプロジェクトに対して否定的な言動が多い．」
- 【周囲の状況がつかめない】:「スイッチが入ると突発的に何から何まで話し続けてしまう．」

ただし重要なのは，受講生は上記のような困難を抱えているだけではなく，スキルや性格面でさまざまなすぐれた点をもっていることをスタッフが見いだしている場合が多いということである．以下は，個々の受講生についてスタッフが指摘した長所の例である．

- 【スキル】:「パソコンが上手で，会議の議事録をとることができるし，他の受講生にパソコンを教えることもできる．」「高度な専門職の資格を持っている．」「人前でしゃべるのがうまい．」「デイケアの利用者さんとの遊びを通して，数独とオセロの能力がすごいことが判明した．」「俳句や絵の才能があり，人に教えることもできる．」「計算や頭の回転など，事務能力がとても高い．」「長年小説を書き続けており，賞も受賞している．」
- 【性格】:「おおらかでやさしい．荷物を黙って運んでくれたりする．」「責任感が強い．」「リーダーとしてみんなをひっぱっている．」

以上のように，受講生の中には互いに両極端な性質を持っている場合があったり（たとえば，周囲を気にしすぎる⇔周囲を気にすることができない），ひとりの受講生が多面性をもっている場合があったりするなど，受講生のあいだの多

様性や複雑性は大きい．ある団体スタッフは「受講生とは長くつきあわないとわからないことがたくさんある」と述べていたが，この言葉からは，スタッフと受講生，受講生相互の理解と関係づくりを基盤とする仕事おこしが，粘り強い努力と時間を要するものであることが推察される．

4 「くらしのサポートプロジェクト」の成果①──受講生の変化

本節では，プロジェクトへの参加を通じて受講生にどのような変化が見られたかについて，定量的および定性的な把握により検討する．

4-1 定量的な把握

「くらサポ」では，第2節で述べたように，複数の様式を用いて受講生側，受け入れ側双方の立場から日々の経験・感想・評価を記録している．様式③の評価シートでは，受講生の就労体験・専門訓練の受け入れ先である事業所のスタッフに，基本的行動として「あいさつ・礼儀」，「時間・ルール」，「服装・身だしなみ」，「言葉遣い・返事」，「会話・交流」の5項目，取り組みの様子として「意欲・理解」，「指示の理解」，「作業の正確さ」，「作業の速さ」，「持続力」，「集中力」，「創意・工夫」の7項目，計12項目について，「よい／まあよい／あまりよくない／よくない」の4段階で評価を与えてもらっている．

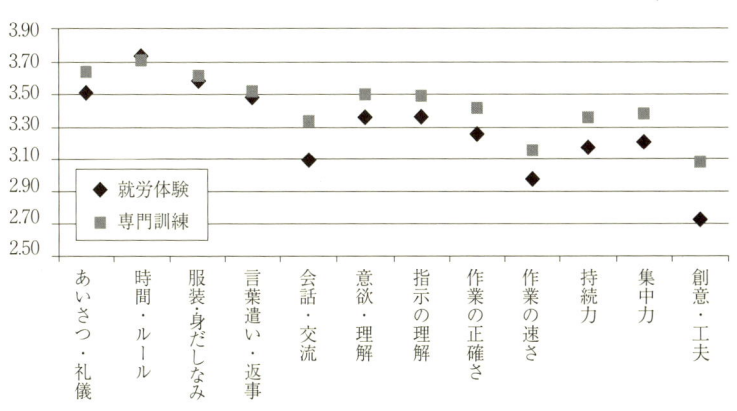

図表5-2　就労体験期と専門訓練期のスコアの変化

図表5-2は，これらの項目の評価スコア平均値が，就労体験期から専門訓練期にかけてどのように変化したかを，第1期もしくは第2期から参加しかつ年度末時点で仕事おこしに継続して取り組んでいる16名の受講生について示したものである．スコアは「よくない」に1点，「あまりよくない」に2点，「まあよい」に3点，「よい」に4点を与えている．

　図表5-2から読み取れることは，第1に，少なくともこれらのスコアで見る限り，就労体験・専門訓練のあいだで顕著な向上は総じて表れていないということである．しかし第2に，「創意・工夫」，「会話・交流」といった，スコアの絶対値が低めの項目に関して，就労体験期よりも専門訓練期の方がややスコアが上昇傾向にある．第3に，これら「創意・工夫」，「会話・交流」ほどではないが，一定の伸びが見られる項目として，「作業の速さ」「作業の正確さ」「持続力」「集中力」などが挙げられる．最後に，「時間・ルールを守る」「服装・身だしなみ」「言葉遣い・返事」などの項目は，スコアにほとんど変化はないが就労体験段階からかなり高い水準であり，これらは重大な課題とはなっていないようである．

4-2　定性的な把握

　前節ではスコアによる定量的な検討を行ったが，そうした手法では把握できないような変化や，あるいは変化の困難さが，個々の受講生個人のなか，受講生相互のあいだ，受講生と実施団体とのあいだに生じていたことが，諸記録様式やインタビューからはうかがわれる．

　以下は，ある受講生についての団体スタッフによる記録様式①への記載を，時間の流れに沿って示したものである（抜粋．変化を示す部分には引用者が下線を引いた）．

> ・某月某日：ご利用者宅にて，<u>前回自己紹介ができなかったが，今回は小さい声ながら自己紹介ができた</u>．
> ・某月某日：声を出すことに課題あり．声が小さい．
> ・某月某日：9時就労体験開始であったが，連絡なしで体験先に来ない．携帯に連絡すると，携帯を落としたらしく，駅員さんにつながる．本人と連絡がとれたのは，12時過ぎ．どんな事情があっても必ず連絡を入れるように話

をする.
- 某月某日：本日も遅刻．3回遅刻したことから本人と話し合う時間をつくる．原因は朝起きることができない．基本的な生活時間の管理ができない．夜どんなに早く寝ても起きられない．遅刻することで，他の参加者たちにも迷惑がかかっていることを伝える．学習会に参加する前に，くらサポ参加者に，遅刻した理由と迷惑をかけたお詫びを参加者達の前で話すようにした．くらサポ参加者達の間に疑念の気持ちがわいてしまうことが心配される．次回も遅刻するようならば，このまま専門訓練に進むのは無理であることを伝える．母親と電話連絡をとる．明日遅刻をしないよう，朝起こしてもらうよう協力を依頼する．
- 某月某日：<u>本日遅刻せずに集合時間より若干早めに来ることができる．遅刻せずに来れたことが，前向きにさせたのか，打合せ時に意見を進んで言う姿が見られる．休憩時間などには他の参加者達と会話する姿も．笑顔も見られた．ようやく，このプロジェクトの一員である自覚がわいてきたように感じられる．</u>
- 某月某日：打合せにしたがって，自分の担当の役割を積極的にこなす．普段1食（夕食）しか食べないと言っていたが，食事を食べる前にお腹すいてるかどうか尋ねると……"お腹がすいてる!!"と返ってきた．<u>振り返りシートで，自分から行動することの大切さが書かれていた．くらサポメンバーと一緒にいる時間が楽しいと発言あり!!!!!</u>
- 某月某日：規則正しい生活ができるようにする事が，絶対に必要である．本人も自覚している．<u>仕事おこし準備会に参加する意思表示をはっきりとつたえてきた．さらに，早急にバイト探しする意欲も見せてくれる．今後現在の前向きな姿がいつまで継続できるかが鍵になっている．</u>

ここからは，生活習慣の改善，意欲の向上，仲間意識の醸成などの変化がうかがわれる．他の資料からも，受講生の間には次のような良い方向への変化が見いだされている．

a．受講生個々人の変化
- 基本的な生活習慣の回復：朝起きる，遅刻しないなど
- 前向きな気持ちの向上：意欲・積極性・自発性・責任感・自信など
- 精神的な安定：落ち着き，明るさなど

・仕事に関するスキルの向上：就労体験・専門訓練で経験した仕事内容について，手順や気をつけるべきことなどを把握したうえでの行動など
b．受講生間の関係の変化
・受容し合う関係の形成：仲間意識，互いの困難への理解の進展，足りないスキルの補い合い，ほっとできる関係の形成など
・受講生の中での役割・位置づけの獲得：リーダーシップなど
c．受講生と団体スタッフの関係の変化
・理解と信頼関係の形成：当初はわからなかった受講生の長所へのスタッフの気づきなど
・受講生が団体にとって有益なスキルを発揮：パソコン能力など
d．受講生とサービス利用者との関係の変化
・若者がサービスを提供することが利用者に喜ばれる．「利用者の高齢の人は女性が多いので，若い男性が来てくれるとそれだけでハッピー．」
・利用者からの感謝や良好な関係が受講生にとって喜びとなる

ただし，良い方向に変化しにくい側面や，望ましくない方向への変化もまた観察される．たとえば，第3節で述べた受講生の困難の克服は容易ではなく，1年間のプロジェクトを経ても大きくは改善されていないケースが多い．またプロジェクトが進展するなかで，受講生が責任感を感じるようになったことからの気負いや突っ走り，それによる心身の疲れや病気・障害の一時的悪化，あるいは1つの段階をクリアして次の段階に進む際に不安感や自信のなさから「逃げて」しまうケースなども見られることが指摘されている．

全体として，上記のさまざまな面で本プロジェクトは受講生のみならず関係者間に着実に良い変化をもたらしているものの，それには時間がかかり，ときには逆行的な事態も生じながら，実施団体の粘り強い努力のもとで達成されているものといえる．

5　「くらしのサポートプロジェクト」の成果②——実施団体の変化

続いて本節では，実施団体にとって「くらサポ」がいかなる変化をもたらし

たかについて，主に団体スタッフへのインタビューに基づいて述べる．

A．実施団体間の関係

本プロジェクトに協力して取り組む間に，ノウハウの共有や，他団体との違いからの学びが，各団体において自然に生じていたことが，以下のスタッフの発言からうかがわれる．

> 「各団体が就労支援や仕事おこしのノウハウを蓄積してきているうえに，本プロジェクトの会議などに出てきている各団体のスタッフはそれぞれのトップレベルの方達なので，団体の内部でやっている会議よりも議論のレベルが高い場合も多かった．たとえば，「くらサポ」の周知を地域に広げていくには，といった課題について，待ったなしで意見が出て話し合われる．そうしたなかで，地域のつながりや，協同組合の経営の手法について，新しく知ったことがたくさんあった．」

このように，異なる性質をもつ3つの実施団体間の連携を可能にした工夫として，次の2点が挙げられる．第1は，実務担当者レベルでの密な連絡である．「くらサポ」では，開始当初は設定していなかったコーディネーター会議を，6月頃からほぼ月1回のペースで開催しているが，それが連携を取るうえで有効だったことが指摘されている．

もう1つは，団体間の連携の内容を，若者就労支援という本プロジェクトの主題に限定したことである．他のさまざまなことがらが関わってくると団体間の意見の相違などが表れやすいが，特化した課題についてのみ実質的な協力関係を作ったことが成功につながった．

B．実施団体内部のあり方

本プロジェクトでは，各実施団体のなかにある個別の事業所が，就労体験・専門訓練の場として受講生を受け入れていたが，それによって就労支援への理解が高まったり，活動が活性化したりするケースが見られた．

> 「プロジェクトが始まった当初，受け入れ事業所のリーダーは「えーまた何か

新しいことが始まるの？　誰がするんだろうね」と言っていたが，今は地域から仕事の依頼があったら「これはくらサポの若い人たちに頼もう」となるくらい理解してくれている．草むしりやバザーなど，一緒に取り組む機会が増えるなかで，団体のスタッフと受講生たちが馴染んできている．仕事おこしの一環で受講生がチラシを地域に配ったことで，地域の人たちも交えてこのプロジェクトについての話題が豊富になってきた．」

　ただし，各事業所での受講生の受け入れに際しては，コーディネーターが事業所を慎重に選定したり，丁寧な説明やフォローを行なったりする必要があった．「所長のキャパの大きさなどを考慮してお願いしたり，途中で何度も様子を見に行ったりした」というコーディネーターの発言からは，事業所が各団体の下位組織であったため，事業所の選定やフォローが比較的スムーズに進んだことが推察される．

C．実施団体と外部との関係

　各実施団体はすでに外部の行政機関や他の諸団体とのあいだに一定のネットワークを形成していたが，それらが本プロジェクトにおいて持ち寄られ共有されることにより，相乗効果的に各団体の外部ネットワークが拡大している様子が見られる．

> 「くらサポに関わるまで，自分は他地域で生活保護受給者による仕事おこしを支援していた．連絡会のなかでは当初，生保受給者は受講生としてあまり想定されておらず，若者支援団体ルートを主に考えていたが，その方たちだけで仕事おこしをやっていくのは難しいのではと考えた．そこで，生保受給世帯の若者などで，困難がきわめて深くはないが困窮してる方がいればぜひ参加してほしいと保護課にアプローチし，何人かの受講生がこのルートで参加した．」

> 「ひきこもり支援団体の主催者に頼まれて保護者会で講演をしたら，親御さんがこのプロジェクトに関心をもってくれ，当事者と親御さんが合わせて7人くらい仕事おこしの拠点に見学に来て，その後に受講することになった．」

　以上のように，本プロジェクトは受講生にとってのみならず，実施3団体にとってもさまざまな点でポジティブな影響をもたらしていたといえる．

6 「くらしのサポートプロジェクト」からの示唆

　ここまで本章では，協同労働3団体間の連携による若者就労支援の取り組みである「くらしのサポートプロジェクト」の仕組みと成果について多面的に検討してきた．そこから見いだされる本プロジェクトの特徴を改めてまとめるならば，以下のようになる．

　a．**雇用労働ではなく協同労働**：雇用契約に基づいて労働と賃金を交換するという関係ではなく，就労支援の対象者を対等な「仲間」とみなし，個々の対象者の抱える事情や考えを可能な限り把握・理解した上で受容・包摂しようとする関係が形成されていた．

　b．**団体間の共同実施**：やや異なる性格をもつ3団体が協力し合う「連携型」で実施されたことにより，個別の団体による支援で発生しがちである支援対象者の抱え込みや閉鎖化，他団体との競合などが防止され，風通しの良い雰囲気が醸成された．

　c．**団体内部の事業所での就労体験・専門訓練**：就労支援団体の外部の企業等で実施する場合に生じがちな「丸投げ」的な就労支援ではなく，「内部型」であることから，支援内容や受講生の様子について密度の濃い連絡・調整とモニタリングが可能になっていた．

　d．**団体間・団体内での柔軟な対応と選択可能性**：それぞれが複数の事業所・事業内容をもつ3団体が連携したことにより，就労支援・専門訓練の内容に一定の選択肢の幅が生まれ，固定的で硬直的な対応を排して受講生の志望や適性に応じた柔軟な対処がなされていた．

　e．**地域の人びととの信頼関係**：各実施団体はこれまでの地域生活支援事業を通じて地域の人びととのあいだに信頼関係を形成していた「社会的企業型」であることが，本プロジェクトの受講生が地域にも受け入れられる基盤となっていた．

　f．**受講生自身による仕事おこし**：単に協同労働であるだけでなく，新規事業を受講生自身が企画・立案・準備・実行するという仕事おこしが目標と

されていたことから，受講生の主体性やアイデア，受講生同士の協力関係が奨励・尊重されていた．

g．各団体の活性化：実施3団体，特にワーコレ協会とキュービックは中高年女性が主たる構成員となっているが，それとは異なる性別・年齢層の受講生が本プロジェクトを通じて参加したことにより，各団体のなかに新鮮な雰囲気が生まれ，受講生への指導などさまざまな機会を通じて構成員のスキルや責任感も向上したため，団体内が活性化された．さらに，各団体の構成員の高齢化は団体の持続可能性を脅かす面をもつのに対し，かなり若い年齢層の受講生が団体内のサブグループとして仕事おこしに取り組み始めたことは，構成員の年齢層の若返りという点で団体の持続可能性に資する面をももつ．

h．年間を通じて段階的に設計された枠組み：本プロジェクトは，1年間にわたって就労体験，専門訓練，仕事おこしという3段階を徐々に進んでいくという設計になっており，受講生に漸進的な変化や成長を促すための配慮がなされていた．

i．明確な社会認識や理念の存在：本プロジェクトの実施団体はいずれも，日本社会や世界の現状や問題点についての知識・認識と，そのなかで何が求められているかについての理念や使命感を明確にもっている．そうした知識や理念は，受講生全員が参加するオリエンテーションやガイダンス，振り返りやシンポジウムの場で，押し付け的でないかたちで受講生に伝達されている．すなわち，仕事とは単に利益や収入を得るための手段ではなく，より大きな意味をもつものであるという，本プロジェクトの実施団体の理念が，徐々に受講生に共有されることにより，受講生は本プロジェクトやそのなかでの自分自身について，積極的な価値や意義を見いだすことにつながっていると考えられる．

このように，本プロジェクトは全体として，ばらばらに分断された場や収益性・機能性に特化した関係性ではなく，弾力性と求心性のあるネットワーク的コミュニティを形成しているといえる．それは，事業内容や構成員間の関係性に関して「人間らしいあり方」の実現という理念を掲げ，それに根ざした活動

を長年にわたって行なってきた協同労働団体が実施者であったからこそ可能になったことである．こうした本プロジェクトの特徴が，相当に深い困難さを抱えるとともに多様性が大きく，収益性という観点に立てば排除されてしまいがちな受講生をも包摂することを可能にしてきたといえる．

ただし，本プロジェクトは，課題や反省点，改善の余地を含んでいることも確かである．たとえば以下の点が挙げられる．

A．**就労体験・専門訓練の回数・期間**：就労体験と専門訓練の回数や期間が限られていたため，それに続く仕事おこしのために必要な知識やスキルの形成が不充分であった．

B．**仕事の選択範囲**：3団体間で事業内容はやや異なっていたとはいえ，生活支援やデイケアなどが中心で相当に重複していたため，受講生の志望や能力・適性に応じた仕事の選択の範囲には限定性があった．

C．**参加者の能力・資質**：もともと就労に相当の困難を抱えている本プロジェクトの受講生にとって，地域ニーズに応えて自ら仕事をおこしてゆくという本プロジェクトの目標は高いハードルであった．特に，企画力や決断力，リーダーシップなどに課題が見られた．

D．**団体スタッフと受講生の関係性**：団体スタッフと受講生のあいだには，支援−被支援という側面に加えて，年齢・性別などの面でも，「母親と息子・娘」に似た上下関係が形成されがちであり，協同労働が前提とする「仲間」としての関係の形成が難しい場合があった．

E．**行政や他団体との関係性**：本プロジェクトの，特に受講生の募集の面で，行政が実施している別の就労支援プロジェクトとの競合により受講生が途中で辞めたり，受講生の紹介を依頼した外部の支援団体が本プロジェクトや協同労働に対する理解が欠如していたために円滑に紹介してもらえないといった事態が観察された．

F．**財源・報酬**：本プロジェクトは1年間の時限つきのモデル事業として補助金により運営されていたが，補助金支給期間中でも資金的にはぎりぎりであり，補助金がなくなる次年度以降に独自の事業収入だけで運営していくことは厳しい．さらに，本プロジェクトでは受講生に対して生活費や交

通費を支払うことができていないため、受講生は生活基盤を別途確保できている者に限られていたが、生計に余裕があるわけではない場合も多かった。受講生は就労への困難の深い層であるだけに、就労支援は長期間を要するが、それを持続可能にし、受講生の生計も支えるためには、サービス利用者からの事業収入だけでは大きく不足する。「半福祉・半就労プラス居場所・関係性」という支援の仕組みを成り立たせるためにも、公的な資金援助の拡充が不可欠である。

　以上のように、「くらサポ」が抱えている課題は少なくない。何よりも、見方によっては一般企業での就労よりも高度な企画力やリーダーシップを求められる仕事おこしという目標と、受講生の現状との距離は大きく、それは受け入れ団体のみならず受講生自身にとっても不安や自信のなさという形で表明されていた。受講生のなかには経済的自立を強く望んでいる者も含まれており、今後の収入水準をめぐる懸念が発言される場面も見られた。収益性を最重視しないがゆえに就労困難者を包摂することができるが、収益性を最重視しないことが就労困難者の希望や目的と反する結果にもつながりかねないというパラドックスが、ここには存在している。

　しかし、そのうえでもやはり本プロジェクトは、先述のa～iのような長所をもっていることも確かである。上でも触れた、「半福祉・半就労プラス居場所・関係性」という社会的機能に限れば、本プロジェクトは相当に適合的な場であるといえる。また、本プロジェクトの重要な意義は、単なる社会的機能という側面を超えた、ある社会観・人間観の体現という側面に見いだすことができる。それは、実施団体スタッフの以下の言葉に集約されている。

　　「くらサポの意義は、受講生が「主体者」であること。時間をかけた仲間づくりの中で、彼らがちゃんと事業に向き合えれば、もっと主体者になってくれる可能性はある。もちろん実施団体のサポートは必要だが、それは支援ではなくて、彼らが自分の足で立ってくれるまでを見守り続けるということだ。」

　以上、本章では、協同労働団体間の連携による就労支援の取り組みである

「くらサポ」の仕組みと成果，可能性と課題について検討を加えてきた．本章の分析期間はこのプロジェクトが「新しい公共の場づくりのためのモデル事業」としての補助を受けてきた1年間に限られており，受講生の仕事おこしが成功するか否かはまだ判然としない時点の記述であること，また受講生自身の考え方や意識についての分析が不充分であることなどの限界を本章は含んでいるため，本プロジェクトの全貌を把握してゆくには継続的調査やデータの拡充が必要である．しかし，現時点でいえることは，企業での雇用に結びつけることを唯一最善の目標としがちな一般の就労支援に対するオルタナティブなモデルを，「くらサポ」が確かに提供しているということである．その発展可能性は，今後，行政や地域住民，近隣企業などがこのプロジェクトをどのように受けとめ，支えてゆくかによっても左右される．そうしたよりマクロな構造とその変容のなかで，本プロジェクトがどのような意味をもつのかを，今後も引き続き注視してゆきたい．

注
1) 「協同労働の協同組合」法制化をめざす市民会議ホームページより．
2) たとえばニューヨーク州にある CHCA (Cooperative Home health Care Associates)．筒井 (2012b) を参照．
3) 「内部型」「外部型」の分類はみずほ情報総研株式会社 (2013)，「社会的企業型」「一般事業所型」および「雇用型」「非雇用型」の分類は三菱UFJリサーチ＆コンサルティング (2013) に依拠している．
4) これについては第6章の注4) を参照．

第 Ⅲ 部

豊 中 市

第 6 章

豊中市における就労支援政策の概要

櫻井純理

　本章から第10章の論考は，大阪府豊中市における就労支援政策の実践に関する調査結果をもとに，それら政策の経過と成果・意義・課題，マクロな社会構造との関連などについて考察するものである．そこで，個別の政策に着目した分析を展開する前に，多岐にわたる政策全体のアウトラインを本章で示しておきたい．政策遂行に関わる部署（機関）や人員数，事業ごとの予算・財源に触れたのち，主要な政策の概要を記す．特に中核的な事業である「地域就労支援事業」の目的，意義，成果を中心に述べていく．

1　事業を担当するスタッフと予算

1-1　担当部署とスタッフ

　豊中市において労政を主管している部門は市民協働部雇用労働課である．2013年3月現在，市民協働部には，コミュニティ政策室，市民課，市民相談課，雇用労働課，地域経済課，消費生活課，庄内出張所，新千里出張所，地域連携センターの各部署が置かれている．このうち，序章の図表序-3に示した西岡理事が統括しているのが雇用労働課，地域経済課，消費生活課である[1]．雇用労働課が管轄する地域就労支援センターや無料職業紹介所は，市内桜塚地区にある「生活情報センターくらしかん」に立地している．

　雇用労働課の職員（2012年12月当時）のなかで「勤労者相談」や「啓発事業」も含めた課の業務全般に関わる職員は20名である．しかし，正職員は5

名，あとは嘱託4名・臨時職員11名であり，OJTを通じて就労支援を行なっている新卒未就職者（就職が決まれば順次退職）が4名含まれている．地域就労支援事業や無料職業紹介事業は16名の嘱託職員・再任用職員が担っている．また，豊中市パーソナル・サポートセンター（後述）の職員のうち7名は常用雇用，9名はパートとして採用された．

序章で述べたように，雇用労働課が担当する事業はこの10年足らずの間に大きな広がりを見せた．しかし，そうした業務を実際に遂行している職員の大半は有期雇用で，正職員の人数は増えていない．地域就労支援事業を担当する職員（地域就労支援コーディネーター）の人数が事業開始当初（1名）に比べ2011年度以降大きく増加したのも，業務内容の拡充にともなう増員であり，財源は新たな事業（パーソナル・サポート・サービス事業や意欲喚起事業等）の開始によって国から給付されている補助金等である．こうしたことから，厳しい財政事情が人件費のさらなる抑制を要請している状況は，豊中市においても他の地方自治体と同様であることがうかがわれる．

1-2 雇用労働に関連する事業の予算

次に，雇用・労働関連事業の予算の推移を図表6-1で確認する．まず，雇用労働課が担当する事業の予算総額は，2012年度には約16億円に達している．この図表の原型である筒井美紀の分析（筒井2011, p.90の表1および本文）によれば，2005年度の予算はおよそ1630万円にすぎない．このことから，当時と比較すると労政の関連予算は約100倍に増加したことがわかる．

しかし，その点とあわせてすぐに確認しておかねばならないのは，その事業予算の9割以上は国の財源に依る事業であることだ．特に緊急雇用創出基金事業の規模は倍増以上のペースで拡大し，2012年度には約12億4000万円にのぼっている．国財源欄の●印の諸事業について，住宅手当緊急措置事業は2009年10月～2012年3月まで健康福祉部福祉事務所が所管していたが，2012年4月から雇用労働課が所管するようになった．また，意欲喚起事業・生活保護受給者等就労支援事業も福祉事務所の所管ながら，福祉事業と就労支援の連携を推進する観点から，2011年度以降は雇用労働課が関わりをもつようになった．これらの事業も含めさまざまな国の財源を活用することで，雇

第 6 章 豊中市における就労支援政策の概要

図表 6-1 豊中市雇用・労働関係事業予算（2010 〜 2012 年度）

財源			事業	2010 年度			2011 年度			2012 年度		
市	府	国		金額(千円)	財源別計(千円)	(%)	金額(千円)	財源別計(千円)	(%)	金額(千円)	財源別計(千円)	(%)
○			相談業務（訴訟等費用貸付，勤労者相談）	2,300			2,932			2,892		
○			啓発事業（勤労者ニュースの発行）	250			250			250		
○			他団体支援（豊中市中小企業勤労者互助会）	5,520			5,520			5,520		
○			無料職業紹介事業	6,421			8,532			8,259		
○			シルバー人材センター補助	—			45,636			42,865		
○			地域雇用創造推進事業	2,522			—			2,565		
○			地域雇用創造実現事業	—			2,863			2,924		
○			地域就労支援事業	8,143	25,156	7.6	9,786	75,519	7.7	9,864	75,139	4.7
	○		地域就労支援事業(再掲)	5,592	5,592	1.7	6,919	6,919	0.7	8,595	8,595	0.5
		●	住宅手当緊急措置事業	—			35,431			43,997		
		●	意欲喚起事業，生活保護受給者等就労支援事業	—	0	0	16,880	52,311	5.3	34,068	78,065	4.9
		○	ふるさと雇用再生基金事業	35,542			157,883			—		
		○	緊急雇用創出基金事業	174,385			561,830			1,240,749		
		○	うち従来型				(177,909)					
		○	うち重点分野雇用創造事業				(128,944)			(48,931)		
		○	うち地域人材育成事業				(254,977)			(1,034,684)		
		○	うち震災等緊急雇用対応事業							(157,134)		
		○	地域雇用創造推進事業(再掲)	61,365			—					
		○	地域雇用創造実現事業(再掲)	30,143			34,213			40,473		
		○	パーソナルサポートモデル事業	—			81,767			116,822		
		○	新しい公共支援事業	—			13,260			29,740		
		○	うち新しい公共の場づくりのためのモデル事業							(13,000)		
		○	うち社会イノベーション推進モデル事業		301,435	90.7	(13,260)	848,953	86.3	(16,740)	1,427,784	89.8
合計				332,183	332,183	100.0	983,702	983,702	100.0	1,589,583	1,589,583	100.0
一般会計総額（当初予算ベース）と雇用労働関係事業予算が占める割合				128,288,326		0.26	133,208,759		0.74	143,074,468		1.11

注：新しい公共支援事業に関して，2011 年度は社会イノベーション促進モデル事業以外に「東日本大震災復興支援豊中プロジェクト」が 1,966,000 円を受けている．
出典：2011 年度の緊急雇用創出基金事業関係は「平成 23 年度 雇用創出基金事業を活用した雇用創出の概要」，2012 年度の重点分野雇用創造事業・地域人材育成事業関係は「重点分野雇用創造事業・地域人材育成事業（24 年度実施予定）」（いずれも豊中市提供資料）より転記．その他については，豊中市 HP「予算の概要」（各年度）より転記．新しい公共支援事業関係は，大阪府 HP を参照．

用・労働関連事業はその支援対象を広げ，サービス内容を拡充してきたといえよう．こうした事業領域の拡大を反映し，市の一般会計（当初予算）のうち雇用・労働関係事業に配分された割合は，2010年度の0.26％から2012年度の1.11％へと約4倍に増加している（図表6-1の1番下の行を参照されたい）．

2　雇用・労働関連事業の対象と内容

2-1　主な対象者と目的

では，豊中市における雇用・労働関連施策においては，どのような対象者に対してどんな事業を展開しているのか．これをまとめたものが図表6-2である．

ここでは，各事業の主な対象領域を対象者（縦軸）×事業目的（横軸）で表している．事業目的の区分は次の通りである．（1）住居の提供等の生活支援とは，就労が可能になるような生活環境を実現するための支援活動である．たとえば，住宅扶助や住宅手当の受給支援，家族問題や経済困窮に関する解決支援，健康問題への対応といった活動がここに含まれる．（2）日中の居場所提供は，就労に向けた「訓練」に参加する前段階として，社会参加を促すような活動場

図表6-2　各事業の主な対象者と目的

主な対象者 ＼ 活動目的	(1)住居の提供等の生活支援	(2)日中の居場所提供	(3)教育訓練の提供			(4)就労場所の提供	(5)新たな雇用・就労モデルの提案
			①生活・コミュニケーションスキル訓練	②専門的知識・技術訓練	③一般企業での就労体験		
全般	地域就労支援事業（PS事業を含む），無料職業紹介事業						
	豊中市社会福祉協議会の事業（CSW，PS事業等）						
			豊中市地域雇用創造協議会の事業（とよジョブ，とよジョブ＋）				
全般（中高年齢者中心）	意欲喚起事業，生活保護受給者等就労支援事業						
全般（若年者中心）	豊中市パーソナル・サポートセンターの事業						
若年者		ZUTTOが関わる若者支援事業					
母子家庭の母親			銀座食堂，ギャラリーカフェぐるり				
障害者			㈱きるとの事業				

注：PSはパーソナル・サポート・サービス，CSWはコミュニティソーシャルワークの略．

所の提供を意味している．(3) 教育訓練の提供にはさまざまな活動が含まれるため，①〜③のサブ区分を設けている．①は規則正しい生活リズムを身につけ，集団のなかでうまく働けるようになるための訓練，②はより具体的な知識・職業スキルの習得に関わる訓練である．そして③は，民間企業等での実践的な就労体験にあたる．(4) 就労場所の提供とは，実際に就労する職場や仕事を創出する活動と，求人企業とのマッチングに関わる活動（履歴書・面接指導，ハローワーク同行など）も含めた区分である．最後に (5) 新たな雇用・就労モデルの提案とは，個別に就職を阻害する要因や課題を抱える当事者に配慮した，よりディーセントな就労のあり方を提起する活動である．

　以下では，図表6-2に挙げた主要な事業の内容や特徴，位置づけ，これまでの成果などについて述べる．なお，ここでは中核的な事業である「地域就労支援事業」について詳述する．その他の事業については第7〜10章の分析をご覧いただきたい．

2-2　地域就労支援事業と無料職業紹介事業

(1) 地域就労支援事業

　豊中市の雇用・労働政策の基盤となっている中心的な事業が，地域就労支援事業と無料職業紹介事業である．地域就労支援事業は，「就職困難者等」全般を対象に就労に向けたサポートを行なう事業として，大阪府内の市町村で実施されている．就職困難者等には「中途退学者や卒業後も未就職にある若年者」と「障がい者，母子家庭の母親，中高年齢者などの中で，働く意欲がありながら，雇用・就労を実現できない方々」が含まれる（大阪府HP「地域就労支援事業」を参照）．もともとは府が必要経費の半分を市町村に補助金として給付し，2000年度からモデル事業が開始された．2004年度からは府内すべての市町村に設置された地域就労支援センターで事業が実施されてきたが，2008年度以降はいくつかの事業と統合され，交付金事業（総合相談事業交付金）への変更が行なわれている[2]．この変更後も，豊中市では一般財源からの拠出額を維持するとともに，地域就労支援事業に充てる交付金額を増加し，全体として予算を増大させている（図表6-3を参照）．

　豊中市では2003年8月に地域就労支援センター，3年後の2006年11月に

図表6-3 地域就労支援事業予算(財源別)

(単位:千円)

年度	市一般財源	大阪府総合相談事業交付金	左記交付金のうち地域就労支援関係	合計
2007	10,629		4,145	14,774
2008	9,701		4,064	13,765
2009	7,380	18,136	6,239	13,619
2010	8,143	15,723	5,592	13,735
2011	9,786	17,777	6,919	16,705
2012	9,864	21,486	8,595	18,459

出典:豊中市HP「予算の概要」,大阪府HP「大阪府総合相談事業交付金」,豊中市雇用労働課の提供データに基づき作成.

は無料職業紹介所を開設し,両者の連携した活動のなかで就労相談の入口から求人企業とのマッチングという出口に至るまで,一連の支援を提供している.相談者は桜塚地区の「生活情報センターくらしかん」で月~金曜の9~17時に相談でき,希望すれば男女共同参画センター,母子福祉センター,労働会館でも相談が可能である.地域就労支援コーディネーター(13名)によるカウンセリングは1回あたり約1時間.面接のなかで就労に関する本人の悩みや希望,過去の職歴や生活環境などを聞き,当事者の生活状況や職業適性などを考慮しながら,支援方針を決定している.週1回のケース会議には無料職業紹介所の求人開拓コーディネーター(3名)も加わり,その人に合った「出口」のイメージを共有しながら,当事者と求人企業双方への働きかけが行なわれている.

相談者への支援には下記に挙げるような内容が含まれ,多岐にわたる.

＊具体的な就職活動に必要なスキルの教育(履歴書指導,面接指導),ハローワーク同行
＊職場見学や職場実習の斡旋と同行
＊公共職業訓練や無料職業紹介所が主催する訓練・講座への誘導
＊ボランティア活動や中間的就労活動への誘導
＊その他,就労阻害要因(健康問題,家庭問題等)の解決支援(他機関への紹介・誘導も含む)

第6章　豊中市における就労支援政策の概要

　2011年度以降，地域就労支援センターの事業には2つの変化があった．1つは，パーソナル・サポート・サービス事業（以下，PS事業と表記）を実施するようになったことである．後述する豊中市パーソナル・サポートセンター（TPS）が新設され，徐々に両者の事業間で役割分担が明確化されてきた．相談のインテイク時には共通のフォーマットを利用し，特に困難な就労阻害要因を有すると判断された相談者のケースはTPSが集中的に支援にあたる体制が取られている．もう1つの変化は，健康福祉部福祉事務所と連携し，生活保護受給者の中長期離職者等に対する就労支援事業にも関わりをもつようになったことだ．この支援政策は2005年度から厚生労働省のセーフティネット補助金事業として，意欲喚起事業等のほか，全国のハローワークと自治体が共同で生活保護受給者を支援する事業等で展開された（詳細は第8章を参照）．

　2011年度の相談者数は約900名で，開設当初の200名前後から大幅に増えている．特に，無料職業紹介所を開設した時期（2007年度）と，上記の生活保護受給者向け支援事業に関わりをもつようになった2011年度の増加幅が大きい．類型別に見ると，「中高年齢者」の相談率が非常に高いこと（64％）が特徴的である．その最大の要因は生活保護受給者向けの支援プログラムを拡充したことであろう．相談者にしめる生活保護受給者の割合は，2007年度の7.2％から2011年度の25.2％へと急増している．その他の類型については，障害者（15.9％），若年者（11.8％），母子家庭の母親等（8.3％）の順となっている．

　センター開設以来の支援実績（図表6-4）では，相談件数の顕著な増加が見られる．相談件数を相談者数で除し，1人の相談者当たりの相談回数（件数）

図表6-4　地域就労支援事業の実績

	2003年度	2004年度	2005年度	2006年度	2007年度	2008年度	2009年度	2010年度	2011年度
相談件数（件）	231	411	703	769	1478	1892	1803	2055	3246
相談者数（人）	131	207	226	246	445	514	469	631	892
うち新規相談者（人）	131	156	146	185	349	334	336	506	666
就職者数（人）	24	63	83	111	172	185	154	185	368
就職率（％）	18.3	30.4	36.7	45.1	38.7	36.0	32.8	29.3	41.3

出典：「地域就労支援センター等による相談・支援の推移」（豊中市提供資料）．就職率は就職者数／相談者数×100として算出．

を割りだしてみると，1.8回（2003）→ 3.3回（2007）→ 3.6回（2011）と増加している．こうした推移には，「困難層がさらに困難になっている」（地域就労支援コーディネーター・小川英子さん）労働市場の状況が反映されていると推測される．一方，就職率は2006年度の45.1％をピークに2010年度の29.3％まで低下し続けていたが，2011年度には40％を超える水準に高まっている．

(2) 無料職業紹介事業

地方公共団体による無料職業紹介事業は，2011年3月31日現在，全国の164団体が実施している（厚生労働省職業安定局2013, p.29）．五石敬路が2009年11月時点のデータ（全138団体）を用いて行なった分析によれば，その業務内容で多いのは，定住促進（42.0％）や，産業振興や企業誘致（39.8％）で，就職困難層を対象とした就業支援は全体の16.7％と「全体のなかでは少数派」に留まっている（五石2011, p.236）．無料職業紹介所・豊中は，その少数派に含まれているということになる．

無料職業紹介所・豊中の活動には，①人材紹介，②職場体験実習，③面接会，④セミナー開催がある．地域就労支援センターで相談を受けた求職者に対する職業紹介（人材紹介）事業を中心にしながらも，労働市場の需給両面に対する働きかけを行ない，両者のニーズをつなぐ活動が展開されている．事業内容の詳細や特徴については次章で紹介することとし，ここでは開設以降の職業紹介実績についてのみ触れる．

図表6-5は，2006年度（11月）の開設以降の実績を示している．求職者数は2009年度から急増しており，この年度に至って無料職業紹介所の活動が本格化したことがわかる．また，2011年度の就職率は16.5％となっているが，「常用雇用の就職件数」（無料職業紹介所・豊中の提供データ）は95件であり，その数値に基づく就職率（常用）は7.8％になる．ハローワークの平均は25.0％，自治体無料職業紹介の平均は14.4％なので（厚生労働省職業安定局 2013, p.29），それよりはかなり低い．これは，同紹介所がそれだけ一般企業への就職が困難な層に対して支援を行なっていることの証左と受け取るべきだろう．

図表 6-5　無料職業紹介事業の実績

	2006 年度	2007 年度	2008 年度	2009 年度	2010 年度	2011 年度
新規求職者数（人）	58	181	96	832	1211	1092
新規求人数（人）	169	843	603	1335	1794	2249
求人件数（件）	92	337	262	536	705	793
求人企業数	53	173	153	281	343	445
紹介件数（件）	37	137	94	733	1383	1145
就職件数（件）	27	46	29	94	186	180
就職率（％）	46.6	25.4	30.2	11.3	15.4	16.5

出典：図表 6-4 と同じ．就職率は就職件数／新規求職者数× 100 として算出．

(3) その他の事業

A．パーソナル・サポート・サービス事業

　PS 事業は「さまざまな生活上の困難に直面している方に対し，個別的・継続的・包括的に支援を実施」する事業（内閣府 2011a）として，2010 ～ 2012 年度にかけて，モデル事業が行なわれた．豊中市の PS 事業は 3 つの機関によって，2011・12 年度に実施された．1 つは上記の地域就労支援センターにおける支援であり，地域就労支援コーディネーターがパーソナルサポーターを兼任し，これまでに蓄積した支援ノウハウを活用したサポートが行なわれた．

　2 つ目は，モデル事業開始にともない庄内地区に新設された豊中市パーソナル・サポートセンター（TPS）である．TPS の特徴の 1 つは，「既往の相談機関では支援困難なケースに特化したサポート」（大阪府・豊中市・吹田市・箕面市 2012, p.15）にある．相談者に対する生活・就労支援を担当する「ケース応援チーム」と，地域の事業所に経営支援を行ないながら求人開拓を担う「事業所応援チーム」が，労働需給両面に効果的にアプローチする体制を整えた．前者では看護師・精神保健福祉士などの有資格者，外国人支援の経験が豊富なスタッフ，後者では中小企業診断士や労働相談業務に長年携わってきたスタッフなどが支援にあたり，両チームが緊密に連携することで，「スピード感を重視した支援モデルを創出できた」（大阪府・豊中市・吹田市・箕面市 2012, p.15）．また，サービス利用者の過半数を 10 代（28%）・20 代（28%）がしめていて，若年者への支援で特に力を発揮してきたことも TPS の特徴である（豊中市パーソナ

ル・サポートセンター 2012, p.10). 2012 年度からは市内の定時制高校に支援スタッフが常駐する体制を整えるなど，高校生に対する就労支援や生活相談を重点化したことがこうしたデータに現れていると考えられる．

そして，PS 事業を行なった 3 つ目の機関は，豊中市社会福祉協議会である．ここではコミュニティソーシャルワークの取り組みをベースにした事業が実施された[3]．同社会福祉協議会の活動は，校区福祉委員会を基盤とした住民主体の地域福祉システムの構築で，全国に広く知られている．2005 年からはコミュニティソーシャルワーカー（CSW）を 7 つの地域圏域ごとに配置し（2009 年の福祉公社との統合後は 14 名），福祉なんでも相談窓口に寄せられる住民からの相談を CSW の支援に結びつけ，支援活動を行なってきた．そのなかには，「ゴミ屋敷リセットプロジェクト」や高次脳機能障害者の家族交流会など，新たな地域問題・社会問題への取り組みが数多く含まれている．PS 事業では，CSW が担当する支援者のなかでも一般就労がかなり難しいと思われ，また「本人から SOS が出せない」（豊中市社会福祉協議会 2011, p.25）など，地域社会との結びつきが弱いケース（約 30 件）について，個別的・継続的な支援を実施した．チーフパーソナルサポーターの勝部麗子さんは，事業の目標は「できるだけ地域の人たち，周りの人たちとの関係のなかで生きていけるようにする」ことだと述べている．社会的排除の状態にあり，従来の支援施策の手が充分に届いていなかった人たちを，地域の支えの網目に組み込んでいく．その意味で，「社会的自立」を重視した支援がここでの PS の特徴といえるだろう．

PS 事業は 2013 年度より厚生労働省の社会・援護局が管轄する「生活困窮者自立促進支援事業」に引き継がれ，初年度は全国 68 ヵ所の自治体でモデル事業が行なわれている．豊中市では，雇用労働課が中心となってこの事業を実施することになった．それに先立ち，「くらし再建パーソナルサポートセンター」が地域就労支援センターに併設され，庁内関係部門や関連の専門機関と連携しながら，問題の早期発見・早期支援を促進することが目指されている（「豊中市くらし再建パーソナルサポート事業実施要綱」を参照）．

B. 地域雇用創造推進事業・地域雇用創造実現事業

地域雇用創造（推進・実現）事業とはその名称が示すとおり，地域内に新た

な雇用機会を創出しつつ，労働需要に見あった人材を育成することを目的とした厚生労働省の事業である．地域雇用創造推進事業（通称「とよジョブ」，2008～2010年度）では主としてセミナー実施などの教育訓練を通じた人材育成事業が行なわれ，地域雇用創造実現事業（同「とよジョブ＋」，2010～2012年度）では産業振興支援や新たな経営のモデル提案など，地域の事業者と連携・協同した事業が行なわれてきた．後者では，介護事業者の経営効率化に向けた提案が進められるなど，いくつかの具体的な成果が生まれている．この事業の詳細と特徴，地域雇用創出に対する貢献等については，第10章をご覧いただきたい．

C. 特定の対象領域に重点化した支援事業

前述した地域就労支援事業やPS事業は，生活支援や就労支援を必要とする幅広い層を対象に，相談の受付から就労先とのマッチングまでを一貫して行なうものであった．こうした総合的な支援事業のほかに，豊中市では特定の対象者に焦点を当てた支援事業も行なわれてきた（図表6-2で下の3つ）．以下ではその代表的なものについて簡潔に触れておく．

◆若年者に対する支援

ひきこもり傾向があるなど，生きづらさを抱えた若者に対する支援事業には，当事者や家族に対して総合的な支援を行なう「若者＆家族総合支援ホッとリンク」や，若者たち自身による居場所づくり・ピアサポーター養成事業の「若者居場所工房ぐーてん」などの事業が実施されてきた．財源には緊急雇用創出基金等が活用され，事業を受託・実施したのは大阪市内を本拠とするNPO法人ZUTTOである．ホッとリンクの事業では①家庭訪問総合支援士養成講座，②講演会と相談会，③（当事者家族が悩みを語り合う）しゃべり場，④面談などが行なわれた．

2012年度には，豊中版の若者サポートステーションの構築を視野に入れた事業に着手した．こちらは「新しい公共支援事業モデル事業」として取り組まれ[4]，雇用労働課，NPO法人ZUTTO，地域の社会福祉法人と高等学校が構成する「とよなか若者支援協議会」が実施主体となった．そして，2013年度には「とよなか若者サポートステーション」が開設された．豊中市における若者支援でも実績のある一般社団法人キャリアブリッジが，その運営を担ってい

る（一般社団法人キャリアブリッジ 2013）．

◆ひとり親に対する支援

　ひとり親（シングルマザー）等の女性支援の領域でも，国の緊急雇用創出基金を活用したユニークな事業が展開されている．事業を受託しているのは，情報の輪サービス㈱である．同社は女性の働く場としてのレストラン経営（大阪市内に2店舗）の実績があった．豊中市では，「調理師免許取得支援事業」（2010年度～）や「サービス業におけるひとり親等による社会的企業設立事業」（2011年度～）などを実施している．後者は飲食店の起業準備と運営を通じてシングルマザー等が経営に必要な知識を身につけることで，この仕事で自立していけるよう，就労支援を行なうという主旨．この事業を通じて，市内庄内地区に飲食店2店舗（「銀座食堂」「ギャラリーカフェぐるり」）が設立された．この事業の詳細な経緯や実績，意義等については，第9章の分析を参照されたい．

◆障害者に対する支援

　障害者の新たな仕事の創出や雇用モデルの開拓に関しては，2011年3月に設立された㈱きるとの取り組みがある．同社は公設民営方式の豊中市伊丹市クリーンランドで新炉が建設される際，資源化ごみの手選別作業を受託・実施する団体として設立されたものである．クリーンランドで実施されている「リサイクル事業」には知的障害者30名が採用され，従事している．作業は4本のベルトコンベアの上を流れてくる資源化ごみのなかから異物を手で取り除くもの．現場で個別指導にあたる指導員は豊中市・伊丹市のふるさと雇用再生基金，緊急雇用創出基金を活用して，段階的に採用した．作業精度に対する（容器リサイクル協会の）評価ではダブルAを受け，これまでに採用した障害者のなかで離職者は1人もいない．

　障害者の新たな雇用の場としてリサイクル事業を実施する一方，㈱きるとは地域の中小企業における障害者雇用のモデルづくりにも取り組んでいる（社会イノベーション推進モデル事業）．2015年から中小企業に対しても法定雇用率の義務づけが始まることを見越して，障害特性理解をテーマにした企業向け連続セミナー等を実施したものの，いまのところ中小企業の反応は鈍い．障害者雇用に関する啓発活動から始める必要があるような状況だが，出資者と事業実施者の中小企業グループを作って新たなタイプの（特例子会社のような）障害者

雇用モデルを創出することを目標にしている[5]．

3　ハブとして機能する雇用労働課

　豊中市が実施する雇用・労働政策は，就労に関わる何らかの困難要因を抱える多様な層に対して，相談の受付から事業所とのマッチングまでのトータルな就労支援を行なうとともに，住居・居場所・中間的就労機会の提供，新たな就業場所の創出，就労モデルの提案に至るまで，実に多様な事業内容を含んでいる．中核的な事業である地域就労支援事業と無料職業紹介事業は，いわば市の「直営事業」として実施されているのに対し，その他事業の大半は委託先・連携先の民間機関等が中心になって運営されている．とはいえ，それらの事業についても，単に外部機関に「丸投げ」されているわけでは決してない．事業内容の具体的な企画にも雇用労働課が関与し，地域内外での豊富な経験をもつ支援機関や，支援ノウハウを有する有能な人材とともに，新たな地域資源を掘り起こしながら，労働需給両面への丁寧な働きかけが行なわれている[6]．

　担当部署である雇用労働課の正職員は5名だけで，日々の事業を担当している職員の多くは嘱託や臨時・パート職員などの有期雇用である．また，財源の9割以上は国の雇用関連基金等から手当てされている．一般の基礎自治体における雇用労働関係の予算や担当職員の人数はごく小規模という制約のなかでも，必要な資源（ヒト・モノ・カネ・情報）を外部から精力的に取りこむことで，これだけの事業が実施できることを，豊中市の事例は証明している．以下の第7～10章では個別の事業をより深く掘り下げ，同市の雇用労働政策の意義や課題を明らかにしていきたい．

注
1) 西岡理事は，くらしセンター長（2010年4月～2011年3月）と豊中市パーソナル・サポートセンター所長（2010年4月～2012年3月）を兼任していた．
2) 統合された複数事業のうち地域就労支援事業にどれだけの財源を配分するかは，市町村の裁量に委ねられている．また，各市町村への交付金の給付額は前年度実績などに基づく．こうした変更はおそらく，市町村間の格差を広げることに帰結すると思われる．詳細は櫻井（2009）を参照．

3）コミュニティソーシャルワーク事業は大阪府が市町村とともに実施する地域福祉の独自事業として，2004年に開始したもの．同事業については，室田（2011）を参照されたい．
4）「新しい公共支援事業」は内閣府が主管し，2010年度補正予算によって開始された．「新しい公共の場づくりのためのモデル事業」と「社会イノベーション推進のためのモデル事業」は，市民団体や地域住民と地方公共団体とが連携し，地域課題に取り組むものとされている（内閣府HPと大阪府HPを参照）．
5）㈱きるとの活動については，おおさかパーソナル・サポート事業調査研究部会（2013, pp.123-28）を参照．
6）豊中市の雇用労働関連事業の推進力として活躍している人材については，櫻井（2012, pp.64-65）を参照．

第 7 章

就労支援の「出口」をめぐる模索
中小企業支援の視点

櫻井純理

1 無料職業紹介所とTPSによる出口開拓

1-1 就労支援における「出口」問題

　地域レベルで取り組まれている就労支援政策において，就労先の開拓と求職者とのマッチングは重要課題の1つである．求職者側への働きかけ，たとえば教育訓練等を通じて当人の就労意欲が高まり，就職するための一定のスキルを身につけても，実際にはなかなか就労先が見つからない．この「出口」問題に取り組み，求職者を就職に結びつけていくための働きかけが必要である．豊中市の就労支援政策では，就労先となる地域企業への働きかけが重要であることが早くから意識されていた．たとえば，2009年の全国自治研集会に提出された報告論文には，以下のような指摘がある．

　　従来，雇用対策というと，主に求職者・労働供給側を意識した事業（失業対策やマッチングなど）を考えたものだが，我々は企業等の労働需要側への対応を重視し，いわゆる地域の労働市場施策といった方向を念頭に，検討を進めた．就職困難者等の支援の場面でも，たとえば障害者やニート等の若年者の支援では，企業等での訓練や実習などの支援プランが欠かせないケースが多く，地域の中小企業との連携が重要になっている．一方，その連携の実効性を高めるには，「企業の理解と協力」といった関係ではなく，実習や求

人への紹介がその企業がめざす業務改革や雇用管理改善の取り組み,経営支援につながることが問われている.すなわち中小企業支援としての雇用施策という側面が重要になっている.こうした中小企業振興は,同時に求職者の選択肢を拡大することにつながる(西浦ほか 2009).

本章ではここで強調されているような「中小企業支援としての雇用政策」とは,具体的にどのようなものであるのか,その実態と特徴を中心に分析し,雇用の「受け皿」となる地域の事業者と行政との関わりのあり方を考えてみたい.

1-2 無料職業紹介所の活動

豊中市の雇用労働政策のなかで,就労先の開拓とマッチングに関わる仕事を担当しているのは,2006 年度に開設された無料職業紹介所・豊中である.2012 年度に事業を直接担当していたのは嘱託職員(人材コーディネーター)3 名.うち 2 人はキャリアコンサルタントの有資格者で,1 人は人材派遣会社で長年営業の仕事をしていた経験もある.

実施している事業は 4 つに大別される.第 1 は人材紹介事業で,約 520 ヵ所の登録事業所(2011 年 7 月 31 日現在)からの求人情報を受け付け,そのニーズに合った人を求職者のなかから紹介し,マッチングするもの.登録事業所の開拓に関しては,①2000 数社の企業データベース(豊能地域,吹田市,大阪市の一部をカバー)と,②「営業職等をめざす若者による中小企業雇用開発事業」(緊急雇用創出基金事業のひとつ,㈱パソナへの委託)を通じて得られた約 2000 社のデータをもとに,コーディネーターが営業をかけている.

第 2 の事業は,職場体験実習である.これは実際に企業で体験的な就労を行なう実習プログラム(1〜2 週間)を提供するもので,受入企業で引き続き雇用に至る場合もある.正社員採用には慎重に臨みたいと考える企業にとって,正式な雇用に至る前に職場体験に来てもらうことは,当該求職者との顔合わせ期間として有意義なものである.むしろ,引き続きの雇用を前提としない,純粋な職業体験としての実習先を探す方が難しい.また,新しい仕事や職場に対する不安を感じている求職者にとっても,こうした「見極め」的な職場体験は貴重な機会となっている.「自分ではできると思っても,実際に体験してみる

と体力が続かなかったりする．そのことに気づくのが大事な場合もあるからです」と，地域就労支援コーディネーターの小川英子さんは述べている．

第3の事業は，年15回程度開催している面接会の実施である．そのなかには職種や対象者を限定した合同面接会（たとえば「障害者のしごと合同面接会」，「清掃のしごと合同面接会」など）や，1社の求人に特化した面接会なども含まれている．面接会を開くことで就職に至る事例は多く，それに加えて，面接会の開催は求人開拓で企業を訪れる際の有効なツールにもなっている．そして，第4の事業はセミナーの開催である．これには求職者向けのセミナー（「介護系看護師再就職支援講座」，「女性の再就職支援セミナー」など）のみならず，求人企業向けのセミナー「ジョブライフサポーター（JLS）養成講座」も含まれている[1]．

2011年度における無料職業紹介事業の実績は，紹介件数1145件に対して就職件数180件（就職率16.5％）であった（図表6-5を参照）．求職者の申込み件数が最も多いのは30代後半〜40代前半（約32％）で，常用雇用の就職実績を見ても全95件の約8割を35歳以上の中高年がしめている．

1-3　豊中市パーソナル・サポートセンター（TPS）の活動

第6章で触れたように，豊中市では2011〜2012年度にパーソナル・サポート・サービス事業を実施した．豊中市パーソナル・サポートセンター（TPS）では，特に就労の阻害要因が多いケースやひきこもり傾向のある若年者等への支援を重点的に行なってきた．2011年9月の調査時点でTPSのフルタイムのスタッフは6名で，出口開発を担当する「事業所応援チーム」の職員には，中小企業診断士の有資格者や，労働紛争解決の仕事に長く携わってきた人が含まれていた．マッチングに対する基本的な考え方は，「求人が出てくるのを待つ」のではなく，相談者への支援と並行して本人の状態や特徴に合う求人を探し，ピンポイントでマッチングしていくこと，就労に向かう相談者の状態が整ったときに，タイムリーな仕事の提供ができることが重要だと考えている．そこで，事業所応援チームの職員は自分が担当する相談者のケースを常に念頭に置き，企業に対しては「人事・人材活用関係の相談に乗りながら，じゃあどういう位置に配置するのがいいのかという『業務の切り出し』をして，短時間労働や単

図表 7-1 TPS の出口マッチング結果

出口の形態	割合（％）
企業就労（一般）	42
企業就労（障害者枠）	3
福祉的就労（就労継続支援 B 型事業所）	1
訓練（半年以上）	8
居場所／支援機関	19
医療機関	4
その他	23

出典：豊中市パーソナル・サポートセンター 2012, p.11.

純労働の部分を抜き出してもらい，困難層をそこに結びつけていく」（チーフパーソナル・サポーターの白水崇真子さん）のである．

図表 7-1 は 2011 年度のマッチング実績の内訳を示したものである．原資料に実数の表記がないのだが，業種別・職種別データでは，イベント手伝い・駐車場整理などの短期・単発の仕事を除いた就労件数は 56 件となっている．一般の企業就労に結びついたケースが全体の 42％を占め，次に多い「居場所／支援機関」へのマッチングの 2 倍以上である．

1-4 緊急雇用創出基金事業の活用

豊中市では数多くの緊急雇用創出基金事業を実施しており，これもまた就労困難者の就職先の 1 つとなっている．2012 年度の実施事業は 49 事業あり（震災等緊急雇用対応事業 5，重点分野雇用創造事業 2，地域人材育成事業 42），事業総額（予算ベース）は 12 億 4 千万円にのぼる．たとえば地域人材育成事業として実施された「ビルメンテナンス分野における中高齢者・若年者就労促進事業」を通じて，清掃関係の仕事に就ける人材を育成する．あるいは，「遊休農業地等を活用した農ビジネス就業支援モデル事業」での農業就労を経て，農業法人への就職を支援する．こうした緊急雇用事業自体はあくまでも 1 年の期限付きの雇用だが，特に非就労の期間が長かった人たちには有効な就労経験になる．ひとつには，「長かったブランクを埋めることで，職歴を 1 つ作ってもらう」ことができるので，次の就職を容易にする効果がある．また，本人にとっても

図表 7-2 緊急雇用創出事業の内訳（対象者別）

対象者		事業数（委託先数）	雇用計画人数
就労困難者雇用	被災者等	5	41
	若者等	8	107
	高齢者等	2	12
	高齢者＆若者	2	9
	ひとり親等	4	25
	障害者等	3	24
（小計）		24	218
就労困難者以外		38	188
（合計）		62	406

出典：豊中市雇用労働課 2013.

図表 7-3 緊急雇用創出事業の内訳（就労困難者雇用，事業分野別）

事業分野	事業数（委託先数）	雇用計画人数
介護	1	12
農林水産	4	23
製造業	1	20
情報・通信業	2	9
サービス業	15	154
（合計）	24	218

出典：図表 7-2 と同じ．

「ああ，できるんだという思いをそこで持ってもらって，……自信につながって，次の活動にまた動いてもらえる」のである（いずれも人材コーディネーター・中井峰子さん）．

　図表 7-2，図表 7-3 に，2012 年度の緊急雇用事業の事業数と雇用数（計画ベース）の内訳を示した．対象者では若年層，また事業分野別ではサービス業を中心に 200 名強の就労困難者を雇用に結びつけるものとなっている．

2 地域の中小企業への働きかけ

2-1 産業や職種の特徴

次に, どのような産業や職種に就職しているのかについて, データ (市内の事業所数, 無料職業紹介所に登録している事業所数, 常用雇用の求人実績, 就職実績) に基づいて概観しておく[2]. 常用の就職実績が最も高いのは「サービス業」で, 全体の 43.9％ をしめている. サービス業は市内事業所数の 31.6％, 登録事業所数の 28.1％ の比率なので, これに比べて就職実績におけるサービス業の比率はかなり高いことがわかる. 次に, 「医療・福祉」分野の就職が 25.3％ と, これも事業所数にしめる割合 9.2％ を基準に取れば, かなり多くなっている. ただし, 「医療・福祉」が求人全体にしめる割合はもっと高い (32.5％). 実際に, 介護職は「経験がなく, 入っていくのにちょっと抵抗があるっていう方も多いので……求人が来ているわりには紹介できていない」(中井さん) という状況にある. そして, 製造業は市内事業所数の割合 (10.0％) に比して登録事業所数での割合が高く (18.0％), 紹介実績でも 13.7％ をしめる. このように, 無料職業紹介所経由の就職は, 「サービス業」, 「医療・福祉」, 「製造業」で多いことが特徴である. 反対に, 市内事業所数の比率よりも就職実績における比率が低いのは, 「卸売・小売業」や「不動産業」などである.

さらに, 図表 7-4 には, それぞれの産業でどのような職務に就いたかをまとめた. 太字・下線で記述されている仕事が特に就職者の多い仕事である. 警備や清掃, クリーニング工場, 倉庫での仕分け, 介護施設のケアワークなど, 一般的にいって, 体力を要するきつい職務でありながら給与の低い仕事が多いといってさしつかえないだろう. 雇用形態については, 無料職業紹介所でマッチングされたケースのうち正社員は 1 割程度で, 約 7 割は時給制で働く「パート」としての就労である. 時給水準は 800 円 (最低賃金水準) が多く, 「けっこう時給が良いなというので, 900 円くらい」(中井さん) の仕事が多い. TPS のマッチング結果でも, 正社員就労は 11％ だった (豊中市パーソナル・サポートセンター 2012, p.11).

図表 7-4　紹介実績のある仕事の内容（産業別）

産業分類	無料職業紹介・豊中 事業・職場（カッコ内は職務内容）	豊中市パーソナル・サポートセンター 事業・職場（カッコ内は職務内容）
製造業	食品製造（惣菜等の製造・販売），部品製造（機械オペレーター），部品加工（事務職），医療機器製造（営業職），建築資材製造（営業職），プラスチック成型（検査・仕上げ）	食品製造，ケーキ製造補助
情報通信業	コールセンター（オペレーター）	
卸売・小売業	小売（販売職），流通（贈答用菓子の袋詰め・箱詰め）	小売（販売職），流通（在庫管理，ピッキング・仕分け）
学術研究・専門技術サービス業	会計事務所（経理事務）	教育サービス
宿泊業・飲食サービス業	給食サービス（調理補助）	飲食店（ホールスタッフ）
生活関連サービス業・娯楽業	クリーニング工場（クリーニング仕上げ），冠婚葬祭サービス，体育館（体育館運営）	クリーニング工場（クリーニング仕上げ），体育館（体育館運営）
教育・学習支援業	学校法人（用務員）	
医療・福祉	介護施設（介護職，送迎ドライバー），障害者施設（障害者の生活・就業支援）	介護施設（介護職），障害者作業所
サービス業（他に分類されないもの）	ビルメンテナンス（警備員，清掃業務）	ビルメンテナンス（清掃業務），リサイクル業，ごみ分別，就職支援業

注：「無料職業紹介所・豊中 紹介実績」（地域就労支援センター提供の資料）および豊中市パーソナル・サポートセンター 2012，「出口マッチング結果」（p.11）に基づき，作成．産業分類は仕事内容から筆者が判断したものである．

2-2　求人開拓における「中小企業支援」の姿勢

「就労困難者」つまり，高齢である，障害を有している，子育て期のシングルマザーであるなど，就労阻害要因を抱えた求職者や，過去の職歴のなかでとりたてて「売り」になるような特徴をもっているわけではない求職者を，パートであれアルバイトであれ，民間企業での一般就労に結びつけるのは容易なことではない．求人開拓にあたる就労支援スタッフはマッチングに至る過程で，以下に挙げるようなさまざまな工夫を行なっている．

第1に，求職者の特徴や個性について，たとえば「コミュニケーションは苦手だけれども，真面目にコツコツ作業をすることが得意です」というように，

得手不得手を丁寧に説明し，理解を得たうえで仕事内容や仕事時間等についての配慮をお願いする．同僚となる従業員や取引先（業務請負元）にも理解を得てから，就労に至っている事例がある．第2に，事前に職場体験を受け入れてもらったり，緊急雇用創出事業を活用した一時的な雇用期間を設けたりすることで，正式雇用に対する事業者側の不安を取り除くことである．第3に，何らかの助成金が申請できる場合（たとえば障害者，母子家庭の母，高齢者等）には，その活用支援も含めて事業者をバックアップすることである．

　そして，第4に，コンプライアンスに関わる問題や経営改善に取り組む余裕のない中小企業に対して，経営面からアドバイスを行なうことを通じ，就労困難者が担えるような仕事を「切り出す」ことである．たとえば，TPSの事業所応援チームによるこうした「職域開発」の事例には，次のようなものがあった．

　①病院売店の売上がなかなか伸びないという相談を受け，中小企業診断士のスタッフが販売傾向などを分析し，経営改善についてアドバイス．それにともなって，定時制高校に通う2人の若者が担える仕事が生み出された．1人はパソコンプログラムの知識を活かした在庫管理システムの構築に携わり，コミュニケーション能力には問題があるが数理能力の高いもう1人の学生は，バックヤードの在庫管理や品出しの仕事を担当することになった．

　②労務管理に詳しいTPSスタッフが訪問していた介護事業所で，「ヘルパーや専門職の時間外労働が多く，慢性的な過重労働状態にある」ことが，相談のなかで判明．事故のリスクや労働基準面で解決が急がれる問題であり，経営改善を検討した．ヘルパーなどの専門職でなくてもできる仕事を洗い出した結果，朝食時間の配膳や見守りの仕事（2時間のアルバイト労働）を切り出すことができた．

　これらの「出口開拓」の具体的な手法には，本章の冒頭で引用した「中小企業支援としての雇用施策」の側面が色濃く表れている．就労困難者の雇用に対して前向きな地域の中小企業に対して側面的な経営支援を行なうことで，1人でも多くの就職が実現し，継続雇用・職場定着につながっていく．そのような就労支援が目指され，試みられている．

3 事業者側の受け止め方

3-1 介護事業者S社の事例

では,上記のような行政側の働きかけを地域の事業者はどのように受け止めているのだろうか.これまでに無料職業紹介所の登録求職者を10人程度採用した実績がある,市内の介護事業者S社の事例に基づいて確認しておこう.この企業は2008年に資本金100万円で創業し,デイサービスを中心とする介護保険サービス事業や,高齢者向け住宅賃貸事業,保育事業などを展開している.2012年4月に調査した時点の社員数は36人(正社員30人,パート6人)で,年間売上は約3億円であった(立見 2013, p.44 を参照).2012年に初めて7人の新卒者を定期採用したが,それまでは中途採用を中心としていた.入社時には試用期間が3ヵ月あり,その間に社会人としてのマナー,企業理念,ケアワークに必要なスキルなどを学ぶ.この研修プログラムは社員が相談して作り上げたオリジナルのものである.外部研修を行なってきた社員が社内でその内容を他の社員に教える「伝達研修」や「フォローアップ研修」などもあり,人材育成には力を注いでいる.

同社が無料職業紹介所の求職者を受け入れた事例としては,次のようなものがある.

①合同面接会に参加していた20代の男性(長年アルバイトで働いてきて,就職に不利な職歴)を採用.入社後はデイサービスの介護職員として活躍している.

②ホームヘルプサービスの経験者であるシングルマザーを,ヘルパーステーションのサービス提供責任者として採用した.

無料職業紹介所から中途採用を行なう1つの理由は,端的に言って,事業者としてメリットがあるからである.人材コーディネーターは定期的に事業所を訪ねて経営者と話をしているので,その企業の状況やどんな人が合いそうかに配慮して求職者を勧めてくれる.求職者の特徴を包み隠さず話してくれたうえで,「こういう仕事にはうまく合うんじゃないか」,「助成金も使えるので,育ててみませんか」という提案をしてくれる.そして,採用後に何か問題が生じた場合も,誠実に対応してもらえるので,採用に関わるリスクがその分軽減さ

れる．職場体験者も過去に数名受け入れていて，その後採用に至ったケース（2人）もある．採用しない場合には，「こういうところが少し足りなかったです」，「介護の世界ではやっていける人かもしれないけど，ちょっとうちとしては望んでいない人材です」というように，率直に人材コーディネーターに話すようにしている．

同社は採用を前提としない職場体験者も受け入れている．これについて，経営者のHさんは「お世話になった豊中市さんにお返しができることがあれば」という気持ちだと話している．「自分を育ててきてもらった町という意識が，最近になって強くなってきて……もし自分ができることがあったら率先してさせてもらおうと思っているんです」（Hさん）．

3-2　地域の中小企業と行政との関係

Hさんの語りにあるような「豊中市さん」と地域の事業者との親和的な関係は，行政の姿勢が変化したことの影響であると，豊中商工会議所の事務局長・東能久さんは捉えている．1つの変化は，この数年の市政における「地域経済の活性化」を重視する姿勢の明確化である．かつては文教都市としての側面や商業等のサービス業を重視したまちづくり政策が行なわれ，「どちらかというと，ものづくり企業はもう出ていってもらってもよいというような施策の時代があった」．特に，大手電機メーカーが事業部ごと滋賀県に移転したことは，地元の製造事業者に衝撃を与えたという．結果的に引き留められなかった当時の市の対応に地域事業者は失望し，その時の悪いイメージが尾を引いている．しかし，現市長が就任してからは，内外で産業活性化を重視する旨のメッセージがしばしば発信されるようになった．実際の政策においても，上記工場移転跡地の活用に対する市の迅速な対応，豊中市企業立地促進条例の施行（2008年度〜），「豊中市中小企業チャレンジ促進プラン」の策定（2012年）等を通じ，中小企業の経営を後押しする姿勢が現実化されている．

もう1つの変化は，雇用労働課を中心に実施されている就労支援政策においても，中小事業者の視点に立った支援が行なわれるようになったことである．従来の問題点は，「地域貢献の役割の1つ」として就労困難者を雇用しようという企業側の捉え方と，「雇うのは企業の責任」という行政側の捉え方の齟齬

第7章　就労支援の「出口」をめぐる模索

にあった．中小企業にはオーナー社長が多く，一度引き受けた社員は家族のように面倒をみていこうとする傾向が強い．しかし，就労困難者が配置された現場に対する丁寧な支援がなければ，「職場がうまくまわらず，効率的に仕事ができない」ということで，社長の指示を受けた社員が板挟みになり，職場は疲弊する．ところが，「雇用は企業の責任」と考える行政は，「瞬間風速的に目標を達成したらOK」で，現場に対する継続的な支援が欠けていた．要請を受けて採用した企業は孤軍奮闘せざるをえず，商工会議所に苦情が寄せられたり，企業経営者が集う交流会などで施策への悪い評判があっという間に広がったり，という状況だったそうである．

　現在の雇用労働課が実施している就労支援政策については，採用担当者に対する支援や現場の職長に対するフォローアップ支援を行なうなど，受け入れる事業者へのきめ細かな支援を継続的に行なう努力がなされている．その結果，「『上から目線』ではなくて……『我々も支援します』という（行政側の）スタンスが見えてくることで，少しずつ信頼関係ができてきている」（東さん）．商工会議所でも新たな施策を導入する際には，「施策を活用した成果が顕著に出そうなところをまず探し」て話をもちかけ，モデルケースとして行なってもらうように努めている．その成功事例を会議所が広報することで，「うちもこれはやらんといかんな」という企業が増えていく．また，国や府の助成金獲得を巡り，地域同士が競争している時代にあっては，「成果を出してくれるプレーヤー，元気な企業がたくさんいるというアピールをしておかないと，（企業を支援する新たな施策等についての）情報が入りにくい」（東さん）という実態もある．

　そこで求められているのは，行政と事業者が手を携えて地域産業を活性化し，就労困難者も含めた地域の求職者を吸収できる雇用の場を創り出すことである．「中小事業者に対する経営支援をともなった出口開拓」という政策は，大企業誘致等の産業政策と比べれば，創出される雇用の規模も限られた地道な取り組みではあるが，誰もが働ける，働きやすい町をつくっていくために必要なのは，こういう施策ではないか．豊中市の「就労支援」政策はそのように少しずつ地域を変え，地域の人と人を結びつけていくものであると筆者は考える．

4 豊中市の就労支援政策の魅力，そして残された課題

　豊中市が実施している就労支援政策について，本章では「出口開拓」の特徴に焦点を当てた分析を行なった．最後に，政策の特徴についてまとめたうえで，残る課題について触れておきたい．

　まず，市が「直営」の無料職業紹介所を開設し，就労困難者等を雇用する地域企業と直接の接点を有していることである．そのことにより，地域就労支援センターが受け付けた相談者の特性を念頭に置き，就労支援先とのマッチングを丁寧に行なうことが可能になっている．しかも，いったん就職できたら終わりというわけではなく，その後も就労先企業に対する継続的なフォローを行ない，職場への定着が意識されていることも重要だ．上述したように，このことは企業が何らかの課題を有する求職者を受け入れる際の不安感を軽減する効果ももつ．

　次に，こうした地域企業とのマッチングにおいて，企業での「働き方」「働かせ方」に関する問題提起が行なわれていることである．民間企業が誰をどのように雇い，どう働かせるかについて，行政は何らかの「規制」を通じて変更を迫ること——たとえば障害者雇用率の義務づけのように——が可能である．しかし，そうした「北風」政策には限界がある．豊中市の就労支援政策が重視しているのは，コンプライアンスの観点から「規制」「指導」することよりも，「こうすれば課題が解決できるのではないですか」という「提案」の形をとった「太陽」政策である．そうすることで，行政は商工会議所や地域の事業者の心を動かし，地域のなかに少しずつ良質な雇用を，ディーセント（まとも）な働き場所を広げていこうとしている．

　こうした「ディーセントな雇用の場づくり」は雇用労働課，わけてもその部門を統括している理事・西岡正次さんの精力的な活動によって推進されている．しかし，西岡さんや雇用労働課の活動だけが現在の政策を可能にしているわけではなく，その政策理念に賛同する多くの人たちがそこに関わり，ともに動くことで次々に新たな発展が生じてきた．豊中市地域雇用創造協議会で，地域における人材育成や雇用創造事業に４年間取り組んできた平岡直子さん（同協議

会コーディネーター）は，「一生懸命何かをやりたいと思っている人」が行政内外に多く存在する「豊中は本当に人の資源が豊か」だと指摘し，次のように述べている．

　　私らがお膳立てしても，そこに乗っかってくれる人がいないとダメじゃないですか．……理事が「こんなんやりたい」と思う背景には，ここにこういう人がいる，こんな人がいる，こんな人がいるというのがあっての話なんですけど，（地域雇用創造）実現事業にしてもそうなんですよ．やっぱり，「ああ，この人が賛同してくれるんやったら，もしかしたら動くかもしれないな」という見通しがなければ，事業構想自体を出せないですね．

　豊中市の就労支援政策は雇用労働課という強力な核を中心に展開されつつも，関連部署，事業委託先・連携先の諸機関，そして雇用の受け皿となる企業にまで，各所にキーパーソンがいる．そして，それらの人と人がつながりながら，血の通った「顔の見える労働市場」，「ネットワークが張りめぐらされた労働市場」を地域に広げつつある．
　では，課題はどのような点にあるだろうか．第1に，事業予算の9割以上は時限的な国の財源を活用しているという点である．第1節で述べたように，多数の緊急雇用創出事業が雇用の1つの「入口」として，また，今後の支援人材の育成にも活用されている．これらの財源がどこまで続くのかという点に不安がある．第2に，地域就労支援センターや無料職業紹介所の職員は有期契約の嘱託雇用であり，支援ノウハウの蓄積や継承，今後の人材育成という点で問題はないのかという点である．第4章で考察している委託先企業の場合と同様，自治体で働くこうした専門人材の雇用・待遇のあり方も重要な課題である．
　第3に，訓練的な就労場所の開拓がさらに必要である．現状では緊急雇用創出事業の委託をうまく活用し，実質的にはその委託先企業が中間的就労の機能を果たしていると理解できる．こうした委託先企業の選定ルールや委託手続きの制度化を進め，政策の公正性を担保することが必要だろう．卓越したリーダーが切り拓いてきた政策を今後行政としてどう仕組み化し，恒久化できるかが問われることになる．

注
1) ジョブライフサポーターとは,「大阪府障がい者就労支援強化事業」において,障害者の職場開拓や定着支援のために実習先や職場に派遣されるジョブコーチのことである.大阪府障がい者就労サポートセンターHPを参照.
2) 事業所数は豊中市HP掲載のデータ「平成21年度経済センサス――基礎調査」,その他は豊中市無料職業紹介所の提供データに基づく.なお,ハローワーク池田(豊中市を管轄に含む)の求人状況については,第2章の図表2-7も参照されたい.

第 8 章

連携によってつながる支援の輪
豊中市における生活保護受給者への就労支援

長松奈美江

1 生活保護受給者への就労支援をめぐる問題

　近年，生活保護受給者の増加をうけて，生活保護受給者への「集中的かつ強力な就労支援」(指定都市市長会 2010) や，「就労支援の抜本強化」(厚生労働省 2012b) が主張されるようになった．生活保護受給者への就労支援は必要であり，今後，ますます重要になってくると思われる．就労支援の目的は，受給者を生活保護から脱却させることや，保護費を削減することだけではない．孤立しがちな生活保護受給者が，社会と接点をもつために有効な試みでもある．しかし問題は，生活保護受給者への「効果的」な就労支援を，誰が，どのように実施するか，ということである．生活保護受給者のなかには，すぐに就労を開始することができる層から，就労に対してさまざまな阻害要因を抱えている層まで，多様な層が含まれる．こういった多様性を前提にすれば，就労支援の「効果」は，単純な「就労率」のみでは捉えきれない．生活保護受給者への「効果的」な就労支援は，福祉事務所を中心とした現場の取り組みの試行錯誤のなかから生まれてくるのであり，社会に住まう私たちには，そういった取り組みを理解し，適切にサポートすることが求められる．

　本章は，豊中市における生活保護受給者への就労支援を取り上げ，その内容を詳しく論じる．豊中市では，生活保護受給者への就労支援に関して，福祉事務所と雇用労働課とのあいだで連携・分業が進んでいる．以下では，次の2つ

の問いを念頭に置きながら，豊中市の事例を検討していく．

第1に，豊中市の取り組みが，生活保護受給者に対する「社会のまなざし」をどのように変えていく可能性をもっているか，という点である．生活保護受給者の多様性を無視して，「何が何でも就労支援を」，「すぐにでも働かせろ」と人びとが要求するのであれば，福祉事務所や他の機関が生活保護受給者の就労支援に専念することが妨げられてしまうだろう．そういった意味で，生活保護受給者への就労支援を，市民を巻き込みながら行なっている豊中市の取り組みは注目に値する．

第2に，生活保護受給者への就労支援が，誰によって，どのように「効果的」に行なわれるべきか，という点である．本章では，福祉事務所がどのような意図をもって雇用労働課と連携を開始し，現在，どのような分業体制をとっているかを明らかにする．このプロセスを明らかにすることは，生活保護受給者への就労支援に関して課題を抱えている他の自治体にとっても，参考になると考えられる．

以下では，まず第2節で，豊中市において生活保護受給者への就労支援がどのように進行しているかを明らかにする．第3節で福祉事務所と雇用労働課（地域就労支援センター）による連携の成果を整理し，第4節では豊中市の事例から得られた知見をまとめる．

2　豊中市における生活保護受給者への就労支援

厚生労働省は2005年度から生活保護自立支援プログラムの補助事業を開始し，各自治体で自立支援プログラムが実施されるようになった（第1章を参照）．生活保護受給者への就労支援に関しては，これまで，各地のさまざまな事例が紹介されてきた．しかし，一部の研究を除いて，各事例の詳細な分析は，これまでに多くはない．

われわれが豊中市に注目する理由は，すでに序章で述べた．ここでは，豊中市の施策の特徴として，関連する事項だけを簡単に述べよう．豊中市では，雇用労働課が雇用・就労支援に関わる多様なプログラムを実施している．一方，豊中市でも，生活保護受給者を対象とした自立支援プログラムが実施されてい

る．他の多くの自治体と同様に，自立支援プログラムの実施主体は，福祉事務所である．しかし，以下に示すように，従来のやり方では，生活保護受給者のうちでも，とりわけ大きな困難を抱える層については，必ずしも充分な支援をすることができなかった．そこで，豊中市では，2011年度より，福祉事務所と雇用労働課との連携事業が進められるようになった．

以下では，まず福祉事務所による支援について説明し，その後，雇用労働課・地域就労支援センターによる支援について説明して，豊中市の事例を詳しく検討していく．

2-1 福祉事務所による就労支援

就労支援の説明に入る前に，入手可能なデータで，豊中市の生活保護受給者の直近の状況を押さえておこう．豊中市の2010年度の保護受給世帯は6,253世帯，受給者は8,889名，保護率は2.29％である（2010年10月1日時点）．世帯類型別にみると，高齢世帯は2,991世帯（47.0％），母子世帯は597世帯（9.4％），傷病・障害世帯は1,847世帯（29.0％），その他世帯は929世帯（14.6％）である（2010年度末時点）．世帯主あるいは世帯員が稼働している世帯は1,326世帯（20.4％），非稼働世帯は5,171世帯（79.6％）である（2010年度平均）（以上，「平成23年度豊中市生活保護実施方針」より）．豊中市の稼働世帯の割合は，全国の数値（12.9％，2009年度）よりも高い．

では，福祉事務所による就労支援の状況を見てみよう．豊中市の福祉事務所では，2005年度より，生活保護受給者に向けた自立支援プログラムを開始した．これは，生活保護受給者自立支援事業要綱の「就労支援プログラム」に沿ったものであり，主な内容は，履歴書や職務経歴書の作成補助，模擬面接と，ハローワークへの同行である．支援の流れとしては，第1に，生活保護受給者のなかから，稼働能力があること，就労意欲があること，就労阻害要因がないこと，事業への参加に同意していることの4要件をすべて満たす者を選びだす．第2に，その者に対して，就労支援や求職活動支援を行なうとともに，ハローワークとの連携のもと，「福祉から就労」支援事業につなぐ．

福祉事務所では，これらの支援を担うために，2012年5月時点で，就労支援員（嘱託職員）を8名雇用している．うち2名は2012年度から増員した[1]．

就労支援員の性別，年齢，経歴はさまざまだが，プログラムの開始時点の2005年に着任した岡本さんは，社会福祉士や産業カウンセラー，精神保健福祉士，2級キャリアコンサルティング技能士等，就労支援に必要なさまざまな資格を保持している．また，2011年度より，就労支援を含めて，ケースワーカーの後方支援を行なう専門的な部署を「自立支援グループ」として立ち上げている．

次に，福祉事務所における就労支援状況を見てみよう．2006年度から2011年度までの実績を図表8-1に示した．2011年度の実就労支援者数は666名，就労率は77.2%である．図表8-1によると，就労支援を開始してから，支援者数，就労率，保護費削減額ともに増加していることがわかる．国の統計では，就労率は5割程度（2008年度の数値）であるから（五石2011），豊中市の就労率は高いことがわかる．また，2011年度に保護費削減額が1億円を超えたことから，福祉事務所では，さらに就労支援に力を入れている[2]．

このように高い実績を上げている支援事業であるが，課題もある．以下の3点を指摘しよう．第1に，就労に至るが，就労収入が低く，保護の廃止までには至らない者が多い．2011年度で，就労者数は514名で，うち保護を廃止したのは53名である．ケースワーカーによると，就労者の多くがパートやアルバイトなどの非正規労働であり，就労時間も短いという．また，就労支援員は増収指導も担当しているが，増収をしたいと申し出る受給者は少ないという（月に1〜2名程度）．

図表8-1　豊中市福祉事務所による就労支援状況

	延支援者数	実支援者数（A）	就労者数（B）	就労率（B/A）	保護費削減額（千円）
2006年度	369	223	104	46.6%	—
2007年度	313	189	112	59.3%	34,819
2008年度	406	204	139	68.1%	35,460
2009年度	790	303	206	68.0%	52,948
2010年度	1,174	547	413	75.5%	97,641
2011年度	1,260	666	514	77.2%	152,743

注：「保護費削減額」は，就労収入が発生した月から毎月の就労収入（収入充当額）を年度末まで加算した額である．ただし，途中で仕事をやめた場合はその月までとしている．
出典：「就労支援状況」（豊中市福祉事務所）．

第8章 連携によってつながる支援の輪

　この原因としては，地域の労働市場の悪化がある．就労支援員の岡本さんによると，求職先を決める段階で，就労意欲や希望を事前に確認したうえで，本人にとって無理がなければ，非正規雇用よりも正規雇用を目指すように促すという．正規雇用の方が安定した雇用につながるし，賃金も高く，その方が，保護の廃止につながるということもある．実際，2011年度に就労を開始した者のうち，約3割は正規雇用での就労という．しかし，正規雇用でも，いきなり高い収入が得られるわけではない．15万円前後の収入であれば，それで保護を廃止するまでにはなかなか至らない．特に，世帯員数が多いと，その分保護費が増えていくので，保護の廃止は難しい．

　第2に，実支援者数が少ないという問題がある．豊中市の非稼働世帯は5,171世帯（2010年度）であるが，年間実支援者数は500～600人程度である．高齢世帯が約3,000世帯なのでそれを除外しても，ケースワーカーが働きかけて，就労支援にもっていくことができている層は，多くはないことがわかる．実際に，福祉事務所・生活福祉支援チーム長の佐津川さんや自立支援グループ長の澤田さんの認識でも，支援対象となる層が「埋もれている」という．

　第3に，福祉事務所で就労支援を行なっても，約2～3割の人が就労に至らない．就労支援の対象となるのは，いわゆる4要件を満たしている人であり，支援のスタートの時点で，就労への「意欲」があり，支援を受けることにも同意している．しかし，就労支援員は，一旦支援を開始するものの，支援を続けるなかで，就労や求職活動を困難にする要因を対象者がもっていることを見いだす．そういう人の特徴として，会話がスムーズではないとか，発達に障害があったり，精神的な疾患をもっていたりということが疑われる，ということがある．つまり，「就労意欲がある」と表明し，就労支援を受ける同意をした者であっても，就労を困難にする要因がないこと・小さいことにはならない．しかも，丁寧な支援を行なってみてはじめて，このような事実が明るみに出てくることもある．このようにして見いだされた「就労までに距離がある層」は，いままでの就労支援によっては，なかなか就労に至らない．

　このような課題を受けて，福祉事務所では，2011年度より雇用労働課・地域就労支援センターと連携して，就労支援を行なうことになった（本格始動は2011年6月から）．以下では，地域就労支援センターでの支援状況について見

てみよう．

2-2　地域就労支援センターによる就労支援

　第6章と第7章で詳しく説明したとおり，豊中市では，2003年8月から地域就労支援事業を，2006年11月から無料職業紹介事業を開始している．地域就労支援センターには，相談業務に当たるコーディネーターが13名働いている．うち，6名が雇用労働課の財源で，7名が福祉事務所の財源で雇用されている．つまり，後者の7名のコーディネーターの業務は，たとえ雇用労働課のなかで働いていても，福祉事務所での業務とまったく別物というわけではない．こういった財源措置によって，両部署のあいだの情報交換がよりスムーズになる．福祉事務所と雇用労働課は，実際の業務連携だけではなく，財源の面からも連携を強めていることがわかる．

　では，地域就労支援センターによる支援の流れを確認しよう．まず，福祉事務所のケースワーカーと就労支援員が判断をし，従来，福祉事務所だけで行なっていた就労支援ではなかなか就労に至ることが難しい層を，地域就労支援センターへ受け渡す．最初に3者面談（受給者，ケースワーカー，コーディネーター）をして情報を共有し，その後，地域就労支援センターのコーディネーターが担当して，受給者の支援メニューを決める．支援メニューには，面談（履歴書・面接指導），講座・実習，中間的就労事業がある．

　中間的就労事業[3]では，すぐには定着就労まで結びつかないケースを対象に，就労に向けていくつかのステップを上がりながら，「就労意欲喚起」の部分に踏み込んだ支援メニューを開発・整理し，実施している．就労意欲は，相談カウンセリングのみでは喚起されないことが圧倒的に多いのだ（「中間的就労事業（意欲喚起事業等）：豊中市」より）．図表8-2には，想定されている「就労へのステップ」を示した．

　では，2011年度の就労支援の実績を見てみよう．福祉事務所から地域就労支援センターへ受け渡された生活保護受給者は，2011年度で月平均67.9名であり，新規支援者数は132名，うち就労者数は30名である．就労率は22.7％であった．就労先の業種はさまざまであるが，清掃，介護，警備などが多い．また，正規雇用は1〜2名にすぎず，ほとんどがパートなどの非正規雇用であ

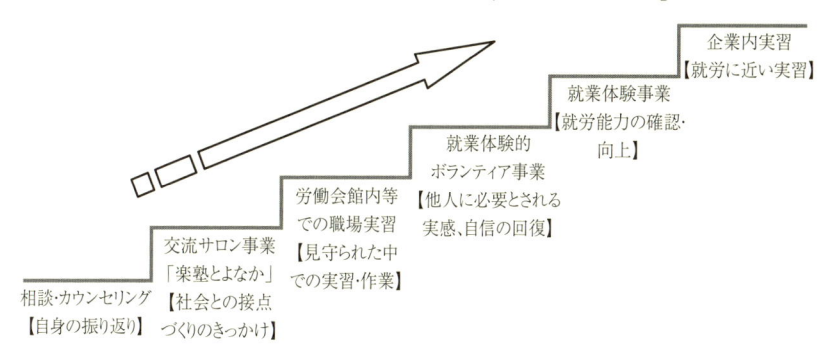

図表 8-2 中間的就労事業における「就労へのステップ」

企業内実習【就労に近い実習】
就業体験事業【就労能力の確認・向上】
就業体験的ボランティア事業【他人に必要とされる実感、自信の回復】
労働会館内等での職場実習【見守られた中での実習・作業】
交流サロン事業「楽塾とよなか」【社会との接点づくりのきっかけ】
相談・カウンセリング【自身の振り返り】

出典:「中間的就労事業（意欲喚起事業等）：豊中市」より一部改変.

る.

　利用サービス数（延べ）は, 面談が 508 名, 講座・実習が 271 名, 中間的就労事業が 195 名である[4]. 面談は, 地域就労支援センターのコーディネーターが行なうもので, 利用実績は最も多い. 講座・実習は, パソコン実習, 市役所内での軽作業実習, 清掃実習などで, これまで地域就労支援センターで就職困難層に向けて行なっていた講座・実習に, 受給者が参加するというかたちである. また, このなかには, 民間企業より協力を受けて行なう作業も含まれる. たとえば, 金魚すくいのポイ作り, ポスティング, 介護用エプロンの作成などがある.

　中間的就労事業は, NPO や任意団体に委託されている. メニューは,「楽塾とよなか」,「花とみどりの育成管理体験事業」,「就業体験的ボランティア事業（農業ボランティアや障害者授産施設でのお仕事体験）」,「企業就労体験事業」である. 交流サロン事業である「楽塾とよなか」は, 図表 8-2 の「就労へのステップ」のなかでは最初の段階に当たるもので, 他の支援対象者とお茶を飲みながら交流したり, 講師を招いて就労に向けての心構えをしたりする. 2011 年度の参加者は 67 名（延べ）と最大になっている.「花とみどりの育成管理体験事業」や,「就業体験的ボランティア事業」は, それよりも一歩進んで, 外に出て, 決められた時間のなかで軽作業などを行なうものである. 参加者（延べ）は, それぞれ 17 名と 63 名である.「企業就労体験事業」では, 実際に 1〜2

週間のあいだ,「企業で働くこと」を体験してもらう。これは最も「就労に近いもの」と想定されているが, 参加者は8名と少ない. 体験事業やボランティア事業, 企業就労体験事業は, 基本的には無給であるが, 少額の交通費が支給されている.

ただし, これらの講座・実習, 中間的就労事業のメニューは, まだ確定されたものではない. 講座・実習には, 市役所での軽作業や, いくばくかの報酬と引き換えに行なう短時間の仕事など, 「中間的就労」と分類されうるものが含まれる. 講座や実習, 中間的就労事業は, 協力してくれる企業や団体が見つかれば, 順次付け加えていくという段階である. また, 諸々の事情で継続できない実習や事業もある.

この地域就労支援センターでの支援は, 6ヵ月を目処としている. ただし, 就労に至った者以外では支援が中止した者はほとんどおらず, 多数が支援継続となっている (豊中市「H23年度就労支援運営報告書」より).

3 福祉事務所と地域就労支援センターによる連携の成果

以上, 豊中市における就労支援の状況について説明してきた. この節では, 福祉事務所での支援と地域就労支援センターでの支援を比較してわかることを, まとめていく.

地域就労支援センターでの就職困難層に対する支援は, いかなる点において「有効」なのであろうか. 事例の検討やインタビュー調査のデータから, 以下の3点を指摘することができる. 第1に, 地域就労支援センターでの支援が, とりわけ困難な状況にある受給者の就労への「意欲」を喚起している点である. 福祉事務所における従来の支援では就労に至らなかった者は, 障害や病気, 安定的な職業経歴の欠如など, 就労に向けての何らかの阻害要因をもっている. 地域就労支援センターは, 中間的就労事業などを通じて, 就職困難者の就労への意欲や自信を向上させている.

地域就労支援センターのコーディネーターの小川さん, 雇用労働課長の槌谷さんは, 事業に参加した受給者には, 以下のような変化が見られることを指摘している.

小川さん：この間も，依頼されてポスティングして，1時間で200円もらってましたよ．
インタビュアー：やっぱり，お金がつくと意欲も…？
槌谷さん：全然違いますね．
インタビュアー：だいぶ違います？
小川さん：だいぶ違いますね．面接官に「頑張って服装整えてきてください」って言われたのに足元サンダルやった人が，ポスティングするために靴を買いますからね．
インタビュアー：やっぱり，少しでもお金がもらえるっていうことが…
小川さん：そういうことで誰かの役にたってるということが．
(2011年8月22日のインタビュー)

「就労までに距離がある層」の特徴として，面接時に適切な服装で来ることができない，約束の時間に遅れる，土壇場でキャンセルする，ということがしばしば聞かれる．しかし，地域就労支援センターでの実習や中間的就労事業に参加することで，このような態度が変化してきた，というのである．この語りでは，インタビュアーは「お金がもらえる」ことが意欲を高めるのかと質問をしたが，コーディネーターは，受給者にとって，お金がもらえることが「誰かの役にたっている」ことの証として捉えられていると述べた．つまり，受給者は，純粋に「お金」がもらえることに動機づけられて働くことへの意欲を高めているわけではない．それは，以下の語りからもわかる．

小川さん：楽塾のなかで，「仕事決まって今度からこれへんかもしれへん，清掃の仕事行くんや」とかって言うたら，他の人が，「ええなぁ，税金払えるんやなぁ」とかって感じでね．違う税金は，たぶんお酒とか，たばことかで払ってるかもしれへんけどね．「税金払えたら」みたいなことが，生活保護受給者の方がグループになったときにそんな話題が出てるということ自体が，凄いことかなぁと思いますね．
(2011年8月22日のインタビュー)

槌谷さん：生活保護を長期で受けてらっしゃる方というのは，意欲っていうのはほとんどない状態で，こういう人を就労につなげていくためには，一つひとつ段階を踏んでいかないといけないんですね．その第一歩が，楽塾であったりするんですけど．いままで本当に家にずーっといて何もしなかった人が，外に出てくることによって，アルバイトみたいな仕事ですけど，見つけて就職をした．そうすると，その周りにいる人も，俺もガンバらなあかんなぁ，税金払えるようになりたいなぁとか，そこで話がでてくるんですよ．

(2011年8月22日のインタビュー)

このように，「誰かの役にたっている」こと，「税金を払える」ことが，受給者の働くことへの意欲を高めている．したがって，他者や社会に価値あるものを与えたいという欲求を，無理のないかたちで満たす機会を，どう用意するかが大切であるといえよう．

一方，福祉事務所にも，地域就労支援センターでの支援が受給者の就労への意欲を高めているかどうかを質問すると，「評価している」という答えが返ってきた．たとえば，ケースワーカーの高木さんが受けもったケースで，すぐには就労に至ることが難しかった女性が，地域就労支援センターで，2ヵ月間，中間的就労事業に参加することで，自信をつけ，自分で就職口を探してくるという事例があった．高木さんは，このことについて，「中間的就労事業がなかったら彼女は就労に至ることはできなかっただろう」と，評価している．

第2に，福祉事務所と地域就労支援センターが連携・分業することにより，就労を希望する生活保護受給者に提供することのできる支援のメニューが増えた，ということである．福祉事務所での支援は，就労への準備が比較的できていて，就労への阻害要因が少ない層が中心であり，地域就労支援センターでの支援は，就労への阻害要因が多い層が中心である．こういった分業体制によって，生活保護受給者の多様性に対処することが可能になった．そして，対象者をどういう活動に参加させるかは，福祉事務所（就労支援員とケースワーカー）と地域就労支援センター（コーディネーター）での丁寧な聴き取りによって決定されている．

しばしば，生活保護受給者への就労支援施策，あるいはより広く，福祉と就労を結びつけるワークフェアの施策に対しては，就労や特定の活動へ受給者を

「強制」している,就労規範を高めるある種の管理主義に志向しているという批判がなされる(宮本2004a).福祉事務所でも地域就労支援センターでも,受給者は何らかの活動への参加することを促されている.これは一種の「強制」かもしれない.しかしながら,豊中市では,特定の活動を無理強いさせるのでも,すべての受給者を画一的に管理して同一の活動に誘っているのでもない.あくまで本人の意向を最優先に尊重して,どのような活動に参加させるかを決定している.それは,福祉事務所と地域就労支援センターとの連携・分業が,多様なメニューのなかから選べる余地を本人に与えることで可能になっているのである.

地域就労支援センターでの支援の有効性に関わる第3の点は,地域就労支援センターでは,1人の受給者に,長期に関わることができることである.就労困難層に対しては,数週間という短期の支援ではなく,より長期の支援が必要とされる.このことを示唆するデータがある.福祉事務所から地域就労支援センターに正式に受け渡された人以外でも,ケースワーカーから話を聞いたり,広報誌や口伝てなどで情報を得たりして,自分から,地域就労支援センターに相談に行く受給者もいる.豊中市理事の西岡さんによれば,福祉事務所と地域就労支援センターが組織的に「連携」を始める前より,こういうかたちでつながりがあった.そのような受給者は,2011年度で,延べが484名,実支援者数が33名であり,そのうち新規就労者は17名,就労率は51.5%であった.就労率が高いのは,地域就労支援センターで長い期間支援しているからという.就労者17名のうち7名が1年以上支援しているケース,11名が年度を超えて支援しているケースであった.人数も少なく,支援対象者の属性にも偏りがあると考えられるが,このデータは,就労困難層に対しては長期の支援が必要であること,長期の支援の結果,就労に至ることが可能であることを示している.

4 生活保護受給者への効果的な就労支援へ向けて

以上,福祉事務所と地域就労支援センターの連携の成果を見てきた.この節では,これらの成果をふまえつつ,第1節で挙げた2つの問いに答えていく.第1に,こういった取り組みが,生活保護受給者に対する「社会のまなざし」

をどのように変えていく可能性をもっているかを考察する．第2に，生活保護受給者への就労支援が，誰によって，どのように「効果的」に行なわれるべきか，そのための条件を考えていく．

まず，第1の点について検討しよう．福祉事務所と関連機関が生活保護受給者に対する効果的な支援を続けていくうえでは，社会全体の理解が欠かせない．就職できない生活保護受給者は「努力していない」と私たちが思うのであれば，それは，「すべての生活保護受給者は努力すればすぐに就職できる」という無理解に基づいているといえるだろう．豊中市に限らず，全国各地で，生活保護受給者へ向けた新しい就労支援が進みつつある．こういった取り組みを理解し，適切にサポートすることが，社会全体の責任だといえよう．

豊中の事例において大変興味深いのは，生活保護受給者への就労支援が市民を巻き込んで行なわれていることである．そのような事例として，中間的就労支援事業の1つである「花とみどりの育成管理体験事業」を挙げよう．この事業を受託し実施している「豊中緑化リーダー会」はボランティア団体であって，特別なニーズをもつ者に対する支援団体ではない．この事業が始められるきっかけは，雇用労働課の理事が，この団体がもっていたニーズと，生活保護受給者への支援を引き受ける団体を必要とする市のニーズを引き合わせたことである．豊中緑化リーダー会の主な活動内容は，豊中市内の公共施設の緑化活動である．この団体がもっていたニーズとは，種や苗，肥料などの材料費を拡充し，育てた作物を販売したい，というものであった．

この事業を担当するコーディネーターによると，「受給者に対して与えるこの事業の効果は大きい」という（2012年9月14日の参与観察より）．たとえば，コーディネーターとの1対1の面談の際にコミュニケーションに問題があった者が，このプログラムに参加することで，豊中緑化リーダー会のメンバーと作業をしながら自然にコミュニケーションをとることができるようになった．事業の実施場所は，市内の公園であり，そこには，お年寄り，子ども，若者，さまざまな市民が集っている．筆者が参与観察した際，生活保護受給者が，豊中緑化リーダー会のなかではもちろんのこと，さまざまな市民が集い，活動する公園のなかで，居場所を得ていることが印象的であった．

このように，中間的就労事業をはじめとする地域就労支援センターでのプロ

グラムは,「就労までに距離がある層」に対して,雇用労働以外の,さまざまな参加の機会を与えている.さらに,これらのプログラムは,豊中市内の企業や団体と,生活保護受給者を引き合わせるという効果をもっている.孤立しがちな受給者にとって,地域就労支援センターでの各種の事業に参加して,新たな社会的なつながりをもつことは望ましい.しかしそれだけではなく,これらの事業は,支援する企業や団体,市民の側に対しても,新たな「社会的なつながり」をもたらしている.

　豊中緑化リーダー会では,この事業を受託するかを決める際に,半年ほど,長い議論があったという.彼らは「支援団体」ではなく,支援事業は,会の本来の活動内容とは異なる.しかし,いろいろな議論の末,豊中緑化リーダー会は,普段の活動のなかに,生活保護受給者を受け入れた.受け入れたことに対する評価を聞くと,「良かった」ということであった.インタビューにおいて,彼らは自分たちが「支援団体ではない」ことを強調した.実際の活動においても,会のメンバーは,受け入れた「実習生」が生活保護を受けているか関知しておらず,彼らへの支援の効果を評価してもいない[5].会のメンバーは,生活保護受給者のことを,ともに活動する,少し困難をもった「実習生」と捉えているのである.そして,実習生のもつ困難に合わせて会の活動内容を変えている.このように,中間的就労事業は,生活保護受給者と市民を引き合わせ,ともに活動する機会を与えている.このような機会は,支援する側に,支援される側がどんな困難と可能性をもった人びとであるかという理解をもたらしている.こういった適切な理解が地域のさまざまな人びとのあいだに広がっていけば,就職困難者が活動することができる場が広がっていくのではないだろうか.豊中緑化リーダー会では,現在,新たに実習生を受け入れる取り組みが進んでいるという.

　では次に,第2の問いについて検討しよう.豊中市の事例を検討することで明確になったのは,「多様な対象者への,その人に合った多様な支援」の必要性である.就労に向けてのさまざまな阻害要因をもった生活保護受給者に対しては,「雇用労働」に就くことだけを目指した支援が有効ではないことが多い.たとえば,筆者が2012年8月に楽塾でインタビューをした,「軽い障害」を抱えたある中高年男性は,ハローワークに何度足を運んでも就職することができ

ずに,「ノイローゼみたいに」なっていたことを話した.彼にとっては,面接まで到達することが難しい.こういったケースについては,地域就労支援センターでの中間的就労事業の方が適しているだろう.

そして,こういった多様な支援を実施するためには,福祉事務所を中心として,多様な機関が連携・分業することが欠かせない.厚生労働省が行なってきた,生活保護受給者を含む生活困窮者の新たな支援体制の議論のなかでは,生活困窮者への就労支援を進めるためには,地域のなかで,さまざまな行政機関や民間のNPO,企業が連携すべきであると主張されている(厚生労働省 2012b;厚生労働省 2013c).しかし,就労支援に関する理念や活用できる資源がさまざまに異なる機関が連携することは,簡単なことではない.豊中市においても,連携の試みは,最初からうまくいったわけではない.連携を始めた当初,まず問題になったのは,福祉事務所と雇用労働課の,就労支援についての考え方の違いであった.

福祉事務所と雇用労働課・地域就労支援センターとでは,支援のスピードが異なっている.福祉事務所は,福祉事務所での就労支援を「短期」,地域就労支援センターでの就労支援を「中長期」と呼び,区別している.福祉事務所での就労支援によって,平均的には,2〜3週間で約7割の人が仕事に就くという.しかし,地域就労支援センターでの支援の期間は,1つの基準としては6ヵ月である.そしてそれよりも長い場合がしばしばである.そういう支援は,「ぬるい」という評価にもつながりかねない.たとえば,福祉事務所は,連携を始めた当初,中間的就労事業に対して評価をする際に,「楽塾」への参加者が多いということを,疑問視していた.「楽塾」は,就労への距離が最も遠いために,参加者が「滞留」してしまう恐れがある.

さらに,福祉事務所と地域就労支援センターでは,支援対象者の就労率も大きく異なっている.第2節で詳しく述べたように,就労率は福祉事務所では約7割であり,地域就労支援センターでは22.7%である.福祉事務所から見たら,就労率「22.7%」という数値は悩ましいものであった.一方では,「就職が困難な層をお渡し」しているので,就労率が低くても致し方ないという判断がある.他方では,この就労率の数値や地域就労支援センターでのやり方に対しては,「もどかしい」思いがあった.

第8章　連携によってつながる支援の輪

　2011年度の取り組みを始めた当初，このような違いは，連携に対する疑問を，福祉事務所に生じさせていた（2011年8月のインタビューより）．ただし，2011年度の取り組みが終わり，2012年5月の福祉事務所での再度のインタビューでは，このようなやり方の違いに対する疑問は，認識されていなかった．むしろ，2011年度を通じて，福祉事務所と地域就労支援センターが双方のやり方について理解を深め，これが「連携のひとつのかたち」であると認識の共有ができているという語りが得られた．具体的な取り組みとしては，月1回，各受給者に対する報告書（記録票）が送られてくる．また，意見交換を行なう機会も，月1回のペースで設けられているという．意見交換の場では，最後には，「やり方が違う」という話になるという．

　つまり，同じ対象者に対して粘り強い支援を続け，そのやり方や結果の評価に関して意見交換を重ねることで，それぞれが何をゴールにし，どこに注力するべきかが，より明らかになるのだ．「やり方が違う」という認識は，効果的な分業についての明確化なのである．

　そして，福祉事務所と雇用労働課との連携は，他の機関も巻き込み，現在，新たな段階に移行しつつある（佐津川 2013）．進行しつつある新たな取り組みとして，以下の2点を指摘しよう．第1に，生活保護受給者への支援内容や支援の評価の仕方を，連携する各機関で共有する試みである．福祉事務所，雇用労働課，ハローワークとのあいだで，対象者の状況に対する評価（アセスメント）様式の統一を行なっている．この様式は，現在も改良中である．アセスメント様式を統一化することによって，多様な背景をもった対象者に対して，より適切な支援機関において，より適切な支援を行なうことが可能になる．就職活動への準備ができている対象者はハローワークに行くように勧める．履歴書を作成したり面接を受けたりすることに不安がある対象者は福祉事務所で支援する．そして，就労することにさまざまな困難をもつ層は地域就労支援センターで支援する，という分業体制である．また，支援を進めていて，異なる機関で支援した方が良いと判断された場合は，支援内容の変更が行なわれることもある．

　当初，地域就労支援センターでなされる支援の「就労率が低い」ことを福祉事務所が危惧していたと述べたが，現在では，福祉事務所はそのような認識を

157

もっていない．福祉事務所の佐津川さんは，福祉事務所と地域就労支援センターでは，支援対象者が異なるのだから就労率が違うのは当然である，と述べる．雇用労働課の取り組みは，就労率以外の観点からも評価されるべきである．たとえば，就労にまで距離のある人が，すぐには就労に至ることはなくても，種々の活動を通じて，社会に参加していく．そのことによって健康を回復することができれば，それは，医療費の削減にもつながっていくのである（2013年7月25日のインタビューより）．

新たな取り組みとして，第2に，市役所内部の税・国保等の徴収部門，ハローワークなどの他の機関を巻き込んで，福祉事務所と雇用労働課が2012年度を通じて話し合いを重ねることによって，「生活困窮者自立促進支援モデル事業」として，「くらし再建パーソナルサポートセンター」を設立した．これは，厚生労働省が検討している新しい生活困窮者支援の枠組みに応じて，豊中市の就労支援全体を1つの枠組みとして整理したものである．雇用労働課が担当するこのセンターは，生活に困窮している人の相談を受け付ける機関である．福祉事務所と連携しつつ，生活困窮者の生活再建や就職に向けて，豊中市で利用できるさまざまなサービスを対象者に紹介する機能をもっている．

このように，当初，「生活保護受給者の就労支援」として始まった福祉事務所と雇用労働課の連携は，他の関係機関も巻き込んで，「生活困窮者への包括的支援」という新たな段階に移行しつつある．この豊中市の成果は，今後の生活困窮者支援の枠組みを考えるうえで，1つのモデルケースとなるだろう．国が支援体制の枠組みを定めて法律を制定し，各種の補助金を用意するだけで，各地域で実効性のある生活困窮者支援体制が実現するわけではない．それぞれの地域で，試行錯誤のなか地道に続けられてきた支援が相互に結びつくことで，実効性のある支援体制が作られていくのである．現在，生活保護受給者が増加しているだけではなく，生活保護に至らなくても貧困で，安定した収入を得られる仕事に継続して就くことが困難な層が増加している．しかし，現在のように多数の相談が寄せられる以前から，地域就労支援センターは就労困難層に向けた就労支援をずっと続けてきた．一方，福祉事務所も，生活保護受給者への就労支援を地道に積み重ねてきた．こういう双方の取り組みが，お互いに不得意なところを補い合うかたちで結合し，現在のような連携のかたちに至ったの

である．

　本章では，豊中市の事例を取り上げ，人びとの受容的な理解とサポートに基づいた，生活保護受給者への効果的な就労支援のあり方について考察してきた．このような支援事業を実行し続けることは，本当に難しい．福祉事務所と地域就労支援センターの連携は始まったばかりであり，地域就労支援センターで行なう実習や中間的就労事業に協力する企業や団体は限られており，事業に参加する生活保護受給者の数も非常に少ない．しかしながら，豊中市でいまなされている支援は，市民と生活保護受給者とをつなぎ，「社会のまなざし」を変えていく，豊かな可能性をもっているのではないだろうか．福祉事務所をはじめとした生活保護受給者の就労支援に携わる部局や関係機関は，それぞれ創意工夫を凝らし最善を尽くしているのだ，という私たち市民の了解こそが，より適切でより効果的な就労支援を進めていくのである．

　注
　1）福祉事務所では，就労支援を担当する職員を15名雇用して，そのうち8名を福祉事務所に，残りの7名を地域就労支援センターに配置している．地域就労支援センターで働く職員についての説明は，2-2項を参照．
　2）ただし，豊中市の生活保護の8扶助と施設事務費にかかる総額は，2011年度で約172億円であり（豊中市「平成23年度予算の概要」より），この保護費削減額は，全体からみるとそれほど大きな数字ではない．
　3）2012年度までは，居場所事業やボランティア体験（有償含む）の就労準備支援，企業等での就業体験などを総称して「中間的就労」としていたが，2013年度から「就労準備支援事業」と「中間的就労」を区分している．
　4）利用サービス数は毎月の累計であり，総参加者数ではない．
　5）地域就労支援センターのコーディネーターが，実習が支援対象者にもたらした効果を評価している．

第9章

リビング・ウェイジを生みだす飲食店
地域が育む自営業による女性の就労

仲　修平

1　就労支援と雇用創出を問う意味

　本章の目的は，ひとり親女性が，生活できる賃金（リビング・ウェイジ）を得る就労の場とはいかなるものか，について実践事例から考察することである[1]．具体的には，大阪府豊中市の就労支援政策として出発した，市内の庄内地区にある飲食店「銀座食堂」に着目する．その最大の理由は，「雇用の創出」から「社会的企業としての自立」への展開を，たった1年の行政からの補助金で成し遂げようとしている点にある[2]．しかも，比較的厳しい労働条件といわれている「飲食店」という業種においてなのである．ひとり親女性のリビング・ウェイジの実現は，困難な条件が揃った状況において可能なのか．そのようなことが地域の飲食店においてできるのか．

　第1章第4節で確認したように，ひとり親女性が「働いても貧困」から抜け出せない状況は，近年の調査や研究が明らかにしている．けれども，国や自治体による政策によって，必ずしもひとり親女性の就労問題が解決されているわけではない（労働政策研究・研修機構 2012b）．それは端的に，労働需要側への働きかけ，より特定的にいえば，リビング・ウェイジが稼げる雇用の場に乏しいからである．これに対して本章の調査対象は，「就労支援と雇用の創出」を同時に成し遂げようとする取り組みである．だからその理念や創意工夫，そして可能性や課題を検討することが重要なのだ．

「ひとり親女性の就労支援」という社会的な問題に対して,「雇用の創出」によって解決を図る取り組みは,「社会的企業」としての実践に見られる. とりわけ, この取り組みは, 雇用と福祉の中間的な雇用を創り出す組織として知られている「労働統合型社会的企業 (WISE ; Work Integration Social Enterprise)」に近い (Defourny and Gregorie 2004; 米澤 2009, 2011).「労働統合」には, 組織に関わる当事者が, 一般的な労働市場だけではなく, 働く場を通じて社会に関わる場を創り出すことが含意されている (労働政策研究・研修機構 2011, p.8). では, こうした労働統合は, わずか1年で自主事業として自立することで持続していけるのだろうか. 藤井 (2007) によれば, EUにおける社会的企業の財政構成では, 自主事業による収入源の年間平均は, 10数パーセントにとどまる. 主な財源は, 行政からの補助金であり,「大成功」とされている事業でも, 自主事業の比率は37%程度である. だとすれば, 銀座食堂が自主事業のみによって運営することは非常に難しいのではないか. 本章は, 銀座食堂の試みについて詳解しつつ,「社会的企業としての自立」という価値観それ自体をも検討してみたいのである.

2 豊中市における女性の就労支援事業

2-1 就労支援事業の全体像

銀座食堂は, 豊中市における「平成23年度ふるさと雇用再生基金事業」として採択された1つの事業であり, 正式名称を『ひとり親等における「食」事業開発 (ソーシャルファーム設立) 事業』という. この事業は単年度予算の補助金によるものであるため, つまり, 単年度の公共事業から継続性のある事業として存続するために「自立」しなければならない. 以下では, この事業の概要について, (1) 雇用の創出, (2) 就労訓練, (3) 地域との関わり, の観点からまとめておきたい.

第1に, 女性の就労支援事業を通じた雇用の創出について. この事業は, ひとり親家庭, とりわけ母子家庭における女性に対して,「職業訓練の充実や雇用環境の整備を行なうとともに, 家事・育児との両立や生活時間のゆとりを保証する環境を整備する」ことを目的として設立された. 同時に, この事業は,

地域ネットワークと結びつきながら，その発展や働く人の労働条件の向上が念頭に置かれている．

　事業の根底にある「就労支援事業から雇用の創出」という発想は，豊中市による就労支援政策の方針と事業代表者の佐々木さんが長年にわたって女性の就労支援会社を経営してきた経験が結実するかたちで実現した．佐々木さんは女性のキャリア支援に関連する事業を 1980 年代中盤に立ち上げ，バブル崩壊の 1990 年ごろまで運営してきた．しかし，経済の低迷にともない「キャリアマッチング」の仕事が激減する厳しい状況において，「マッチング」から「雇用の創出」へと発想の転換があり，実際に大阪市内で食に関連した事業を自ら開始した．佐々木さんは，女性に対してフルタイムだけではなく，短時間就労・ワークシェアが可能な働き方を自らの事業展開を通して模索してきた[3]．

　一方，豊中市は，ひとり親女性の就労支援政策に限らず多様な政策を展開しているため，それぞれの就労支援事業に対して継続的に補助金を提供し続けるだけの余力はない．つまり，今回の就労支援事業は，「財源が逼迫する行政」と「自立した経営の経験をもつ私企業」が結びつくかたちで実現した．それは，「ひとり親女性が持続的にリビング・ウェイジを得るために必要な雇用を創出する」という1つの理想を互いが共有して初めてなされたのだ．

　第2に，被支援者の就労訓練とキャリア形成について．銀座食堂は事業提案の時点において，「新規雇用者のキャリア形成に繋がらないような単純作業ではなく，技能向上やキャリア形成に活かしていけるような教育訓練を実施」というかたちで明言されている．ここでいう「技能向上やキャリア形成に活かせる教育訓練」とは，調理師や栄養士の資格を取得するだけにとどまらず，事業を経営するという経営者としてのスキルを身につけることでもある．言い換えると，「創り出された就労の場」に対して，従業員という立場と同時に経営者の立場としても関わることが目指されている．それは，後で述べるように，銀座食堂で働き続けることを可能にする一方で，この場を1つのキャリアステップとして，別の職業選択の幅を拡げる機能も有している．

　第3に，銀座食堂が設立された「場所」について．この「場所」には，豊中市庄内の地理的な特徴と，他の関連する就労支援事業と有機的に連携できるという立地の優位性とがある．豊中市庄内の駅周辺は，市場や商店街といったそ

の土地と密接に結びついた多種の事業、とりわけ「食」と関わりのある事業が密集している。銀座食堂は、近隣の店舗から食材を仕入れるなどしながら、企業としての収益を上げると同時に、地域の発展に貢献する役割を担っている。そのため、庄内における固有の資源を有効に活用しながら、既存の店舗と共存していくことが目指される。

加えて銀座食堂は、他の豊中市「雇用・就労関係事業」の設置場所と距離的に近い。たとえば、生きづらさを抱えた若者に対する支援事業やパーソナル・サポート・モデル事業（第6章参照）がある。それぞれの事業が、徒歩15分圏内の位置にあることによって、単に情報交換だけでなく、事業を運営するスタッフ同士の協力・連携関係を醸成することを促進している。と同時に、各事業という「点」が集まることによって、地域に住む人びとにとって、「ひとり親女性たちによる社会的企業としての飲食店」という認知も比較的スムーズに広がり、相乗効果を生み出すことが期待されている。こうした地理的・人的資源の両側面において、銀座食堂は庄内で産まれて、庄内で育っている。銀座食堂は、常に「庄内」という地理的・社会的固有性を抜きに存在はしないのだ。

2-2 銀座食堂における被支援者の属性と就労支援の内容

2011年度の銀座食堂は、フルタイム3名・パートタイム4名の7人体制であった[4]。被支援者すべては女性で構成されているが、全員がシングルマザーというわけではない[5]。また、給与は、働く女性たちの経済的な自立を目指した事業モデルであるため、他の庄内における飲食業の相場より高い設定となっている。また、個々の前職は、飲食経験者、学校／保育所の給食担当者、旅館のスタッフなど多岐にわたっている。そのうち1名は、2010年度豊中市の調理師免許取得支援事業によって調理師の資格を取得し、本事業に参加している。被支援者の年齢層は20代から60代まで幅が広い。この就労支援事業では、多様なバックグラウンドをもつ女性を対象としている。

続いて就労支援の内容について、銀座食堂オープン前（2011年4月～8月末）とオープン後（9月～2012年3月）にわけてその概要を整理しておきたい[6]。

オープン前の就労支援として、ビジネス一般の研修・講座とメニュー開発やホール接客などの実際の店舗に立ったトレーニングが実施されている。前者の

具体的な内容は，専門講師によるビジネスマナー研修や簿記・会計講座が継続的になされた．後者は，メニュー開発の一貫として，豊中市内と北摂地域を中心にして飲食店リサーチから始まり，調理試作・試食といった店舗運営に必要なスキルを身につける構成になっている．とりわけ，銀座食堂が設置される庄内地区の飲食店舗リサーチは，仕入先・販売先の検討も兼ねており，より実践的なトレーニングとなっている．また，この研修期間を通して醸成した地域との関係は，日常的な仕入れや庄内オリジナルメニューとして実現している．つまり，銀座食堂と地域ネットワークは，佐々木さんの人的資源を媒介にしつつも，個々の被支援者が主体的にオープン前から地道に関係を築きながら徐々にその結びつきを強めてきているといえる．

　一方，オープン後の就労支援メニューとしては，実際に仕入れ・調理・接客から始まり，会計・経営状況の把握などより実践的な内容となっている．オープンの9月はランチのみでスタートしているが，翌月にはお弁当販売の開始，11月には夜ごはん営業を始めている．売上自体はまだ黒字化には至っていないものの，売上拡大に向けた改善努力が重ねられてきた．ここで見逃してはならないのは，被支援者たち自身が売上を伸ばすために創意工夫をしている点である．多事業（ランチ，お弁当，夜ごはん営業）を展開するために必要な計画や細かい工夫などについてアイデアを出すなど，日々の仕事のなかで被支援者の「自主性」を引き出すことが目指されている．具体的には，月単位の売上構成の分析（販売形態・メニュー・時間帯ごとに売上を集計）をふまえて，メンバー間で意見を出しながら検討する時間を共有している．そうした日々の工夫は，参加メンバーが主体となって日替メニューを導入する，あるいはチラシを手作りで作成・配布をするなどの動きにつながっている．

2-3　調査内容

　今回の調査については，図表序-3を参照されたい．ここでは，調査対象者について若干補足しておく．豊中市の就労支援政策全般を統括している市民協働部理事の西岡さんと情報の輪サービス株式会社の代表取締役である佐々木さんに対しては，事業の意図や展望を中心にうかがった．その時期は2011年3月から2012年9月という，事業開始からわずか1年半が経過した段階である．

また，銀座食堂従業員の3名に対しては，実際に働き始めた当初を振り返りながら働き方や生活についてインタビューを実施した．なお，従業員のEさん，FさんとGさんは，就労支援事業の立ち上げから銀座食堂に関わっている人びとである．現在（調査時点の2012年9月11日）は，情報の輪サービス（株）のフルタイム社員である．

3 当事者たちにとっての飲食店

3-1 行政と民間との連携

就労困難者にとっての「就労支援の出口」をいかにして地域の中に創り出すか．ここでいう「就労支援の出口」とは，ひとたび何らかの事情で就労が困難に陥ってしまった人が，その状況を抜け出すための契機となる「就労の場」を意味する．この問題は，豊中市の福祉・就労支援事業全般の指揮を取られている西岡さんを中心にして，共通の課題（の1つ）である．本章で取り上げている「飲食店」は，まさに「出口」の一例であり，西岡さんの次の言葉にあるように現在進行中なのである．

> そこで（就労支援の出口を）創らないとって話の部分で．まぁ地域で創ってどこまで出来るかってのは，そら僕らもようわかりませんけどね．まぁでもそこは一自治体ずつなんかもたないと．せっかくいろんな分野で福祉の，いろんな分野で就労なんていうところが始まって，蓄積ができてきても結局そっから次いかないというのがあまりにも多いですからね．

「どこまで出来るかわからない」状況ではあるが，実際に「就労を創る」という次のステップへ進む挑戦として，今回の就労支援事業がある．先述した通り，佐々木さんは，キャリアカウンセリングや就職支援などの事業に長年携わってきたノウハウの蓄積がある．同時に，大阪市内でレストランを2店舗運営している実績は，本事業に直接関わる．その佐々木さんが強調するのは，「就労の場所を創って，いかにその事業を継続させるか」という点である．特に，この就労支援事業は「単年度」の事業であるから，継続するための事業資金が決定的に重要な意味をもつ．この「事業継続」という点については，事業開始

第9章　リビング・ウェイジを生みだす飲食店

の時点（2011年度）から佐々木さんは次のような視点に立っていた．

　　自主的に（収益を）生み出していく仕掛けをしていかなあきませんよね．自分たちの雇用をどうやって守っていくかってことも，この事業の1つだし，いずれ自分たちが起業するなり，独立するなりってことを考えたら，費用対効果を考えてやっていかなあかんからね．なのでやっぱり，おいしくて流行る店をどうやって創っていくかっていうことをみんなで取り組まないと，継続は難しいですね．

　ここで強調しておきたいことは，「みんな」が連携してお店の収益を上げるために仕事に取り組んでいること，さらにはその先に働いている従業員が独立・起業，あるいはこの飲食店を経営者として引き継ぐことができるような人材を育てようという「質の高い」就労が目指されている点である．銀座食堂事業の根底には，「一人ひとりにとってのキャリア形成」という方針が貫かれている[7]．

　　そうですね，やっぱりね，その人（被支援者の女性たち）が目指している目的，ゴールというのが何なのかってことだと思うわ．そこにどれだけね，アクセスというか，何ができるんかなと思いますけど，それこそ就労，一般企業にゴールって思ってはる人，なぜ一般企業がゴールなのかってことも気になるし，明確にしたいなとは思うよね．

　この言葉は，個々の女性にとって，どのような就労支援が可能か，この支援事業を通してどのようにキャリアを積んでいくか，という中・長期的な展望を視野に入れた取り組みであることを示唆している．また，その背景には，「女性の職を通じた居場所を創りたい」という佐々木さんの理念がある．
　「女性たちのキャリア形成」と「職を通じた居場所創り」という社会的企業としての理念の実現に向けて動き始めているが，2012年度（事業2年目）の時点では，飲食店での収入だけでは経営状況はまだまだ厳しいようである．もちろん，事業自体がまだわずか2年目であること，それに加えて，女性のリビング・ウェイジを得るという前提があるので，事業だけで黒字化するとしても，時間を要するのは間違いない．しかし，ひとり親女性の就労支援という公的な機能を強く残している事業運営を民間へ「単年度」で委ねるあり方は，本章第

1節で指摘したように，検討の余地が大いに残されている．

3-2 飲食店の従業員

これまで述べてきたのは，主に事業を創る側の意図についてであった．では，実際の事業に関わる女性たちはどのように日々の仕事と向き合っているのだろうか．そこで続いては，この就労支援事業に当初から深く関わる，飲食店の店長であるEさんとシングルマザーの従業員であるFさんとGさんの語りを見てみよう．調査は，お店がオープンしてちょうど1年を経たタイミングで実施した．

（1）店長から見た銀座食堂

店長のEさんは，学校を卒業してから現在に至る10年近くを飲食業界でキャリアを積んできた．佐々木さんが経営する大阪市内のレストランでの仕事を経て，就労支援事業として立ち上げる飲食店の店長に着任した．これまでは，「従業員」という立場であったが，今回初めて「店長」として仕事を引き受けた．

そのEさんが最初に面を食らったのは，「まったくのゼロ」から全てを始めるという状況であった．「ゼロ」というのは，事業自体をゼロから立ち上げるという側面と同時に，人をゼロから育てるという側面の2つを意味する．就労支援事業の被支援者としてこの事業に参加しているメンバーのほとんどが，飲食業界での仕事経験がまったくない，あるいはごくわずかしかない，いわば素人の方々ばかりである．Eさんのこれまでの職業経験とはまったくの逆の状況である．

> （この事業は）だいぶ特殊だと思います．その初めて，やっぱり経験者がいるなかに，初めてのアルバイトですっていうかたちなら，見る人も多いので，その環境にどんどん対応していくので，口で言って教えることもありますし，あとは見て覚えて，その環境に馴染むだけなんですけど，言ってしまえば，その逆バージョン．みんなが素人，やったことないなかに，私1人がいた状況だったので，みんな1つのこと，お茶碗1つ洗うにしても，どれでどうしたらいいっていう，やっぱり知らないことだらけなので，これはこうだよって1人の人に言って，

それがまた伝わるっていうことは特にないし，個人個人がやっていく，最初はすごくバラバラでしたね．

　この言葉に現れているように，今回の飲食店は，一般的な飲食業界と比べると「かなり特殊な形態」であるといえよう．それと同時に，「ひとり親女性の就労支援」という事業目的が根本にあるので，一般的な飲食店を立ち上げていく以上の難しさがあるという．
　他方，その難しさに加えて，「従業員の子どもへの配慮」という側面がある．「配慮」というのは，子どもが急に熱を出して仕事を休まなければならない状況への対応や，運動会や参観日などで抜けざるをえない理由のときのシフトの穴埋めへの対応である．シングルマザーが働く環境を考えると，それは「ごく普通のこと」なのかもしれない，と理解しつつも次のような葛藤も同時にある．

今までの飲食店だったら考えられないようなこと，子どもが熱を出したから休みとかありえない，っていう私は感覚でいたんですけれども，やっぱりそこはそういうふうに言ってくる．この日は参観日だから休むよ，って普通に言われちゃうんで，まあこれをやっている以上はそういうことなんだなって，それは納得できるというか……

　実質的には，この飲食店での「就労支援事業」としての試みは1年目で終了している．つまり，2年目以降は「ひとり親女性の就労の場」としての機能は残しながらも，運営上は一般的な飲食店と何ら変わりはない．Eさんの言葉にあるように，極端に言えば，配慮する積極的な理由は「ありえない」のかもしれない．ところが，この飲食店は，あくまでも「ひとり親女性が働ける環境」を創ることが大きな目標であるために，2年目以降もポリシーは変わらない．だからこそ，店長のEさんに心理的葛藤がもたらされている．

(2) 飲食店で働くシングルマザーの従業員

　飲食店で働くひとり親女性にとっては，銀座食堂はどのような働く場なのであろうか．Fさんは4人（高校生2人，中学生と保育園児），Gさんは1人（小学生）の子どもがいる．前項で述べたように，被支援者である従業員は，飲食業

界での経験がまったくないか，ほとんどない人ばかりである．Ｆさんだけではなくことに，指導する／される関係に初めておかれるという意味で，本当にゼロからの試みであった．「これまでの業務で最も大変だったことは？」の問いかけに，次のようなＦさんの言葉が返ってきた．

> 最初は，全般的に意味がわからなかったです．動きがどうこうとかそういうのではなくて，私が特になんですけれども，お客様に提供するのは初めてだったので，どの動きが正解かっていうのを見たことないわけでして，そういったものが全然わからないので，無駄に動いてみたりとか，いまから考えてみると，無駄に動かなかったりとか，そういったバランスが悪かった……

このような戸惑いは，Ｆさんだけに限ったわけではなく，従業員のメンバー間での意思疎通は手探り状態が続いていたようである．もちろん，それぞれのメンバーはオープンする前から事業に関わっており，第2節で述べたような地域での仕入れ先のリサーチや調理の練習を積み重ねている．しかし，自らが実際に作った料理をお客に出すという仕事は，オープンして初めて体でわかる部分は大きいようである．2年目は銀座食堂以外の仕事に就いた者もいるので従業員自体の数は減っているが，今はお互いの連携を取りながら何とか仕事を回すことができているという．

そのような日常業務に専念できる就労環境は，「社会保険付きでの生活できる給与」と「職場と子どもの良好な関係」に支えられている．とりわけ，4人の子どもがいるＦさんの場合，前者は死活問題である．

> 私にとってですけど，良い点は，健康保険があるっていうことです．健康保険はすごい大きいんで……なかったら働いていないんで……っていうくらいの感じです．特に，4人いるんで，健康保険がなかったら，本当に死んでしまうので……

Ｆさんは，この職につく直前はパートタイムであり，手取り収入のなかから国民健康保険料を支払っていたこともあり，社会保険が付いているという雇用形態が最も助かっている点だという．もちろん，その社会保険の負担は，飲食店の収益と佐々木さんの株式会社から補助が出ているから実現できているわけ

なので，事業全体の収益で見ると，まだ手放しで喜べる状況ではない．しかし，銀座食堂が，「リビング・ウェイジを得ること」を目標に掲げるならば，社会保険の負担を忌避して黒字化を狙うという選択肢はありえない．その選択は，銀座食堂の存在理由を自己否定することにほかならない．

ところで，FさんとGさんは一見すると似たような立場であるが，子どもの面倒をみる他者の存在という点が決定的に異なっている．Fさんは実家が近くにあるため，一番下の4歳の子どもの面倒を両親にみてもらうことがあるという．一方，Gさんの実家は関西圏ではないため，日常的なサポートはほとんどないと思われる．つまりFさんは，親からの支援があるので，Gさんと比べると生活を維持するための資源は多いのだ．「収入を得る」環境を支えている生活に対する支援は，「働く」側面だけに着目してしまうと見過ごされかねない．しかし，ひとり親の就労においては，「働くこと」と「生活すること」の両方を視野に入れる必要がより一層あるだろう．

他方，「職場と子ども」の関係とはどのようなものだろうか．最も特徴的なことは，FさんとGさんにとって，「子どもが職場に顔をみせても大丈夫」という点である．それは，飲食店の2階に託児スペースが確保されていることからもうかがい知ることができる．つまり，「子どもが職場に来る」ことへの了解が，職場の従業員メンバーのあいだで共有されている．これは大切な意味をもつと思われる．というのも，子どもにとっても，気軽に母親の職場へ行ける環境があることは，職場と子どもの双方にとって大きなメリットがあると考えられるからだ[8]．

さらに重要なことは，子どもにとっての居場所が飲食店のみならず，近所の商店街や仕入れ先としての市場などにまで広がっていることだろう．筆者がそのことに気づかされたのは，次の言葉を聞いた瞬間であった．Gさんが，就労支援事業が終わるときに退職するかどうかを迷ったときに，子どもからの言葉を思い出しながら語った箇所である．

> ママは銀座食堂で働いてほしい．（その理由は）たぶん，時々ここへきて，みんなと仲良くしてもらったり，お客さんもそういうことを知っている方たちは話しかけて頂いたり，市場に1人で行っても，銀座食堂の子ども，みたいなんで，みんながけっこうかわいがってくれたり……

「銀座食堂の子ども」という表現が，職場と子どもとの関係を如実に表しているのではないだろうか．つまり，子どもにとっての銀座食堂とは，「母親が働く職場」であると同時に，「自分が遊ぶ場」でもあるといえるかもしれない．子ども自身が，母親の仕事や職場を「気に入る」ことの重要性は，母親の就労支援だけに焦点を当てていると必ずしも見えてこない．職場を取り巻く環境の全体が，母親と子どもをつなぐ架け橋となる可能性が垣間見えた．

職場と生活が切り離されていることが前提である民間企業では，「母親－職場－近隣－育児」を有機的に結びつけることは，きわめて困難であるだろう．しかし，この事例が示すことは，母親が「リビング・ウェイジ」を単に得ることができるだけではなく，子どもが職場やその近隣で「リビング」していることである．子どもが，働く親の「背中」を見ながら，その同僚や近隣の大人たちに見守られながら生き育つのだ．「ひとり親女性」の支援は，その子どもへの支援をも視野に入れる必要性を示唆しているのである．

4　就労支援政策の理念と地域の自営業

本章では，ひとり親女性が「食」に関わる仕事を通して，家族を養うことができる賃金が得られる飲食店に着目してきた．その飲食店の取り組みは，ひとり親女性がいかにしてリビング・ウェイジを稼げるようにするのか，という問題に対して，就労支援事業としての社会的企業によって，「キャリアステップとなるような就労訓練の提供」と「雇用の創出」という2つの側面から応えようとする試みであった．

この取り組みは，就労支援事業として1年，その後に独立事業として1年経過した地点にある．わずか2年の経過をもって，この事業について早急な「評価」を下すことは難しい．しかし，現時点の調査（2013年2月14日現在）を通して，あえて単純化していえば，「就労訓練としては順調」，「雇用創出としては道半ば」と筆者は考えている．以下では，その根拠を説明し，こうした事業の今後の可能性について考察してみたい．

本章を通底する問題関心は，「女性のリビング・ウェイジを実現する」という社会的企業としての役割と「飲食店を持続させる」という自立した事業を展

第9章 リビング・ウェイジを生みだす飲食店

開する民間営利事業としての役割は，果たして両立できるのか，という点にあった．

　この飲食店は，就労支援としての事業は2012年3月をもっていったん「終了」している．しかし，「女性の就労支援」としての機能を維持したまま，2012年4月から「自立した事業」として移行している．この移行が何はともあれ成立している点をみれば，両方の機能を同時に実現している「順調に展開している就労支援モデル」として捉えることもできるだろう．この事業の目標である「女性によるワークシェア」という観点に立てば，体制は整いつつある．しかし，そのワークシェアの背景には，働く女性たちに可能な限り配慮した勤務時間の設定や急な欠勤に対する互いの支え合いがある．とりわけ，飲食経験者の店長の，自ら「シフトの穴を埋める」ことも含めた臨機応変な対応によって支えられている点も多分にあるだろう．その点は見過ごされてはいけない．

　さらに，現実にはこの飲食店が生活できる給与水準（社会保険を含む）を維持するために，飲食店の収入に加えて事業の母体となる株式会社から補填があって成立しているのである．現時点で移行ができているのは，代表者である佐々木さんの類い稀なる手腕によるところが大きい．それは，女性の働きやすい就労の場を創り出すという社会的企業としての強い使命感とその事業の見通し，これまでの飲食店舗経営の経験に照らして銀座食堂を黒字化できるという経営者としての揺るがない展望，そしてそれは働く女性たちとの協同によって成し遂げられるという絶対的な自信である．つまり，単年度の行政による支援から社会的企業として独立させるのは至難の業であって，誰もが易々とできるわけではけっしてないのである．

　具体的にいえば，2013年2月時点では，飲食店の経営は，自主事業による収入でカバーできている範囲は半分に満たない．もちろん，佐々木さんが長年にわたって運営してきた株式会社の蓄積やレストラン経営の経験があるので，全般的な見通しは暗いわけではなかろう．ただ，ここで強調しておきたいことは，現状のリビング・ウェイジは，「飲食店における労働による収入」だけでは達成できていないということである．つまり，現時点では「雇用の創出」はなされているが，社会保険の負担を含めたリビング・ウェイジを「持続的に生み出す場」とはなりえていない．その点で「道半ば」なのである．

だが，さらにもう一歩踏み込んで考えてみると，現在の飲食店がリビング・ウェイジを生みだす姿は本当に「道半ば」なのだろうか，というより根本的な疑問がわいてくる．社会的企業が，その事業収入によって「生活できる賃金」と「社会保険の負担」を同時に満たすことを「自立」と捉えること，それを基準として現在の銀座食堂を「道半ば」と評価することは，果たして妥当なことだろうか，と思うのである．

　銀座食堂は，卓越した経営者と臨機応変な対応ができる経験豊かな店長によって辛うじて成立している現状が見えてきた．今後の展開について楽観視することはできない．現在の状況を「道半ば」と捉えることが，現場の従業員に対してより一層の過酷な負荷を強いることにもなりかねない．就労支援事業の延長線上にある社会的使命を担った事業が，極限の状態で成り立つことは，必ずしも「自立」とはいえないであろう．ひとり親女性のリビング・ウェイジを目的とするこの事業が，「女性たちの就労による収入」と「公的機関による社会保障の充填」の相互補完によって成立すること（つまり，ある種の「半福祉・半就労」）も1つの「自立」と捉えることが可能ではないだろうか．しかも本事業は，ひとり親女性の子どもの育ちをも支えていることを忘れてはならない．女性たちによる飲食店の挑戦は，誰がどこまで社会保障を担うのか，という就労支援政策の根幹にかかわる問題を示唆しているのである．

注
1) 「リビング・ウェイジ」に関する研究は，初期の研究としては，Ryan（1920）まで遡ることができる．日本では，2001年に『賃金と社会保障』でリビング・ウェイジに関する特集が組まれており，その後も吉村（2004）や藤原・山田（2011）によって研究が進められている．
2) 社会的企業とは，地域社会への利益という明白な目的に直接的に関係づけられる財やサービスを提供する私的な利益を目的としない（non-for-profit）組織である（米澤 2009, p.110）．
3) 佐々木さんは，1984年に大阪市内で女性の就労支援会社「情報の輪サービス株式会社」を設立して経営を行なっている．2005年には，非営利部門の活動をNPO法人ZUTTOとして設立した．
4) 就業形態は基本的に，フルタイムの9:00~17:00と14:00~22:00（それぞれ休憩1時間）とパートタイム9:00~14:00と18時以降の体制である．給与は，職責による若干の差異をつけながら，フルタイムで20万円強の設定にされ

ている．パートタイムの勤務時間は，本人の状況（子どもの病気等による急な欠勤など）にできる限り柔軟に対応するかたちで進められている．10月以降のお弁当販売では，9:00～14:00 の時間帯でネパールからの留学生が加わっている．なお，2011 年度の事業開始時は 10 名であったが，9月の開店時にお店に立ったのは 7 名であった．
5）2012 年 9 月現在では，シングルマザー 2 名（フルタイム）が従事している．また，他のスタッフは 3～4 名体制のローテーションで，留学生を含む女性たちがパートタイムで働いている．
6）銀座食堂は，2011 年 4 月からの店舗準備と就労支援研修を同時並行して進められており，9 月 1 日にオープンを迎えている．
7）女性たちのキャリアについては，定期的（1ヵ月に 1 度程度）に面談が実施されており，特定の相談がある場合は 1 週間に 2 度，3 度と行なわれることもあるという．
8）筆者は，子どもが銀座食堂に居るときに訪問したことがある．その際，子どもが「遊び感覚」で水を運んできてくれたのだが，従業員が「G さんの子どもが手伝ってくれてるんです．」と，とても和やかな雰囲気であったのが印象的である．子どもにとっての銀座食堂は，単に母親が働く場所ではなく，放課後の 1 つの居場所になっているのである．

第 10 章

ポスト日本型福祉社会における就労支援
豊中市地域雇用創造協議会の取り組みを事例として

阿部真大

1 新しい就労支援の誕生

　成人男性が世帯主として働き，他の家族を扶養する．国民の福祉はその男性が勤める企業が担い，国家の役割は極力小さくする．このようにして戦後形成された「日本型福祉社会」が崩壊するなかで，新しい働き方，働かせ方が模索されている．そこで本章は，「ポスト日本型福祉社会」における新しい働き方，働かせ方の誕生とそれに適合した就労支援のあり方を探りたい．

　対象とするのは，豊中市地域雇用創造協議会の取り組みである．豊中市地域雇用創造協議会は，豊中市，豊中商工会議所，豊中市介護保険事業者連絡会，財団法人とよなか男女共同参画推進財団により構成されている．そこは 2008 年度から 2010 年度にかけて，地域の創意工夫や発想を活かして雇用創出を図るための厚生労働省の「地域雇用創造推進事業」に，2010 年度から 2012 年度にかけては，同事業を実施する地域においてより効果的な雇用創出を目的に実施する「地域雇用創造実現事業」に取り組んだ（平岡 2013, p.22）．

　本章は，これらの事業を推し進めた中心人物である，事業推進員の平岡直子さんへの聴き取り調査をもとに考察していく．平岡さんは両者の違いを次のように論じている．

　「地域雇用創造推進事業」では，企業向けの雇用拡大メニュー，求職者向

けの人材育成メニューならびに就職面接会などの就職促進メニューといった直接雇用に結びつく事業を実施するのに対して,「地域雇用創造実現事業」では,地域の産業及び経済の活性化に資する事業に取り組むことで波及的に地域の雇用機会を増大させることを目的としている.(平岡 2013, p.22)

この違いは重要である.前者においては雇用推進のための労働供給側へのテコ入れが主だった.労働需要側へのテコ入れも行なわれてはいたが,不充分なものであったため,後者では労働需要側にさらにシフトした事業が行なわれた.豊中市地域雇用創造協議会はこの5年間の2つの事業で,雇用推進に関する大きな認識の変化を経験したのである(詳しくは後ほど論じる).

本章ではポスト日本型福祉社会における労働需要側の変容と労働供給側の変容を押さえたうえで,それぞれの事業の過程を見ることをとおして,ポスト日本型福祉社会における新しい就労支援のあり方について考えていきたい.

2 ポスト日本型福祉社会における変化

まずは労働需要側の変化を確認しよう.産業の空洞化が引き起こす「ポスト工業化」の時代においても,日本では製造業の従事者は減りこそすれ,代わりに増えた公共事業が男性労働者の雇用を守った[1].いわゆる「土建国家」と呼ばれる所以だが,こうした状況も小泉構造改革以降,2000年代に入るともちこたえられなくなり,それにとどめをさしたのが2009年に政権の座についた民主党政権の打ちだした「コンクリートから人へ」というスローガンだった.民主党政権は「土建国家」的な公共事業をさらに縮小し,対人サービスを軸にした社会福祉サービスへと政府支出をシフトさせていった(2010年度の予算では公共事業費が2割減らされた).2012年の自民党政権への交代以降も,ある程度の揺り戻しはあれ,この流れは不可逆のものと考えるのが妥当だろう.

こうしたなかで「仕事を創る」とはどういうことだろうか.そこで注目したいのが,社会福祉サービスを実施するために必要となる地域住民のニーズである.

建設系の公共事業であれば,「住民のために必要なもの」を考えることはさほど困難ではないだろう.橋のないところに橋を架けること,高速道路のない

ところに高速道路を建設することなど，社会インフラの整備はわかりやすく大多数の住民のニーズにかなうものである．しかし，対人の社会福祉サービスとなるとそうはいかない．対人サービスである以上，受け手は多様であり，そこには多様なニーズがあるし，そもそもそのニーズが何であるかは，調べてみないとわからない．

つまり，「仕事を創る」といったとき，もはや開発主義的な発想では太刀打ちできない状況にある．多様かつ不透明な住民のニーズをくみ取りつつ，その都度仕事を創り出していくしかない．これが，ポスト日本型福祉社会における労働需要側の変化である．

続いて，労働供給側の変化を見ていこう．これに関しては，近代家族の変容と労働市場の変容を考える必要がある．

近代家族の変容という点に関しては，男性が稼いで他の家族成員を養うというブレッドウィナーモデルの無効化と家族の多様化を挙げることができる．それにより男性だけが稼いで養うという状況は理念上も現実的にも困難なものとなった．

一方，労働市場の変容という点に関しては，雇用の流動性の高まりと労働の女性化を挙げることができる．それにより肉体労働に同じ職場で一生従事し続ける男性というモデルのみでは労働者像を把握できなくなった．

その結果，求職者が多様化し，一元的に理解することができなくなっている．「一枚岩」な労働者の時代は終わったのである．私たちはライフスタイルも価値観も多様な労働者を想定しなくてはならない．これがポスト日本型福祉社会における労働供給側の変化である．

以上をまとめると，今の日本は，「どういった仕事を増やすのか」と「誰をどのような仕事に就かせるのか」がともに不透明な状態にあるといえるだろう．日本型福祉社会においては「世帯主である男性を地域住民全体の生活向上のために働かせる」という前提があったが，それが崩れたために就労支援が「手間暇のかかるもの」となったのである．

豊中市地域雇用創造協議会の就労支援は，地域雇用創造推進事業において不充分であった労働需要側のテコ入れを地域雇用創造実現事業でさらに充実させるという順で行なわれている．つまり，先に「誰をどのような仕事に就かせる

のか」があって，その後に「どういった仕事を増やすのか」という順番となっているのである．こう聞くと，仕事を創ってから仕事に就かせるのが順番として妥当なのではと思う人もいるかもしれない．しかし，これには後に見るように 2008 年のリーマンショックという事情があったことを忘れてはならない．

　これらの事業は厚生労働省が主体となって全国で実施自治体を募り，選ばれた自治体が実施しているものなのだが，「雇用創造推進事業」に関しては「雇用創造」と冠しながらも，創り出すまでもなくすでに存在する，しかし未充足の求人——介護や中小零細の製造といった——と求職者とのマッチングを狙ったものであった．しかし，後述の豊中市の事業内容を見ればわかるように，リーマンショックでその前提が崩れ，「雇用創造実現事業」において，より本格的な労働需要側へのテコ入れに本腰を入れ始めたと考えることができる．

　また当然のことながら，こうした事情が，豊中市だけに特有というわけではないことにも注意しなくてはならない．地域雇用創造推進事業から地域雇用創造実現事業へという事業の順序はいわば全国一律のものである．しかし，後に詳しく見るように，労働需要側へのテコ入れに関して豊中市が特に秀でた自治体であることは間違いない．そこには労働需要の創出に注目した「新しい」タイプの就労支援の成功の「鍵」が隠されている．だからこそ豊中市の就労支援に注目することが重要になってくるのである．

3　労働供給側へのテコ入れ——地域雇用創造推進事業

3-1　リーマンショックと雇用情勢の変化

　3 年度間の地域雇用創造推進事業であったが，そのスタートは決して順風満帆なものではなかった．報告書には「豊中市地域雇用創造推進事業は，事業を開始した平成 20 年度においては，人材育成メニュー，就職促進メニューについては，まったく事業を実施できなかった[2]ことから，平成 21 年度が実質的な開始年度となった」（【地域雇用創造推進事業】平成 20 年度〜22 年度報告書, p.1. 以下「推進事業報告書」と略記）とある．それには，2008 年のリーマンショック以降の雇用情勢の厳しさが関係している．

……本事業の採択後にリーマンショックが起こり,派遣労働者雇い止めの増加など,いっそうの厳しさを増すという社会情勢の変化があった.平成21年度当初の池田ハローワークにおけるヒアリングによると,求人件数は例年の3分の1にまで減少し,なかでも製造業の落ち込みが著しいとのことであった.時期を同じくして製造業を中心に雇用調整助成金の申請がうなぎのぼりに増加して,雇用を守ることすら困難な状況のなかで新たな求人を望むべくもないという状態であった.(推進事業報告書,p.1)

平岡さんも当時の状況を「ものづくりに関しては求人がほとんどない.ゼロどころかマイナスくらいの話で,今ある人たちも自宅待機させるような時期だったから,結びつけようもなかったという環境だったんですね」(2011年8月24日のインタビュー,以下,「2011インタビュー」とする)と振り返っている.しかし,多様なプログラムのなか,唯一介護分野のみは求人が増えていた.

唯一求人倍率が1を超える分野として,介護分野があげられた.本事業の構想において介護人材の育成を大きな柱に掲げており,それがより一層必要とされる社会情勢となった.(推進事業報告書,p.1)

これはまさしく,先に見た「コンクリートから人へ」という公共事業の変化とも軌を一にする.福祉サービスへのニーズの高まりは実際に雇用を生み出していたのである.そして,それに呼応するかのように,2年目に実施したホームヘルパー2級講座には多くの参加希望者があった.ヘルパー90名の養成セミナーの説明会に265名の参加があり,講座の担当者は「介護・福祉職への関心が高まっていることを実感した」,「申し込み締切後にも多数の問い合わせがあり,来年度(平成22年度)はさらに応募が増える見込みである」と述べている(推進事業報告書,p.7).

求人があって講座も活況を呈している.ここまでの話を聞くと,就労支援としてまったく問題がないように聞こえるだろう.しかし,そこには落とし穴があった.平岡さんは次のように語っている.

講座を受けた人に促しても2～3割しか登録してくれないというのは最初から聞いていました．今回も，通常でしたら高ければ6～7万，安くても5～6万はかかるヘルパーを無料で取れるというので，応募者が殺到したんです．ただ，やっぱりなかにはタダだから，いつか取っといたら使えるかもしれない，親の介護があるんで，という人は，結構いてました．

(2011インタビュー)

　ここからわかるのは，多くのヘルパー講座受講者が「資格は取ったが緊急性はない」という状況にあったということである．つまり，今すぐにヘルパーとして働かなくてならないわけではないが，将来のため，または親の介護のために取っておこうという受講者，つまり「潜在的ヘルパー予備軍」(阿部2011)が多い状態にあったのである．これは，ポスト日本型福祉社会における求職者の多様化の，1つの例証である．もはや求職者は男性であり仕事を見つけたらすぐに働くということは想定できなくなったわけだ．

3-2　面接の工夫

　それでは，潜在的ヘルパー予備軍を減らすためにはどうすれば良いだろうか．それが事業の3年目に向けての1つの大きな課題であった．そこで力を入れたのが「面接」である．続けて平岡さんは次のように語っている．

　こちらとしても働きたい人に受けてもらうために志望動機を書いてもらったりしてました．1年目(2009年度)は志望動機を書くっていっても，文章を上手に書ける人とその思いはあるけど文章をうまく書けない人もいて，それは事業所さんから，たくさん申請してくれたのはいいねんけど，イマイチみたいな，ちょっと使えない人が多いという声も聞こえてきたので，2年目(2010年度)は全員面接をする形で事業所さんにも面接員，選考員に入ってもらって，5人くらいの集合面接なんですけども，やって選考しました．……あとヘルパーの2級だけじゃなくて，とよジョブ(地域雇用創造推進事業の通称)の方で独自に2回，コミュニケーションとか，意識を喚起するような研修を別途実施しまして．2年目に養成した人たちに対しては事業所さんの方からも一定の評価がされたかなと思ってます．

(2011インタビュー)

その結果はどうなったか．翌年の平成22年度のヘルパー2級講座の受講者の説明会において実施したアンケート調査（2010年9月19日実施）では，「介護のお仕事をいつ頃からはじめるつもりでいらっしゃいますか？」という問いに対して，すぐにでも始めたい者を「顕在的ヘルパー予備軍」，すぐにでも始めたいわけではない者を「潜在的ヘルパー予備軍」，とすると，前者は39人（51%），後者は37人（49%）と，ほぼ半々になった．つまり，「すぐに働きたい」という層が半分近くをしめるに至ったのである（阿部2011, p.68）．これは面接の効果が現れたと見てよいだろう．

3-3 働き方の多様性と労働供給側への支援の限界

しかし，「すぐに働きたい」受講者を集めても，どのように働きたいかは多様である．同じくアンケート調査において，「ヘルパーからのキャリアアップ（ケアマネージャーなど）をお考えですか？」という問いに対して，「1. かなり考えている，2. 少し考えている」を「キャリアアップ志向あり」，「3. あまり考えていない，4. 全く考えていない」を「キャリアアップ志向なし」とすると，「キャリアアップ志向あり」は57人（75%），「キャリアアップ志向なし」は19人（25%）であった．

ここで注目したいのが，「キャリアアップ志向なし」の受講生が25%をしめたことである．エントリージョブであるヘルパー2級にとどまることを選ぶ彼女たちの存在は，ブレッドウィナーであることを期待される男性労働者においては想定されにくいものであり，4人に1人といえども，無視できないものである．

キャリアアップ志向のないヘルパー2級講座の受講者の特徴は，彼女らが（キャリアではなく）仕事の「内容」にこだわる点にある[3]．彼女らを就職に結びつけるためには工夫が必要だと平岡さんは述べている．

> 単に仕事のスキルを身につけるだけでなくて，職業カウンセリング的な関わり方も必要なのかな，と思いますね．……すごく感じているのは，女性って働く働かないというのがどちらかと言えば男性に比べれば選べる．男性は基本働くのが前提と思ってはるから，何が何でも働こうと思ってはるんですけど，女性の場合は選べるだけ余計に選ぶっていうか，自分がほんとに何のために仕事をしたいの

かっていう目的があいまいなままで仕事を探して，自分の思う仕事が見つからないっていって，ずっとモラトリアム的になっている．……でも極端な話，母子家庭とかでほんとにどんな仕事であっても毎月なんぼか，いくばくかは稼がないと自分が生活していけないっていう人だったら何でもやるじゃないですか．でも豊中はそうじゃない人も多いんですね．女性の場合は，わりと転勤族が多いとかね，高所得の人も多いっていうこともあるので，それなりに自分の学歴も高かったりしたらやっぱり仕事を選んでしまう．……仕事のスキルだけをこちらが提供しても，仕事には結びつかない．それは，仕事しなくても生活できる程度の余裕があると，口では仕事はしたいと言っているけれどっていうふうにも見ることもできる．

(2011インタビュー)

　仕事に求めるものが多様でライフスタイルも多様であるからこそ，彼女らを就職に結びつけるためには，1対1の細やかな職業カウンセリングが必要だと平岡さんは主張している．平岡さんは事業終了後の「次の一手」として，こうした職業カウンセリングの充実を図っているという（2013年3月25日の平岡さんへのインタビュー．以下，「2013インタビュー」とする）．

　以上，地域雇用創造推進事業のなかでも特にヘルパー2級講座に限って見てきたが，調査結果からは，就労の緊急性のない相対的に裕福な女性を事業の対象から除外し，緊急性のある就労希望者を選び出すために面接に工夫を凝らしたりキャリアカウンセリングを実施しようとしたりといった，現場の試行錯誤の実態が見受けられた．キャリアカウンセリングは今後の課題だが，面接の強化には一定の実効性があったことが確認できた．こうした試行錯誤からは，「一枚岩」な労働者の時代は終わり，多様なライフスタイルの労働者を想定しなくてはならないなかで，支援のあり方が一歩ずつ前進していく様子がよくわかるだろう．

　地域雇用創造推進事業は，他にも多彩なメニューが用意され実施された．そのなかには，「ものづくり系企業の労務・雇用管理改善相談」などの労働需要側へのテコ入れもあったが，この段階ではそれほど充分なものではなかった．この事業がスタートしたころに経験したリーマンショックは，そもそも「需要」がなくては支援自体が成り立たないことを就労支援の当事者たちに思い知らせた．景気に左右されない就労支援のためには労働「需要」側のさらなる発

掘が必須との考えに至った結果，そこへのテコ入れを重点的に行なう地域雇用創造実現事業が実施されたのである．

4　労働需要側へのテコ入れ——地域雇用創造実現事業

4-1　労働需要側へのテコ入れ

2010年度から2012年度にかけて行なわれた地域雇用創造実現事業は，特に「仕事を創る」ことを通じて地域の雇用機会を増大させることを目的としていた．つまり，労働需要側へのテコ入れに重点を置いた事業であった[4]．

ただし一口に「仕事を創る」といっても，それは容易なことではない．はじめに確認した通り，ポスト日本型福祉社会において「どういった仕事を増やすのか」を決めるためには，「虫の目」をもちながら地域住民のニーズを発掘することが必要だからである．これに挑戦するのが地域雇用創造実現事業である．

だから，事業の2つの大きな柱である①女性の視点を活かした食関連分野等の商品開発事業と②介護労働安定基盤構築事業がともに，地域住民のニーズを発掘する「調査」，「ヒアリング」から始まっていることはきわめて自然といえる．順に見ていこう．

4-2　女性の視点を活かした食関連分野等の商品開発事業

まず，女性の視点を活かした食関連分野等の商品開発事業である．内容は，①「高齢者の食事」に関するグループインタビュー調査，②販売促進ツールの制作，③マチカネワニサブレリニューアルパッケージ作成支援，④障害者作業所新事業支援，⑤モニター会議，⑥「豊中おやつ宣言（とよせん）」プロジェクト，⑦「高齢者の衣料」に関するヒアリング調査，⑧販売促進ツールの作成支援，⑨とよなかブランド＆デザインフォーラム2011の開催，⑩中小企業デザイン活用勉強会の開催と，かなり多岐にわたっている（【地域雇用創造実現事業】女性の視点を活かした食関連分野等の商品開発事業報告書（平成22年度及び平成23年度），以下「商品開発事業報告書」とする）．すべてを扱うことはできないので，①，②，③，⑥に絞り，内容を順に見ていこう．

第10章　ポスト日本型福祉社会における就労支援

◆「高齢者の食事」に関するグループインタビュー調査（①）

　この事業は，地域における新たな食のニーズに応える新事業を検討中だった市内の企業に対し，マーケティング調査の提案を行ない，新事業の進捗状況についてヒアリングした結果，高齢者の食事の実態についての情報が不足していることが明らかになったことから始まった．

　協議会はすでに，介護労働安定基盤事業（後述）において介護事務所の情報を取得していたことから，高齢者の生活実態に詳しいケアマネージャー，地域密着型介護施設管理者を対象者としてグループインタビュー調査を実施した．その結果，新事業展開における留意点や今後の方向性への提案を含めた報告書がまとめられ，報告会が行なわれたという．

　支援した企業は，新会社を設立して高齢者向け宅配弁当事業に参入した．3月に弁当製造と配送の2種類で新会社の求人を行ない，8名の雇用を創出した（商品開発事業報告書, p.1）．

　平岡さんは，ケアマネージャーへのインタビューができたことが雇用創出に結びつく重要なポイントだったことを強調している．

> 自分でご飯作れない高齢者ってのは介護サービス使っている率が高いでしょ．そういう人の情報を一番よく知っているのはケアマネさんなんですよ．ケアマネの話を1回聞きたいと言わはったから，ケアマネさんなら私，集められますって言って．……高齢者になると，味に鈍感になるらしくって濃くないと味がしなくなるんですね．でもほんとは薄味がいい．だから家族は薄味にしてくれっていうけど，高齢者に家族のいうようにしたら味がないって言われたりとかって，ほんとにクレームが多いのは食事らしいんですよ．そういう生の話がばんばん聞けて，どこの弁当がどうだという話も全部聞けて，それをきちっと報告書にまとめて，今後の展開としてこういう展開もあるんじゃないかってことも出したので，社長自ら報告会に参加してくれて，大変よろこんでくれました．
> 　　　　　　　　　　　　　　　　　　　　　　　　　（2011インタビュー）

　先に，労働需要側がどういう状況にあり，どんなニーズを有しているのかを丁寧に調査したうえで雇用創出（実現）を図ろうとすることが「新しい就労支援」のあり方と述べたのだが，まさしくこうしたインタビューこそがその実践

であるといえるだろう．このインタビューがなくては，そもそもの需要すら「発掘」されなかったのである．

また，別の事業である介護労働安定基盤構築事業を行なうに際して培った人脈が役に立ったとも平岡さんは述べている．つまり，他の事業での「つながり」がこの事業の成功の一端を担ったのである．後で論じるが，このエピソードは豊中市の就労支援の特色をあらわすものである．

◆販売促進ツールの制作（②）

この事業は，豊中市ならではの地域資源として，市内待兼山で出土したマチカネワニを取り上げ，豊中ならではの商品の販促ツールとして市内の店舗等に活用してもらうほか，市民に広く豊中の地域資源を周知することを目的とした事業であった．成果として，マチカネワニを主人公にした絵本『まちかねたワニ』を企画し，5000部を発行した．マスコミにも取り上げられた（商品開発事業報告書，pp.2-4）．

◆マチカネワニサブレリニューアルパッケージ作成支援（③）

この事業は，以前からあったマチカネワニサブレのパッケージのリニューアルを支援する事業であった．マスコミにも取り上げられた（商品開発事業報告書，p.5）．

②と③の事業からは，マーケッターとしてスキルも高く，デザイン事務所等とのコネクションももっている平岡さんの事業推進者としての力量の高さがうかがえる．「ニーズ」があっても，それに応える個人的な能力がなくては，事業は成功しないのである．こうした個々人のスキルの高さも，豊中市の就労支援の特色である．

◆「豊中おやつ宣言（とよせん）」プロジェクト（⑥）

女性の視点を活かした食関連分野等の商品開発事業において中心をしめたのがこの事業である．平岡さんは事業の発端を次のように述べている．

豊中市では，生菓子協同組合の有志店舗が高校野球発祥の地にちなんで「白球もなか」を開発する取り組みがあったものの，市内の和・洋菓子店同士の連携や交流の機会はあまりなかった．
　企画会議で出された「寄付金付き商品」のアイデアをきっかけとし，地域経済の活性化と地域コミュニケーションの向上につながる仕組みとして，地域貢献に積極的な和・洋菓子店やパン屋さんの販売促進を支援する事業が「豊中おやつ宣言」である．（平岡 2013, p.22）

　「とよせん」プロジェクトは，個別化した商店をとりまとめて地域をブランド化していくという戦略のもとで始められた．事業に参加する商店は，協議会スタッフが「足」を使って発掘したり，さまざまなネットワークを活用して参加を呼びかけたりしたという．平岡さんは次のように述べている．

　　こんなん，リストも全然ないんですよ．和菓子協会，生菓子協会っていうので 25 店くらいのリストがホームページにばっと見つかるくらいで，それ以外ちゃんとしたリストとかもないのを，豊中市内の洋菓子のお店とか口コミ情報とかで集めて，90，100 軒くらいのリストを作って DM を送って，でも DM 送ってもこれだけじゃわからないからというので，順番にあたっていったりとかしました．……生菓子組合の会長さんがこの考え方に賛同してくれて，みなさんに呼びかけてくれたから，生菓子，結構，和菓子のお店はたくさん出してくれたりとか，それと，その前にうちの商品開発の事業ではスイーツの分野の支援として，スイーツだけではないんですね，豊中市内の逸品ですね，逸品の情報を発信していくという情報を，ホームページをご覧になったかと思うんですけど，お店とか，食べ物屋さんだけじゃないですけども，それを情報発信していってたので，それである程度こういうおいしいお店があるというのも情報をすでに集めていたので，そのときそこで取材にいったお店に，今度こんなん始めるので参加して下さいと呼びかけたりして，最初はこれに 15 店くらい集まったらいいかな，と思っていたところ 30 店以上呼びかけに応じてくれはったんでね，反応は良かったなと思っているんですけども．

（2011 インタビュー）

　この事業でも，①の事業と同じく，まずは事業以外のところで培ってきたネ

ットワークが役に立っていたことがわかる．こうしたネットワークを活用し，新しいネットワーク（生菓子組合の会長さんを通じたネットワーク）を創り出し，そこからも輪を広げていったのである．地域住民のニーズも，協議会スタッフが闇雲にまわっていたのでは適切にくみ取ることはできない．そこで鍵となってくるのが，こうした人的ネットワークの活用なのである．そしてそのうえでこそ，協議会スタッフの「地を這うような」呼びかけて回る活動は生きてくる．「とよせん」プロジェクトの成功の背後には，こうした効率的な地域ニーズのくみ取りがあったのである．この事業は，コーディネーターとしての平岡さんのセンスと協議会スタッフたちの地道な調査，呼びかけ活動が実を結んだという意味で，女性の視点を活かした食関連分野等の商品開発事業の集大成とでも呼ぶべきものであった[5]．

「とよせん」プロジェクトは，事業が終了後も民間の商業者団体（豊中市小売商業団体連合会）に（名称は変われど）引き継がれることになった．平岡さんは感慨深く次のように論じている．

　「雇用」と「経済」は表裏一体のものだが，「雇用」の事業がきっかけとなり始まった「豊中おやつ宣言」は，「経済」の事業として再スタートを切ることになった．これは，市の雇用労働課と地域経済課による連携と後押しなしには実現しなかったと言えるだろう．
　豊中市は平成24年4月1日に中核市に移行し，都市としてのアイデンティティの構築をめざしている．民間商業者団体の事業としての地域事業者のネットワークと自由な発想で「豊中おやつ宣言」が都市ブランドの一翼を担い，豊中市の魅力向上につながることを強く願っている．（平岡2013, p.23）

4-3　介護労働安定基盤構築事業

　続いて，介護労働安定基盤構築事業について見ていこう．平岡さんはこの事業のきっかけを次のように述べている．

　　パッケージ（地域雇用創造推進事業のこと：引用者注）と実現事業との関連で，メンバーの私がパッケージのなかでほんとに最初のとき，介護保険事業者連絡会

の会長さんのところに話に,パッケージの説明も含めて話にいったときにですけども,その会長さんというのはすごく小さな訪問介護事業所をやってはって,そこで聞いた話が実現事業の今やってる介護のほうの,介護労働のほうの介護労働安定基盤構築事業を考えるきっかけ,最初のきっかけになったんですね.どんなことかっていったら,そこの会長さんの事業所っていうのは,……その人が代表で,あとヘルパー 6,7 人くらいかな.ちっちゃな事務所で,一応事務所はもってはるんですけど.夫の収入があるからこの事務所を維持していけるって言いはったんですね.だから自分はこの事務所の管理者とか経営者としての収入はほとんど得られなくて,自分がヘルパーに出てはじめてヘルパーの分というか,当然報酬は自分の分としてもありますけど,と言いはって.……でもそれやったら介護で働く若い人が入って来れないやんとか思ったんですよね.仕事として成りたたないんだったら.で,そのときに,こういう小さい事業所が集まって協同組合みたいなのができたら少しは変わる,なんかやり方ないんかなぁと漠然と思ったんですよ.

(2011 インタビュー)

　介護の現場で遭遇した労働の質の悪さ.そこで,平岡さんは個別化した事業所をとりまとめての協同組合の創設と事業所間の連携を思いついたのだという.このあたりの「思いつき」は,地域住民のニーズをくみ取る平岡さんの「嗅覚」の鋭さを感じさせるエピソードである[6].

　事業は,平成 22 年度は介護事業所等で聴き取り調査を進め,平成 23 年度には「経営効率化及び人材育成システムの共同化に向けた勉強会」を開いたり,業務効率化のための実証実験を実施したりした(【地域雇用創造実現事業】介護労働安定基盤構築事業報告書(平成 22 年度及び平成 23 年度)p.1,以下,基盤構築事業報告書とする).

　そこで平岡さんが特に気にかけたのが,業務の IT 化による作業の効率化とコストの削減であった.

　　京都の訪問介護事業所で,それはもともと島津製作所のエンジニアだった人が父親の介護をきっかけに訪問介護事業所を立ち上げたっていうのの新聞記事を見たんですよ.……すぐそこに話を聞きにいって,その人を講師で 1 回セミナーに呼んだんですけど,とよジョブでも.なんかやり方があるんじゃないかと.最初の介護事業者連絡会の会長さんが FAX とかコピー機はあるけども,あんまり

パソコンも使えなくて,報酬の請求を手書きでやっているとかそんな話だったんで,今これだけ IT が進んでいる時代になんかもっとやりようがあるんじゃないかということをずっと考えてたんですよね.

(2011 インタビュー)

　業務の IT 化とそれによる効率化は経営の合理的な判断としてはあるだろうし,確かにそれは「現場のニーズ」でもあった.しかし,それは結局,「現場の抵抗」にあってうまくはいかなかった.現場のヘルパーたちは 50 代以上の登録ヘルパーの主婦が多く,彼女らは IT 機器をうまく使いこなせなかったのだ(使わせようと思うと他の職場に行ってしまう).これは平岡さんにとって,構想段階では想定できない大きな「誤算」であった[7](2013 インタビュー).

　こういったこともあり,介護労働安定基盤構築事業は女性の視点を活かした食関連分野等の商品開発事業(特に「とよせん」)ほどの目立つ成功をおさめることはできなかった.しかし,2013 年 1 月に大小 22 の事業所が参加して北摂介護サービス事業協同組合がつくられ(設立後,大阪府緊急雇用創出事業を受託して組織基盤の整備に取り組む),今後も共同で業務の効率化を図る試みは続けられていくということで[8],事業に一定の意義はあったといえるだろう(基盤構築事業報告書,p.1).

　現時点では進みの遅い介護労働の現場の待遇改善の動きであるが,労働者の待遇改善を通じて需要を拡大していくという理念は「ブラック企業」が騒がれる今日,いよいよ重要性を増していくことは間違いない.この事業を頓挫させることになった高年女性ヘルパーたちが定年等で退職するとき,この理念がいかにして実現されるのか,注目すべきだろう.

5　新しい就労支援の課題

　以上,豊中市の就労支援における労働供給側(地域雇用創造推進事業)と労働需要側(地域雇用創造実現事業)にそれぞれ重点を置いた支援について見てきた.

　地域雇用創造推進事業に関しては,基本は,旧来の就労支援(狭義の就労支

援)のあり方に則っていた．しかし，そこには求職者の多様化への対応という大きな課題があり，それを解決すべく，事業推進員は工夫を重ねていた．

　一方の地域雇用創造実現事業は，雇用の創造という，新しいタイプの就労支援といえる．そこでは，調査を基盤にしながら丁寧に地域のニーズを発掘していくという事業の進め方が見られた．それはまさしく「ポスト日本型福祉社会」における雇用の新しい創出の仕方といえるだろう．

　こうした事業の進め方からは，「地域住民のニーズは地域住民が一番よくわかっている」という，地域福祉を語る際にしばしば持ち出される「俗説」を問い直すことができる．この事業の担い手である平岡さんは，豊中市で生まれ育ったわけではない，いわゆる「よそ者」であった．しかし彼女は事業を軌道に乗せることに成功した．なぜだろうか．

　事業の経過からは，新しいニーズを発掘すること（労働需要側）にも多様な求職者に対応すること（労働供給側）にも，人と人，組織と組織をつなげるネットワーキングのセンスが必要であることが明らかになった．就労支援を成功に導くためには，こうしたネットワークの柔軟な組み立てが「肝」で，それは地域住民でなくてもできることであり，むしろ「よそ者」であったからこそ，地縁＝しがらみに縛られないという利点があったといえるかもしれない．豊中市地域雇用創造協議会の取り組みは，これからの就労支援において，地域住民以外の「よそ者」の視点も欠かせないことを示している．

　ただし，それには問題もある．先に見たマチカネワニや「とよせん」を生み出した平岡さんはセンスのある優秀なオーガナイザーであったが，新しい就労支援はこうした人材の質に依るところが大きい．しかしこのことが，就労支援の成否の地域差を誘発してしまう可能性もある．平岡さんは「地域にこういう事業をやろうとして動く人たちがいた」と強調するが，そもそもそういった「動く人たち」を連携させるにはネットワーキングのセンスが必要なのである．

　豊中市の就労支援機関をインタビューして回ったときも印象的だったのだが，人材の発掘とその活用において，関西の大都市圏にある豊中市は人的資源が豊富であった[9]．つまり官セクター（行政）にも協セクター（NPO）にも優秀な人材がいるからこそ，就労支援がうまくいくのである．つまり，人材の流動性の高い都市部では優秀な人材のネットワーキングのセンスに多くを頼った就労

支援は成功するかもしれないが，人材の流動性の低い地方では，困難を抱え込む可能性も否定できないのである．

こうした就労支援は，事業を進める人材の手腕により多くを依っているからこそ，地域間格差の問題は残り続けるだろう．これからは，都心部以外において就労支援の担い手をいかにして育てることができるかが大きな課題となるに違いない．しかしそれは，住民の雇用・労働に対して自治体が負う（一定の）努力義務をより良く果たすために，避けては通れない道でもある．また，税金を使って行なう就労支援が住民に信頼されるためには，そのプロセスを含め，自治体のアカウンタビリティがいっそう求められることは間違いない．したがって，本書が事例としたような都市部の自治体のみならず，地方部の自治体をも対象として，こうした新しい就労支援の展開に注視する研究が，よりいっそう重要となるだろう．それは，アカウンタビリティを問う私たち市民の問い方を洗練するものとなろう．

注
1) 厚生労働省がまとめた『平成22年版　労働経済の分析――産業社会の変化と雇用・賃金の動向』の第2章「産業社会の変化と勤労者生活」を参照．産業別就業者構成割合の推移を見ると，1990年代は製造業の就業者が減少しているのに対し，建設業の就業者は増加している．しかし2000年代に入ると，建設業の就業者も減少に転じていることが分かる（厚生労働省2010, p.89）．
2) 平成20年度においては，キックオフセミナーと雇用管理等改善セミナーのみが実施された．
3) 「やりがい志向」のケアワーカーと「キャリア志向」のケアワーカーの断絶は，現場でもしばしば指摘されることである（詳しくは，阿部2007を参照）．
4) 平岡さんは，地域雇用創造推進事業と地域雇用創造実現事業の手法の違いを，自治体のレベルでは「雇用労働の部署」と「地域経済の部署」，国のレベルでは「厚労省」と「経産省」と説明している（2013インタビュー）．
5) 最終的には，参加店舗は60店舗にまで増加した（2013インタビュー）．
6) 地域雇用創造実現事業の他の事業を見ていくと，山間部を中心に「まちづくり」「村おこし」のような事業が大半をしめている．そのなかで，都市型の実現事業として介護事業に着目したこと，そのなかでも協同組合という方法を提案したことがかなりユニークなものであった（ゆえに厚労省の担当者も困惑した）と平岡さん自身も認めている．

7）現在は，手書き書類の PDF 化を進め，保管場所を節約する過渡的なシステムを構築しているという（2013 インタビュー）．
8）特に職員の研修に関して，スケールメリットは大きいという（2013 インタビュー）．
9）平岡さんは，豊中は「人」が最大の地域の資源で，それをうまく結びつけることが一番の鍵だと語った（2013 インタビュー）．

終　章

誰もが働ける社会／生きていける社会を築く

櫻井純理

1　あらためて就労困難者とは誰なのか？

　本書の各章では，横浜市と豊中市における実践事例の検証を通じて，就労困難者に対する就労支援の必要性や意義について考察してきた．終章ではここまでの分析をふまえながら，私たちがなぜ，どのような就労支援が必要だと考えているかについて，総括していきたい．はじめに，あらためて「就労困難者」が抱えている「困難」とはどのようなものであるのかを確認しておこう．その手がかりとして，「支援される側」にある人たち自身の語りや，就労支援の担当者が彼ら・彼女らについて語った内容を検討する．

1-1　豊中市社会福祉協議会「びーのびーの」の参加者

　私たちは今回の調査を通じ，就労支援活動の参加者数名と話す機会を得た．その1つは，豊中市社会福祉協議会の「びーのびーのプロジェクト」参加者である．同協議会は住民同士の支え合いをベースとした多様な地域福祉活動に取り組んできた（第6章を参照）．このプロジェクトは2011年6月から始まったもので，発達障害者等（障害者認定を受けていない，ひきこもり傾向のある人も含む）を対象とするものである．地域福祉活動支援センター内のオープンスペースを使って週4日，園芸（野菜づくりなど），パソコン，手作りプログラム（ストラップやフォトフレームなどの工作）といった活動が行なわれている．利用者

終　章　誰もが働ける社会／生きていける社会を築く

は 20 代〜 40 代の 29 名で，そのうち 15 名は障害者手帳を取得している（おおさかパーソナル・サポート事業調査研究部会 2013, pp.79-80）．同プロジェクトは，そのリーフレットの表紙に「社会参加や自分の適性探しができる居場所プログラム」と銘打たれているように，社会参加の第一歩として「居場所」に出かけ，メンバーや支援者たちとともに活動することを主旨としている．2012 年 11 月からは，就労により近い活動として，新聞販売店での職場体験も始まった[1]．聴き取り時点では，6 人のメンバーが夕方の新聞配達（時給制）とタウン誌のポスティング（出来高制）に参加していた．

　私たちが話を聞くことができた活動参加者の 1 人は，27 歳の男性 C さんである．大学は中退した．「歴史は学びましたけど，ついていけなくなって」ということが理由である．約 2 年後に知り合いの民生委員の人に勧められてびーのびーのに参加するようになった．朝は 7 時に起きられるようになり，週 2 回，夕方（15 時から 45 分程度）の新聞配達の仕事にも慣れてきたそうである．始めた当初は比較的仕事が楽な団地での配達 60 軒を受けもち，いまは一軒家も含めて 81 軒を担当できるようになった．6 年前から，年末年始の年賀状の仕分け・並べ替えのアルバイト（3 時間労働）も続けている．

　もう 1 人，話を伺った D さんは，2011 年度の緊急雇用創出事業でこのプロジェクトの支援スタッフの仕事についた 33 歳の男性である．2012 年度からは，同じ建物内にある老人センターの事務（受付，お茶の準備，お風呂の準備等）の仕事を週 2 日（9 〜 17 時）担当している．パソコンを扱うのが好きで，利用者データを記録する書式も作成した．そして，週 2 日はピアスタッフとしてびーのびーのに関わり，新メンバーの受け入れや交流の仕事に参加している．

　D さんは大学工学部を 5 年で卒業し，その際には就職活動で「10 社くらい」の企業をまわったそうである．しかし，その就職活動の辛さと学業面でついていけなくなり，学校に行けなくなった経緯がある．2012 年 6 月からは地域就労支援センターにも登録し，大阪府 PS の仕事体験プログラム[2]に参加したり，ハローワークにも足を運んだりしている．地域就労支援のコーディネーターさんからは，「短期のアルバイトから始めてステップアップして仕事を決めていきたいね」と言われているが，なかなかその一歩が踏み出せない．「やっぱり 1 回，ちゃんと就職したいなっていうのはある」ものの，「就職活動に対する

終　章　誰もが働ける社会／生きていける社会を築く

苦手意識のほうが強」く，「履歴書を書いたり面接とかに対する不安」が主な理由である．

　プロジェクトを統括している勝部麗子さん（豊中市社会福祉協議会地域福祉課長）は，この活動では「本人たちの自己肯定感を高めることを大切にし，それぞれの人が得意なことに合わせて仕事・活動を見つけていくようにしている」と述べている．実際，プロジェクトからは，参加者が執筆した手記や描画を担当した福祉マンガ本，詩集も生まれ，発売されている（豊中市社会福祉協議会 企画・監修 2011, 豊中市社会福祉協議会 原作・文 2012）．この場所では，仲良くなったメンバー同士が打ち解けて会話しながら，ともに作業を行なっている．そして，「消費者から必要とされる体験をすることで，自己肯定感を高めることができるようになって」（豊中市社会福祉協議会 2011b, p.2）いく．しかし，その先に立ちはだかる「福祉から就労へ」の壁を越えていくことは容易ではない．「就労のところ（段階）にいくと，次第にくたびれて，へこたれてしまう」（勝部さん）という悩ましさが，常に活動にはつきまとっている．

1-2 「楽塾とよなか」の参加者

　就労支援現場で活動参加者の方の話を聞くことができたもう1つの機会は，豊中市の中間的就労事業として行なわれている「楽塾とよなか」の活動である．主な対象は長期離職者であり，社会参加の第一歩として居場所に通う機会を提供している．2012年8月に行なわれた会のテーマは「エンディングノート」を書くこと．エンディングノートとは，自分が亡くなったときのさまざまな手続き，たとえば遺品や遺産の処分・整理等を残された人たちに委ねるため，必要な情報を具体的に記入しておくものである．当日の参加者は生活保護を受給している男性11人で，ほとんどが中高年齢者であった．

　この日の講師を務めていた僧侶の方が，「まだいまは手足も元気だし……死ぬことについて現実的に考えられないかもしれないけれど……」と話しかけたとき，会場の一角から「わしらは手足も元気じゃない」という小さな声．また，「死ぬことについて考えたことはありますか？」という問いかけには，「……不安やし，……明日が不安やな，うちらは」，「畳の上で死ねたらいいなあと思う」と何人かが答えた．

終　章　誰もが働ける社会／生きていける社会を築く

　会の終了後，参加者の1人は次のように話していた．「いままでで一番勉強になったわ．住んでるところの大家さんが，死んだ人の連絡先がわからなくて困ってた．自分はアレやけど（死んだ後は関係ないけれど），他の人に迷惑かかるから（ちゃんとしておかないといけない）．生きてて迷惑かけて，死んでも迷惑かけたらね」．また別の参加者は，この1年半生活保護を受けていて，その間に2回働いたそうである．週4回は面接を受けるように言われていて，ハローワークの人とも顔なじみになった．しかし，実際に就職を申し込んでも，なかなか面接までたどりつかない．結局同じところに面接を申し込むことになるぐらい，仕事が見つからない．少し前に心臓の病気でドクターストップがかかり，いまは求職活動ができない状態である．体にも生活にも負担だが，煙草がやめられない．「煙草やめたら生活楽になるんやけどな．人間やめたら楽や（笑）」．
　楽塾とよなかの参加者たちは，隔週の相談会（懇談会）の場でも，生活保護に対する風当たりの強さや，受給していることについての負い目について互いに話をする．「生きてて迷惑」，「人間やめたら楽」という気持ちを抱え，世間の目を気にしながら生きている．それでも，地域就労支援コーディネーターの小川英子さんによると，「もうひと旗あげたい」，「このまま終わりたくない」と話している人もいる．また，「誰か背負う人がいたらがんばれるかもしれへん，て言われる人がいるんです」という．「前に進むためのエネルギーとして，自分だけになるとやっぱりしんどいので，それが折れてしまうと，再度立ちあがるのはとっても大変だと思う」（小川さん）．楽塾で生まれた仲間たちとの小さなつながりは，折れそうになる心の支えになっている．

1-3　それは「彼ら・彼女ら」の問題ではない

　国や自治体による就労支援を受けている人たちとは，どのような人たちか．なぜ，支援を必要とすることになったのか．その理由はさまざまである．障害をもって生まれてきた，あるいはなんらかの原因で中途障害になった．大きなケガや病気をして働けなくなった．学校の勉強や受験，就職活動でつまずいて，家にひきこもるようになった．人とコミュニケーションがうまくとれず，仕事がどうしても長続きしない．死別や離婚でパートナーを失い，1人で子どもを

育てなければならなくなった．介護しないといけない家族がいて，毎日長時間仕事に出るのは難しい．加齢で体が思うように動かなくなり，いままでの仕事が続けられなくなった……等々．

ここに挙げたようなことは，はたして特別なことだろうか？　そうではないだろう．誰だって年をとる．誰にも大きなケガや病気をする可能性がある．これまでは運よく大きな「失敗」をした経験がなくとも，人生のどこかで，1人では乗り越えがたい大きな壁にぶつかることがある．離婚はいまや当たり前だし，大企業に勤めていても突然の「早期退職」や解雇すら驚くことではなくなった．つまり，言いたいことは，誰もがいつでも「就労困難者」になる可能性があり，それはこの社会において普遍的なリスクである，ということだ．「彼ら・彼女ら」は私たち自身である．そのように感じ，考えることができない人がいるならば，それは，よほど社会経済的に恵まれてきたために人間存在の本質的脆弱さに気づく機会に恵まれてこなかったか，並々ならぬ這い上がりの努力をずっと続けてきたことによって，筋金入りの社会進化論者となってしまったか，のいずれかではないだろうか．

そして，就労困難者が困難者として生き続けざるをえない多くの要因は，社会の側にある．上述したようなリスクに十全に対応した福祉・就労システムが築かれてこなかったがゆえに，問題が深刻化し，困難者が困難者のままで生きることを余儀なくされている．一度「標準的」なライフコースから逸れてしまった人たちが，それでもこの社会で生き延びるためには，障害者手帳を取得する，生活保護受給を申請する，何度落ちても徒労でもハローワークで仕事を探し続ける，といった選択肢しか用意されてこなかったのである．ひきこもりがちの生活をしていたCさんやDさん，楽塾に通う長期離職者たちが直面している人生の「しんどさ」は，こうした社会環境がもたらしたものである．私たちは，自分自身の問題として，この社会の状況を変えていくことを真剣に考えねばならない．

2　なぜ「就労」が必要か

では，何をどのように変えていかなくてはならないのか．序章で述べたよう

に，私たちは「半福祉・半就労」が普通の生き方として認められ，誰もが必要な「福祉」と必要な「就労」を手に入れられるような社会が望ましいと考えている．「福祉」において必要な政策には，生活保護給付をスティグマなく受給できるアクセスしやすい制度に変えることや，雇用保険と生活保護という2つの社会的セーフティネットのあいだに住宅給付・家族給付・ひとり親給付などの（恒久的な）制度を設けることなどが挙げられよう．

こうした福祉制度の見直しとともに欠かせないのは「半就労」，すなわち，人びとがそれぞれの稼働能力に合わせて，何らかの就労を行なうことができるようにすることである．その理由の1つは，もちろん，働くことを通じて自分や家族の生計（の一部）を支える所得を得ることが，生活維持のために必要だからである．しかし，理由はそれだけではない．働くことは人に心の張り合いをもたらし，生きていることの素晴らしさを実感させてくれる（可能性のある）行為だからである．

仮に生活保護制度がより利用しやすいものになり，住宅給付や家族給付などが設けられ，衣食住の基本的なニーズが満たされたとしても，それだけで「健康で文化的な最低限の生活」が送れるとはいえない．実際に，大阪市西成区においてホームレス支援を行なっているNPOの方によると，近年生活保護を受給しやすくなって新たに生じている問題は，ホームレス生活を脱却した人たちが自宅アパートにひきこもり，病気になったり孤独死をしたりするケースが増えていることだという．大阪府内のある基礎自治体でケースワーカーをしていた職員の方は，生活保護受給者にとっての「働くこと」の意味を次のように述べている[3]．

> 「働く」ということは，単に収入を得る手段ではありません．特に私の地区は母子世帯が多く，育児という就労阻害要因があります．しかし私は，特に母子世帯は就労を行なうよう強く働きかけています．それは，社会的な役割や居場所があることで，ひきこもってしまうことを防ぎます．そのことは育児ストレスから虐待事案に至ることを未然に防止する効果があります．また，規則正しい生活サイクルのなかで，生活リズムを安定させること．社会的な役割が付与されることによって，離婚や子育ての不安のなかで失われた自尊感情や自信を取り戻すことが出来ます．働き始めた母子世帯の母親は，一様に表情が明るくなり，うつ症状

で保護になった者も，通院の必要がなくなった方も居ます．
　もちろん，母子だけではありません．稼働年齢層ではなくても，高齢でありながら働き続けている方もあります．その方々は，施しを受けているという劣等感や申し訳なさを，働くということでバランスをとっています．保護を受けること＝しあわせではありません．ほぼすべての受給者は劣等感にさいなまれ惨めな思いのなか生きています．保護を受けた後に精神疾患を患ったり，症状が悪化するもの．ひきこもりや自殺を行なうものは後を絶ちません．家庭訪問では，私に死にたい死にたいと泣きながら語る受給者はたくさんいます．中間的就労でもいい，ボランティアでもいい，何か受給者が生きていて良いと思えるような機会としての就労は極めて重要です．与えられるだけでは，しあわせにはなれないんですね．

　ここで述べられた生活保護受給者の苦しさは，彼らが社会的な役割を与えられず，経済的支援を一方的に受けるだけの存在に閉じ込められていることから生まれている．人は「与えられるだけ」ではなく，社会活動のなかで誰かに何かを与えていて，自分も誰かの支えになっているという実感が得られなければ，「生きていて良いと思える」ようにはなれない．
　社会的排除の解決に際し，社会的な活動への「参加」と社会からの「承認」が必要であることは，多くの論者が主張するところである．たとえば，宮本太郎は，「人々は，雇用，地域，家族などの場で，他の誰かから何らかの配慮と承認を受け，また誰かを目標としながら，生活を続けていく意味や気力を得る」（宮本 2009, p.13）と述べ，「具体的な人間関係のなかで目標を持ち，各自の存在を承認されて生の意欲を高める，そのような「生きる場」とでもいうべきもの」が必要だと主張している（宮本 2009, p.11）．また，福原宏幸はアクセル・ホネットの承認論に依拠し，人びとの自己尊重には，私的な生活領域における相互承認，法的関係による承認と並び，「経済活動領域において他者や組織との関係のなかで相互に取り結ばれる社会的承認」が欠かせないものであると論じる．つまり，家族などの私的関係内部での相互承認のみならず，就労を通じて承認を「社会的なものへと開いていくこと」（福原 2012b, p.100）が求められているのである．
　就労支援とは，社会における参加の機会や役割を奪われてきた人たちを，生きがいが得られるような仕事や職場に結びつけていくことを目標として，①そ

のために必要な力をつけられるように支援する活動や，②「能力」や個性に合わせて働けるような職場と働き方を創り出す活動である．誰もが働く機会が得られ，充実した生を実現できる社会を築くために，どのような就労支援政策が必要なのか．次節では，より具体的に横浜市や豊中市の実践に触れながら，望ましい就労支援のあり方について考察を進めよう．

3 「普通の」働き方を変えること

3-1 個別具体的な困難の要因に徹底的に寄り添う

　私たちが考える望ましい就労支援とは，個々の対象者に対する「効果的な」就労支援であり，それは一定の強制はともないながらも，本人の主体性や意思を最優先に尊重するものである（序章）．その出発点はそれぞれの人が抱える個別具体的な問題に徹底的に向き合うことにある．そして，その人が社会参加や就労に近づくためにはどんな課題を解決しなくてはならないのか，どんな力を引き出しながら仕事と結びつけていけばよいのか……という観点から就労に接近していく．相談者という「人」を起点とし，少しずつ就労への距離を縮めていくこと，これは当たり前だと思われるかもしれないが，現実には必ずしもそうなってはいない．たとえば，一般的な生活保護受給者に対する「自立支援」事業では，受給者（世帯）が抱える多様な困難を解きほぐしながら，その人に合った就労の出口が充分に模索されているとはいいがたい．横浜市の事例でも見たように（第3章第3節），ケースワーカーは標準で86ケースの受給世帯を担当し，最近では100ケース以上を受けもつことも珍しくない．そのような状況下では「就労支援」を丁寧に行なう余裕はとてもないのが実情だろう[4]．

　豊中市理事の西岡さんは，同市の就労支援事業を「ソーシャルワークとしての就労支援」と表現し，各自の就労阻害要因を丁寧に見立て，それぞれがめざす出口（生き方）に向けた効果的な支援を行なうことが重要だと述べている（西岡 2012c）．実際，同市の地域就労支援事業をベースとした就労支援の営みは，そのような理念を現実化した政策であるといえる．本人の意向を尊重し，その人のステージに合った活動への参加が徐々に進められている．それでも，福祉事務所と雇用労働課との連携当初には，地域就労支援センターの支援のス

終　章　誰もが働ける社会／生きていける社会を築く

ピードや就労率の相対的な低さに対し，福祉事務所側が懸念を抱いていたことも事実である（第8章）．福祉と就労の狭間にある現場では，常にこうした「自立支援」の要請にどう応えるのかという「一定の強制」のなかでの模索が続けられている．

　横浜市や豊中市では，ソーシャルワークとしての就労支援がさまざまな関連部署・外部機関が連携するなかで，日々試みられ，開発されている．そこで示されているのは，就労困難者の苦悩を「私たち市民の問題」として解決しようという理念である．自治体のなかには，生活保護費不正受給の通報を促す条例を制定したり，生活保護Gメン制度を導入したりというところもある．就労困難者を「一般市民」から区別し，「私たち」と「彼ら」を対置する，そのような社会の捉え方に対し，横浜市・豊中市の政策はオルタナティブな社会像を提起するものである．しかし，繰り返せばそれは，一筆書きで描かれた綺麗な完成図ではなく，何度も立ち止まり練り直しながら，少しずつ描かれつつある社会像である．このプロセスに目を凝らさない限り，私たちは両市の政策がオルタナティブであることを身に沁みるようにはわからないし，したがって行政のアカウンタビリティのより良い問い方についても，いまひとつ曖昧なままであろう．

3-2　それぞれの「出口」に向けた人的資本への投資

　就労支援の目標は，その人が目指す生き方に一歩でも近づけるよう，それを阻害している問題を解決することにある．「半福祉・半就労」を肯定するということは，アナログな就労観に立つということである．つまり，「自分の収入で生計を維持できない」側にいて他者に依存した「あちら側」の人たちを，完全に自立した「こちら側」へ移行させる……というデジタルな就労観ではない．支援を受けた人の何人あるいは何パーセントが就職できたか，あるいは生活保護の廃止が実現できたかといった，「一般就労」への移行に目標を限定した「客観的」な指標は，支援の成果を示す1つの目安ではあるが，すべての就労支援者に当てはまる最終目標ではない．ある人にとっては，週1回でも居場所に出かけ，他人と話せるようになることが目標でありうるし，また別の人にとっては，週3日のアルバイトで生活費の一部を稼げるようになることが目標と

なる.

　そのような就労への接近過程では，アクセスしやすい教育・職業訓練の機会があることが重要な鍵の1つである．横浜市は自前の職業訓練校をもち，シングルマザーや生活保護受給者を主な対象とした職業訓練で高い就職率も実現している（第3章）．一方，豊中市は常設の職業訓練機関をもたず，自前の訓練メニューとしては特定の職種分野（清掃，介護等）で年数回の講座が実施されている（第6章）．基礎自治体が独自の教育・職業訓練メニューを提供することには，地域の求職ニーズや具体的な求人企業を念頭に置いた，効率的・効果的な訓練の実施が期待できる．また，就労困難者の置かれている状況を考えれば，できるだけ近隣で教育訓練を受けられるようにしなければ，現実に受講することが難しい[5]．今後は，基礎自治体でも一定の職業訓練・教育メニューが提供できるよう，訓練体系や財源について発想を大きく転換し，その改革を進めることも考えねばならない．

　就労困難者が利用しやすい教育・職業訓練機会を広げるために，現時点で考えうる1つの方策は，求職者支援訓練を活用することである．実際に，東京都がNPO法人文化協同学習ネットワークの訓練事業を認定したという事例もあることから，地域内でそのような訓練場所を今後増やしていくことは可能である．

3-3　訓練的就労の機会を創る

　本格的な就職の前に訓練的な就労を体験することもまた，困難者の就業能力を高める有効な方法である．それは，決まった時間に起きて通勤する習慣を身につけることや，集団で働く職場の環境に慣れること，自分の得手不得手や仕事との相性を確認することなど，多くの糧を体験者にもたらしてくれる．上述の「びーのびーの」や「楽塾とよなか」のような「居場所」もまた，外出の習慣づけや他者とのコミュニケーション・共同作業の訓練機会を拓いていることから，広義の就労体験に含まれる．長く家にひきこもっていた人や異なる職場を転々としてきた人，長期の離職者たちにとっては，こうした居場所は「可視的ななかま」（熊沢 2013, p.25）との出会いをもたらし，就労に向かう意欲を高めることにつながる．近年ではNPO法人など数多くの社会的企業が就労困難

者の居場所や体験的就労の場を創り出し，あるいは，協力的な民間企業における訓練機会を開発する事例が増えつつある（労働政策研究・研修機構 2010, 2011；櫻井 2013）．

　本書では，横浜市における事例として，新しい公共の場づくりのためのモデル事業として実施された「くらしのサポートプロジェクト」を取り上げた（第5章）．これは，就労までの距離がある若者に対する就労支援の目的と，高齢化という地域課題の解決とを結びつけ，そこに新たな訓練的就労機会を切り拓くという先駆的な取り組みである．一口に「ひきこもり傾向がある」「就労困難な」若者といっても，その就労阻害要因は非常に多様であり，個々の特性に応じた仕事内容・手順の工夫を粘り強く積み重ねることで，参加者の心的状態，仕事や他者との関係性が徐々に変化していくことがわかる．豊中市の場合には，緊急雇用創出事業の委託先等を中心に，市内のNPO，福祉施設，民間企業（介護事業者等）での就労体験機会が設けられている（第7章，第8章）．また，訓練的な就労期間を経て，引き続き同じ企業・職場で雇用に至っている事例も見られる．

　厚生労働省が2013年1月に発表した「生活困窮者支援制度」では，このような訓練的就労を「中間的就労」として新たな支援制度に位置づけている．そこでは，「中間的就労は，就労体験やトレーニングが必要な，いわば，一般就労に向けた支援付き訓練の場として位置づけられるべきもの」であり，「第一義的には就労体験を通じたステップアップの場の提供を行なうもの」と述べられている（厚生労働省 2013c, p.19）．こうした訓練的就労の場を増やし，訓練の質を高めていくことは就労支援のプロセスにおける重大な課題である．しかし，現状の「一般就労」そのもののあり方を同時に変えていくことなしに，中間的就労に「ステップアップの場」としての期待をかけるべきではない．また，私たちは一般就労をゴールとしない生き方があってももちろんよい，と考えている．そうした生き方を可能にする職場や働き方が，いまよりもっと広がること，つまり，多様な働き方が現実的な選択肢として社会のなかに豊富に存在し，そのすべてが「一般的な」就労の1つのあり方として認識されるようになること，を目指すものである．日本の一般就労の異常さについて，続けて若干言及しておきたい．

終　章　誰もが働ける社会／生きていける社会を築く

3-4　普通ではない，日本の一般就労

　現状の一般就労の問題点について——数え上げればキリがないのだが——特に本章の文脈において重要な点を3点指摘しておく．まず，正社員が背負わされている無限定な責任の重さと長時間過密労働である．持ち帰りの不払い残業も含む日本の過重労働は，心身の病気や障害を抱える者，介護や育児に生活時間を割かざるをえない者にとっては，引き受けがたい負担である．あまりに異常な「普通の働き方」の現状を変えることなくして，誰もが働ける，働きやすい社会の実現はありえない．現状は逆に，働けるはずの人を働けない状態に追い込んでいる社会，なのである．

　次に，非正規雇用者の賃金水準の問題がある．第3章や第7章の分析が明らかにしたように，就労困難者がさまざまな就労支援を受けて一般の民間企業に就職できたとしても，その仕事の多くは清掃，警備，サービス職，工場労働，倉庫等での作業など「非正規としての現業職」である．就労支援活動に参加していた人たちの約7割は非正規社員としての就職で，その給与は最低賃金プラス α レベルの時給であることがうかがわれる．時給800円では年間3000時間の過労死水準の労働でも，年収は240万円にしか届かない．この給与水準の絶対的な低さは，最低賃金の引き上げ等の政策を通じて早急に改善せねばならない．

　そして，もう1つの問題は，「追い出し部屋」が象徴しているような，人に対する敬意が失われた労務管理のあり方である（第4章の指摘も参照されたい）．前節で，働くことには経済的自立と「承認」や「役割」の付与を通じた自己肯定感の向上，という2つの意義があると述べた．閑職に追いやられ，事実上の退職勧奨を受け続けている「企業内失業者」は，経済的には報酬を得ているかもしれないが，職場における「承認」や「役割」，働くことの喜びを一方的に奪われた存在である．そして，いまや雇用者全体の4割に近づいた非正規雇用者についても，問題は同様である．彼ら・彼女らは，その職場において働くこと通じて社会から承認を受ける存在にはなりえていないと，阿部彩は次のように指摘している．

　　問題は，「役割」を提供してきたもっとも大きなメカニズムである労働市

場のなかで，与えられる「役割」の質が下がってきていることにある．簡単に言えば，雇用の劣化が起こっているのである．……職場で「アルバイトさん」などと名前でさえも呼ばれず，人間関係も育まれず，不景気になればモノのように切り捨てられる．次の職に就いたときに評価されるような経験を得ることはない．このような職では，社会から「承認」を得たと感じることは，極めて難しいのではないだろうか．就労支援の先に，このような就労しかないのであれば，それは社会的包摂政策とは言えない．（阿部彩 2011, p.113）

その労働のなかに「人間として注意をはらわれること」（筒井 2013, p.39）があればこそ，人は働くことの喜びを感じることができ，「自分を愛する気持ちと自尊心，働いてみよう，社会のなかで生きていこう，という意欲が湧いてくる」（筒井 2013, p.39）のである．望ましい半福祉・半就労の社会像を考えるときには，「半就労」の質がどのようなものであるかを問うこと，つまり現状の一般就労のあり方や，その大もとにある企業中心社会の論理を問い直すことが不可欠である．ここで挙げたような問題点を解決するには，多様な社会政策を同時進行で行なうことがむろん必要だが，以下では本書のテーマに戻り，「就労支援」における就労の質そのものへの切り込み方について述べる．

3-5　働きやすい職場を創り出す

就労支援の先にある就労のあり方をディーセントなものにしていく，その方法の1つは，オルタナティブな働き方が可能な企業や職場を新たに創出することである．たとえば，第5章で取り上げた「くらサポ」は，地域課題の解決に向けて若者たちが「仕事おこし」をしていくという新たな働き方を提起するものである．実施主体であるワーカーズコレクティブ協会やワーカーズコープは，自らが出資者であり経営の主体となって働く「協同労働」という就労のあり方を実践している．また，豊中市では，民間の社会的企業との連携を通じて，ひとり親が働きやすい飲食店の起業・経営という事業が試みられている．社会的課題の解決に取り組む社会的企業であっても，その経営（と従業員の就労・雇用）を持続させるためには，一定の収益をあげることが求められており，「銀

座食堂」のような豊中での新規事業もその意味では「道半ば」の状況にある（第9章）．

こうしたオルタナティブな就労を社会のなかで根づかせていくためには，一方では，その活動に賛同し事業の継続を支持する消費者・市民が購買行動や経済的・人的資源の提供を通じ，社会的企業の活動を支える「互恵的資源」として機能していくことが必要であろう（米澤 2011）．しかし，就労困難者が安心して働き続けられるようにするためには，そのような消費者・市民の参画と支援に加え，国や自治体が事業を委託・協働することを通じ，社会的企業の経営を下支えする安定的な仕組みが必要であると，私たちは考える．つまり，「公的な制度が背後に控えているという信頼が付与された労働市場」（第3章）を社会の仕組みのなかに位置づけていくということである．たとえば，上記の「銀座食堂」であれば，一般の飲食店としての経営（市場から利益を得る部分）と，飲食の仕事を目指す人たちの教育訓練の場（公的資源が支える部分）の両面を持ち続けて継続させることもできる．そうした制度の構築は，教育訓練，中間的就労，一般就労という道のりをひと続きのなだらかなものにするはずだ．

3-6　いまある一般就労の場を変えていく

一般就労のあり方を変えていくもう1つの方途は，地域の企業における働き方に変化を促すことである．豊中市の無料職業紹介所やPS事業の求人開拓では，中小企業の経営改善に対する支援という観点から地域の企業に働きかけ，長時間労働の改善や非正規雇用者の待遇改善などにもつながる採用行動が促されてきた（第7章）．また，同市の地域雇用創造実現事業では，介護事業者の雇用管理改善に資する具体的方策が経営者とともに検討され，そこから新たな雇用を生み出そうとする事業が行なわれた（第10章）．一般的な就労支援では，いまある企業での雇用・就労実態を前提として——既存の求人に合わせて——人をはめこんでいくのが，労働需給「マッチング」の実態であろう．しかし，「就労困難者が働ける職場や仕事とはどのようなものであるか」から発想し，そのような仕事や職場を開発することを通じて，就労支援はいまある就労のかたちを変えていくことができる．誰もが働ける職場を地域に増やしながら，そこに求職者を導くような就労支援が求められている．

3-7 自治体と民間機関との連携

最後に，この社会を「誰もが働ける社会／生きていける社会」に近づけていくために，今後，より多くの基礎自治体が雇用・就労支援の担当部署を設け，地域におけるディーセントな就労場所の提供を基本的な公共サービスの1つに位置づけていくことが望まれる．政策の遂行にあたっては，支援ノウハウを蓄積してきた民間企業や NPO 等の社会的企業，福祉的な就労支援（ソーシャルサービスとしての就労支援）に関わる行政関連機関に事業を委託したり，協働事業として実施したりすればよい．地域内にすでに存在するそのような諸団体とともに，就労支援に活用できる「地域資源」を掘り起こし，困難を抱える人たちの生活を支えられるような地域を創り出していくことが，これからはますます，基礎自治体にとっての重要な仕事になる．

横浜市の就労支援はいわば多極型で，支援経験の豊富な民間諸団体が各部局の事業を受託し，市はそれらのネットワーク化を進めている（第3章）．豊中市の場合は雇用労働課が事業推進の核となり，大阪市など近隣の大都市で活動を続けてきた社会的企業や，困難を抱える若者や障害者の就労支援などに関わってきた人材を地域に呼びこみながら，新たな支援拠点を創り出している．こうした行政外部の支援団体や支援者は，これまでの活動を通じて，やはり何らかの社会的課題の解決に関わる組織や支援者とのつながりを有していることから，相談者に対する支援はキッカケとなる1つの糸口から，多面的な広がりをもつことになる．また，地域に根ざした社会的企業等の活動は「一般市民」と「就労困難者」との垣根を取り払い，就労支援に対する「社会のまなざし」のなかに理解と共感を広げることにもつながる（第8章）．就労支援に庁外の多くの人たちが関わりをもつことは，総和以上の効果（シナジー）を生み出し，実質をともなった「ネットワークが張りめぐらされた労働市場」の形成をもたらすのである（第3章）．

一般的に基礎自治体は雇用・労働に関わる政策の経験が乏しく，就労支援を担当できる職員の育成やノウハウの蓄積，就労支援の「ハート」を共有した職場文化の醸成は今後の課題である．また，協働しうる外部の専門家や社会的企業等の資源に乏しい地方部と都市部との格差が生じることへの危惧（第10章），行政外部で就労支援の仕事に携わる人材の育成とその処遇の著しい不安定さ

(第4章)など，これからの就労支援活動の過程で取り組まれねばならない課題は数多く残されている．就労困難者に対する福祉的な就労支援は，この社会においてまだ着手されたばかりの新たな公共サービスの領域である．人生における1つのつまずきが命取りになるような社会を，誰もが安心して働き，子どもを産み育て，幸せに年老いていけるような社会へと変えていきたい．そのために，ネットワークが張りめぐらされた労働市場の構築につながるような，就労支援のコンダクターとしての役割を基礎自治体に期待する．本書がここまで，「私たちの行政のアカウンタビリティの問い方を問い直す」という目的をもって事例を検討してきた結果として，心からそう期待するのである．

注
1) 同協議会では一人暮らしの高齢者の見守りに協力してくれる「一人暮らし応援事業所ネットワーク」を構築していて（22業種500店舗が参加），今回の職場体験もそのつながりから生まれたものである．
2) 大阪府のPS事業で設けられた「ソーシャルビジネスセンター」のワークキャンププログラム．カフェや古着屋での仕事を体験した．
3) 筆者宛ての私信の内容を本人の了解を得たうえで掲載している．
4) 上記のケースワーカーによれば，「半福祉・半就労」の受給者が増えることは，ケースワーカーにとってはむしろ仕事量を増やす要因にもなる（収入額の証明や課税調査などにかかる事務量が増える）．
5) 近隣地域に訓練機関があることの必要性を強調するのは，心身の病気・障害があること，交通費の問題，介護や育児に関わる家族責任などの理由で，遠くまで訓練を受けにいくことが難しい人が多いからである．

引用・参考文献

阿部彩（2009）「現代日本の子どもの貧困」湯澤直美ほか（編）『子どもの貧困白書』明石書店：19-29.
阿部彩（2011）『弱者の居場所がない社会――貧困・格差と社会的包摂』講談社現代新書.
阿部真大（2007）『働きすぎる若者たち――自分探しの果てに』NHK出版.
阿部真大（2011）「自治体による職業訓練の一断面――ヘルパー2級講座の事例をもとに」筒井美紀（研究代表）『若者支援・就労支援のメゾ分析――持続的発展の追跡的研究に向けて　平成20-22年度・日本学術振興会科学研究費補助金基盤研究（C）』報告書.
Bellah, Robert, N. et al. (1991) *The Good Society*, Alfred A. Knopf, Inc. ＝(2000) 中村圭志訳『善い社会 道徳的エコロジーの制度論』みすず書房.
Comte-Sponville, André. (2004) *Le Capitalisme Est-il Moral?* Albin Michel＝(2006) 小須田健・C.カンタン訳『資本主義に徳はあるか』紀伊國屋書店.
Defourney, Jacques and Gregorie, O. (2004) "Work Integration Social Enterprise in the European Union: An Overview of Existing Models." *EMES Working Papers*, 4 (4).
藤井敦史（2007）「ボランタリーセクターの再編過程と「社会的企業」」『社会政策研究』7号：85-107.
藤原千沙・山田和代（2011）「いま，なぜ女性と労働か」『労働再審③女性と労働』大月書店：11-39.
福原宏幸（2012a）「社会的包摂とパーソナル・サポート事業」『おおさかパーソナル・サポート事業中間まとめ――大阪府・豊中市・吹田市・箕面市共同提案事業』：1-9.
福原宏幸（2012b）「社会的排除／包摂と社会連帯経済」『福祉労働』第137号：93-103.
福原宏幸（2012c）「日本におけるアクティベーション政策の可能性――現状と展望」福原宏幸・中村健吾編『21世紀のヨーロッパ福祉レジーム』糺の森書房：249-88.
福澤義行（2012）「『職業能力開発の推進』日本政府報告」（第14回日・EUシンポジウム「若者のエンプロイアビリティの向上と労働市場参入の促進」発表資料）.
五石敬路（2011）『現代の貧困　ワーキングプア――雇用と福祉の連携策』日本経済新聞出版社.
Hall, E.T. (1976) *Beyond Culture*, Anchor Books＝(1993) 岩田慶治・谷泰訳『文

化を超えて』(新装版) TBS ブリタニカ.
濱口桂一郎 (2004)『労働法政策』ミネルヴァ書房.
平岡直子 (2013)「お菓子を通じて地域貢献, まちを元気に――「豊中おやつ宣言 (とよせん) 事業」」『地域づくり』4月号: 22-23.
広井良典編著 (2011)『協同で仕事をおこす』コモンズ.
堀有喜衣 (2012)「公共職業訓練とジョブ・カード政策――制度の特徴と意義および 2010 年度までの進捗状況」『大原社会問題研究所雑誌』No.644: 9-19.
一般社団法人キャリアブリッジ (2013)「とよなか若者サポートステーション」(キャリアブリッジ HP).
神奈川県 (2011)「第9次神奈川県職業能力開発計画――次代を担う産業人材の育成」(神奈川県 HP).
金崎幸子 (2006)「日本の若年者就業支援策」小杉礼子・堀有喜衣 (編)『キャリア教育と就業支援』: 167-197.
木村保茂 (2010)「公共職業訓練の今日的特徴と課題――北海道を中心に」『開発論集』第85号: 47-82.
木村保茂 (2011)「わが国の公共職業訓練の新たな展開――基金訓練, ジョブ・カード制度,『義務付け・枠付け』の見直し」『開発論集』第88号: 39-75.
小林勇人 (2010)「カリフォルニア州の福祉改革――ワークフェアの二つのモデルの競合と帰結」渋谷博史・中浜隆 (編)『アメリカ・モデル福祉国家Ⅰ 競争への補助階段』昭和堂: 66-129.
児美川孝一郎 (2010)「「若者自立・挑戦プラン」以降の若者支援策の動向と課題――キャリア教育政策を中心に」『日本労働研究雑誌』No.602: 17-26.
厚生労働省 (2002)「母子家庭等自立支援対策大綱」(厚生労働省 HP).
厚生労働省 (2010)『平成 22 年版 労働経済の分析――産業社会の変化と雇用・賃金の動向』(厚生労働省 HP).
厚生労働省 (2011a)「第9次職業能力開発基本計画――成長が見込まれる分野の人材育成と雇用のセーフティネットの強化」(厚生労働省 HP).
厚生労働省 (2011b)「平成 23 年度全国母子世帯数等調査」(厚生労働省 HP).
厚生労働省 (2012a)「ひとり親家庭の支援について」(厚生労働省 HP).
厚生労働省 (2012b)『生活支援戦略』中間まとめ」(厚生労働省 HP).
厚生労働省 (2013a)「パッケージ関連事業」(厚生労働省 HP).
厚生労働省 (2013b)『地域若者サポートステーション事業」の今後の在り方に関する検討会報告書』.
厚生労働省 (2013c)「生活困窮者の生活支援の在り方に関する特別部会報告書」(厚生労働省 HP).
厚生労働省社会保障審議会福祉部会 (2004)「「生活保護制度の在り方に関する専門委員会」最終報告書」(厚生労働省 HP).
厚生労働省職業安定局 (2013)「公共職業安定所 (ハローワーク) の主な取組と実

績」(厚生労働省 HP).
厚生省編 (2000)『厚生白書 (平成 12 年版) Web 版』(厚生労働省 HP).
Krinsky, John (2008) *Free Labor: Workfare and the Contested Language of Neoliberalism*, The University of Chicago Press.
熊沢誠 (2013)『労働組合運動とはなにか』岩波書店.
熊沢透 (2008)「能力開発政策」久本憲夫・玉井金五 (編)『社会政策Ⅰ ワーク・ライフ・バランスと社会政策』法律文化社: 195-223.
黒澤昌子・佛石圭介 (2012)「公共職業訓練の実施主体, 方式等についての考察——離職者訓練をとりあげて」『日本労働研究雑誌』No.618: 16-34.
釧路市 (2011)「生活保護受給者自立支援にかかわる第二次ワーキンググループ会議報告書 (平成 23 年度~平成 22 年度)」及び「釧路市福祉部生活福祉事務所関係分資料 (平成 21 年度~平成 22 年度分)」釧路市福祉部生活福祉事務所.
釧路市福祉部生活福祉事務所編集委員会編 (2009)『希望をもって生きる——生活保護の常識を覆す釧路チャレンジ』CLC 出版.
Luhmann, Niklas (1973) *Zweckbegriff und Systemrationarität*, Suhrkamp = (1990) 馬場靖雄・上村隆広訳『目的概念とシステム合理性』勁草書房.
三菱 UFJ リサーチ&コンサルティング (2013)「生活困窮者の就労支援に関するモデル事業報告書」平成 24 年度セーフティーネット支援対策等事業補助金社会福祉推進事業 (同社 HP).
宮本太郎 (2004a)「就労・福祉・ワークフェア——福祉国家再編をめぐる新しい対立軸」塩野谷祐一・鈴村興太郎・後藤玲子 (編)『福祉の公共哲学』東京大学出版会.
宮本太郎 (2004b)「ワークフェア改革とその対案 新しい連携へ?」『海外社会保障研究』147: 29-40.
宮本太郎 (2009)『生活保障——排除しない社会へ』岩波新書.
みずほ情報総研株式会社 (2013)『「社会的就労支援事業のあり方に関する調査・研究事業」報告書』.
村上潔 (2012)『主婦と労働のもつれ』洛北出版.
室田信一 (2011)「地域とともに築く多様なセーフティネットのかたち——大阪府 B 市におけるコミュニティソーシャルワーク実践を通して」『ソーシャルワーク研究』Vol.37 (1): 55-62.
永田萬享 (2010)「地域における公共職業訓練の今日的展開と役割, 機能」『都市問題』2010 年 12 月号: 50-56.
内閣府 (2005)『若者の包括的な自立支援方策に関する検討会報告書』(内閣府 HP).
内閣府 (2011a)「パーソナル・サポート・サービスについて」(内閣府 HP).
内閣府 (2011b)「新しい公共支援事業について」(内閣府 HP).
中村夏輝・松村亮・山下裕三・木村豊・弓削良輔・雨堤匠哉・上村晃司・勝田美

穂・丹羽千晶・船越千鶴・小椋麻衣子 (2010)「生活保護世帯におけるすみやかな自立支援のための政策」ISF2010　政策フォーラム発表論文 (日本政策学生会議 HP).

中囿桐代 (2011)「釧路市生活保護自立支援プログラムの成果と課題」『社会科学研究』23: 1-19.

西岡正次 (2012a)「地方自治体福祉部門への期待――雇用・就労支援の視点から」大阪地方自治研究センター『市町村で何ができる!?　障害者の就労支援――地方分権時代の実践から』8-17.

西岡正次 (2012b)「基礎自治体における就労支援と貧困――豊中市の場合」『貧困研究』Vol. 9: 49-62.

西岡正次 (2012c)「基礎自治体の雇用・就労支援を通して――「就労支援」をどう位置づけるのか?!」(2012 年 10 月 3 日，内閣府合同庁舎にて行なわれた研究報告会「就労支援をめぐる民間と自治体の課題」の配布レジュメ).

西浦祐紀子・原田圭子・岩下良輔・西岡正次 (2009)「基礎自治体の雇用・就労施策の試み――地域就労支援から地域労働市場への対応へ」(第 32 回北海道自治研集会で発表された論文) (自治研 HP).

大阪府 (2012)「平成 22 年国勢調査――従業地・通学地による人口・産業等集計結果 (大阪府)」(大阪府 HP).

大阪府 (2013)「地域就労支援事業」(大阪府 HP).

大阪府・豊中市・吹田市・箕面市 (2012)『おおさかパーソナル・サポート・モデルプロジェクト　平成 23 年度事業実績報告書』.

おおさかパーソナル・サポート事業調査研究部会 (2013)『大阪におけるパーソナル・サポート事業からみえてきた生活困窮者支援の諸課題』.

大谷強 (2008)「大阪府における雇用・就労政策の取り組み――すべての市民の暮らしを実現する自治体と雇用政策」大谷強・澤井勝編『自治体雇用・就労施策の新展開――地域で働く場の確保と自治体の役割』公人社: 1-60.

Ryan, John A. (1920) *A Living Wage*, The Macmillan Company.

労働政策研究・研修機構 (2010)『若者の就業への移行支援と我が国の社会的企業』.

労働政策研究・研修機構 (2011)『「若者統合型社会的企業」の可能性と課題』.

労働政策研究・研修機構 (2012a)『中小企業における既卒者採用の実態』.

労働政策研究・研修機構 (2012b)『シングルマザーの就業と経済的自立』.

労働政策研究・研修機構 (2013)『労働力媒介機関におけるコミュニティ・オーガナイジング・モデルの活用に関する調査』.

埼玉県アスポート編集委員会 (2012)『生活保護 200 万人時代の処方箋――埼玉県の挑戦』ぎょうせい.

櫻井純理 (2009)「市町村による地域雇用政策の実態と課題――大阪府「地域就労支援事業」の交付金化に関する考察」『現代社会研究』(京都女子大学現代社会学部) 第 12 号: 71-88.

櫻井純理（2012）「地域に雇用をどう生み出せるのか？――大阪府豊中市における雇用・就労支援政策の概要と特徴」『立命館産業社會論集』48（2）：53-73．
櫻井純理（2013）「社会的企業の活動はどのように「社会的」なのか」おおさかパーソナル・サポート事業調査研究部会『大阪におけるパーソナル・サポート事業からみえてきた生活困窮者支援の諸課題』：12-27．
佐藤博樹・佐野嘉秀・堀田聰子（編）（2010）『実証研究　日本の人材ビジネス――新しい人事マネジメントと働き方』日本経済新聞出版社．
佐津川晋（2013）「生活保護担当者から見た豊中市の就労支援」『生活と福祉』第677号：9-14．
澤井勝（2008）「日本における自治体就労政策の新展開――分権改革と自治体の雇用労働行政」大谷強・澤井勝（編）『自治体雇用・就労施策の新展開――地域で働く場の確保と自治体の役割』公人社：61-102．
指定都市市長会（2010）「社会保障制度全般のあり方を含めた生活保護制度の抜本的改革の提案」（指定都市市長会HP）．
総務省（2011）『平成22年国勢調査』．
高梨昌（2002）「日本経済の変貌と若年者雇用政策の課題」小杉礼子（編）『自由の代償／フリーター――現代若者の就業意識と行動』日本労働研究機構：175-192．
田中萬年・大木栄一編（2005）『働く人の「学習」論――生涯職業能力開発論』学文社．
立見淳哉（2013）「地域における民間企業の取り組み事例」おおさかパーソナル・サポート事業調査研究部会『大阪におけるパーソナル・サポート事業からみえてきた生活困窮者支援の課題』：42-51．
東京都板橋区・首都大学東京・岡部卓（2008）『生活保護自立支援プログラムの構築――官学連携による個別支援プログラムのPlan・Do・See』ぎょうせい．
豊中市（2008）「豊中市雇用・就労施策推進プラン（基本方向）」（豊中市HP）．
豊中市（2012a）「豊中市概要」（豊中市HP）．
豊中市（2012b）「平成23年度［2011年度］予算の概要」（豊中市HP）．
豊中市（2013a）「豊中市推計人口」（豊中市HP）．
豊中市（2013b）「千里ニュータウン」（豊中市HP）．
豊中市（2013c）「第2回（仮称）豊中市文化芸術振興条例策定検討会議」（豊中市HP）．
豊中市（2013d）「くらし再建パーソナルサポート事業実施要項」（豊中市HP）．
豊中市雇用労働課（2013）「2012年度豊中市　緊急雇用創出事業　就労困難者雇用事業」
豊中市パーソナル・サポートセンター（2012）『一人ひとりの可能性が発揮させる社会を目指して』（「パーソナル・サポート事業推進フォーラムin豊中」記念冊子）．

豊中市市民協働部くらしセンター地域経済課（2012）「豊中市中小企業チャレンジ促進プラン」．
豊中市社会福祉協議会（2011）『豊中市社会福祉協議会のパーソナル・サポート事業 中間まとめ』．
豊中市社会福祉協議会原作・文（2012）『セーフティネット——コミュニティソーシャルワーカーの現場』筒井書房．
豊中市社会福祉協議会編・牧里毎治監修（2010）『社協の醍醐味』筒井書房．
豊中市社会福祉協議会企画・監修（2011）『発達障害の僕がホームレスになった理由』筒井書房．
筒井美紀（2011）「基礎自治体による就労支援・雇用開拓——試行錯誤のリアリティ」『フォーラム現代社会学』第 10 号：87-101.
筒井美紀（2012a）「スキルを身につけ仕事を探す——地域密着の就労支援」遠藤公嗣・筒井美紀・山崎憲『仕事と暮らしを取りもどす——社会正義のアメリカ』岩波書店：71-106.
筒井美紀（2012b）「雇われずに働く——助け合う組織づくりとワーク・ルール立法運動」遠藤公嗣・筒井美紀・山崎憲『仕事と暮らしを取りもどす——社会正義のアメリカ』岩波書店：37-69.
筒井美紀（2013）「労働の倫理的・道徳的土台を築き直すこと」おおさかパーソナル・サポート事業調査研究部会『大阪におけるパーソナル・サポート事業からみえてきた生活困窮者支援の諸課題』：28-41.
筒井美紀（2014）「米国における公共労働力開発専門職の全国的組織化——NAWDP の活動と日本への示唆」『法政大学キャリアデザイン学部紀要』第 11 号：109-131.
埋橋孝文（2007）「ワークフェアの国際的席捲——その論理と問題点」埋橋孝文（編）『ワークフェア——排除から包摂へ？』法律文化社：15-45.
若者自立・挑戦戦略会議（2003）「若者自立・挑戦プラン」（経済産業省 HP）.
Weil, Simone（1950）*Attente de Dieu,* La Colombe.=（1967）渡辺秀・大木健訳『神を待ちのぞむ』春秋社．
横浜市（2005）『横浜市政策局政策課　平成 17 年度横浜市民意識調査』（横浜市 HP）．
横浜市（2011）『平成 22 年国勢調査 人口等基本集計結果 横浜市の概要』（横浜市 HP）．
横浜市（2012a）『平成 22 年国勢調査 従業地・通学地による人口・産業等集計 横浜市の概要』（横浜市 HP）．
横浜市（2012b）『人口動態と年齢別人口——平成 23 年中の人口動態と平成 24 年 1 月 1 日現在の年齢別人口』（横浜市 HP）．
横浜市（2012c）『横浜経済の現状について』（横浜市 HP）．
横浜市（2012d）『経済局の予算について』（横浜市 HP）．

横浜市（2012e）『こども青少年局概要 予算概要』（横浜市 HP）.
横浜市（2012f）『横浜市 健康福祉局予算案について』（横浜市 HP）.
横浜市（2012g）『生活保護法による種類別被保護人員、実世帯数及び実人員』（横浜市 HP）.
横浜市（2013）『横浜市統計書［web 版］』（横浜市 HP）.
米澤旦（2009）「欧州における労働統合型社会的企業の現況」『日本労働研究雑誌』第 592 号：110-111.
米澤旦（2011）『労働統合型社会的企業の可能性——障害者就労における社会的包摂へのアプローチ』ミネルヴァ書房.
吉村臨兵（2004）「公共サービス分野における間接規制——リビング・ウェイジとその背後にあるアメリカの最低賃金制度」『女性労働研究』第 46 号：52-64.
湯澤直美（2009）「ひとり親世帯の貧困——高い就労率と子育ての困難」湯澤直美ほか（編）『子どもの貧困白書』明石書店：30-34.

あとがき

　現代の日本は，誰もが何度でも労働からはじき出されうる一方で，人びとを労働へと参加させることを，社会を維持する手段としてますます重視するという，就労の保障・促進に大きな負荷のかかった社会である．そこでは，国に加えて自治体と地域とが果たすべき（だとされる）責任と役割が，いっそう増えてきた．この把握をもとに私たちはここ数年，就労支援で先駆的な2市にて，調査をさせていただいた．

　本書は，平成23〜25年度・日本学術振興会科学研究費補助金基盤研究（C）「地域主権をめぐる葛藤と社会的労働市場の持続的発展に関する教育・労働社会学的研究」（研究代表者：筒井美紀，課題番号23531139）の研究成果の一部である．「硬い本」の出版が，ますます難しくなるなか，勁草書房が，お引き受けくださった．担当の松野菜穂子さんに御礼申し上げる．

　序章で述べたように私たちは，就労支援の実践のなかで目指され，試され，生きられているところのものを，本書で描出しようと試みてきた．それは，「こんな働き方がもっと広がったら，たしかに地域は喜びと活気に溢れるだろうなぁ」，「そのような支援のネットワークが張りめぐらされたら，多くの人びとがしんどくても何とかやっていけるだろうなぁ」といったビジョンであった．

　だが，概して世間が聞きたいのは「景気のいい」話なのであって，いわばマイナスをゼロ（スタート地点）にするような就労支援という営みについてではない．だから上記のようなビジョンは，「せっかく就労（させることが）できても，またすぐ失職するかもしれない」といった，未来を先取りした徒労感が社会に広く漂うなかで，さまざまな人びとと粘り強い対話を続けねばならないだろう．

　私たちは，第一段落に述べたような社会構造下の時代状況を生きていくため

あとがき

には，働き方・生き方の新たなモデルを必要としている．それはどのようなものか．どうあるべきか．なぜそうあるべきなのか——私たちは，このような問いを，自分自身に対して，そして他者とともに，誠実に問うていくしかない．本書がこのための1つの材料とならんことを心から願う．

　最後になったが，調査協力先のみなさまに，この場を借りて謝意を表したい．本当に多忙な実務をこなされるなかで，私たちの拙い質問に丁寧に答えてくださり，支援現場の見学や観察をご案内くださった．さらに，数ヵ月をかけて，私たちの原稿を丁寧に読んで，事実誤認の訂正に始まり，理解の不充分な点，もっと掘り下げるべき論点やご自身の解釈を提示してくださった．実践者の立ち位置と観察者の立ち位置とでは，事象や問題の見え方・捉え方がなぜ・どのように共通したり異なったりするのか．この考察は，就労支援に関する私たちの理解を深めると同時に，まだまだ究明できてない部分の多さ，就労支援の奥深さを痛感させるものであった．以上のような諸々の刺激を与えてくださった調査協力先のみなさまは，心強く力強い，背後の共著者である．厚く御礼申し上げる．

2014年3月

筒井美紀

索　引

ア　行

アカウンタビリティ　2, 3, 192
　行政の――　2, 3, 4, 5, 15, 27, 77, 203, 210
新しい公共支援事業（新しい公共の場づくりのためのモデル事業）　13, 91, 94, 111, 117, 125, 128, 205, 213

カ　行

顔の見える労働市場　58, 64, 65, 141
求職者支援訓練　24, 57, 64, 204
求職者支援制度　24, 33, 34, 62, 77
求職者支援法　13
求人（企業）開拓　1, 50, 51, 66, 69, 70, 73, 75, 76, 80, 84, 89, 123, 131, 135, 208
求人開拓員（求人開拓コーディネーター）　68, 69, 70, 71, 80, 82, 83, 84, 120
求人開拓企業　70, 72, 89
協同組合　105, 111, 187, 189, 190, 192
　労働者――　10, 79, 88, 92
協同労働　v, 91, 92, 93, 94, 107, 109, 110, 111, 207
緊急雇用創出（基金）事業　13, 77, 116, 117, 125, 126, 130, 132, 133, 136, 141, 190, 196, 205, 215
訓練的就労　204, 205
ケースワーカー（CW）　12, 61, 65, 66, 68, 69, 70, 73, 84, 146, 147, 148, 152, 153, 202, 210
公共職業訓練（制度）　iv, 21, 22, 23, 24, 33, 34, 55, 56, 58, 59, 64, 77, 120, 212, 213
子ども・若者育成支援推進法　13, 32, 54
雇用型　92, 111
　支援付――　i
　非――　i, 92, 111

サ　行

サービスインテンシブ・アプローチ　5, 6, 7, 17, 77
仕事おこし　91, 93, 95, 96, 97, 98, 101, 102, 105, 106, 107, 108, 109, 110, 207
社会イノベーション推進（のための）モデル事業　117, 126, 128
社会的企業（ソーシャルファーム, Social Enterprise）　10, 30, 79, 88, 92, 107, 111, 126, 161, 162, 164, 167, 172, 173, 174, 204, 207, 208, 209, 211, 214, 215
　労働統合型――（Work Integration Social Enterprise）　162
社会的就労　3, 9, 17, 92, 213
社会福祉協議会　16, 88, 118, 124, 195, 197, 216
職域開発　136
（公共）職業訓練校（施設）　15, 25, 59, 60, 61, 62, 63, 64, 204
自立相談支援事業　34, 35
人材コーディネーター　16, 130, 133, 137, 138
生活困窮者自立支援法　i, 13, 34, 35
生活困窮者自立（促進）支援（（モデル）事業）　13, 124, 158, 205
生活困窮者の就労支援に関するモデル事業報告書　213
生活困窮者の生活支援の在り方に関する特別部会　27
　――報告書　13, 26, 33, 35, 91, 212
生活保護（受給者）自立支援（事業, プログラム）　12, 25, 55, 71, 144, 145, 202, 213, 214, 215
生活保護受給者等就労支援事業・意欲喚起事業　13, 26, 27, 71, 116, 117, 118, 121, 148,

221

索 引

149
生活保護制度の在り方に関する専門委員会最終報告書　12, 25, 212
生活保護法（改正）　i, 12, 13, 67

タ 行

地域雇用創造協議会　vii, 14, 16, 118, 140, 176, 178, 191
地域雇用創造実現事業　vii, 13, 117, 124, 125, 141, 176, 177, 178, 179, 184, 188, 189, 190, 191, 192, 208
地域雇用創造推進事業　vii, 13, 117, 124, 125, 176, 178, 179, 181, 183, 188, 190, 192
地域就労支援コーディネーター　16, 116, 120, 122, 123, 131, 196, 198
地域就労支援事業　11, 14, 115, 116, 117, 118, 119, 120, 121, 125, 127, 148, 202, 214
地域就労支援センター　vi, 12, 16, 115, 119, 121, 122, 123, 124, 135, 140, 141, 144, 145, 147, 148, 149, 150, 151, 152, 153, 154, 155, 156, 157, 158, 159, 202
地域人材育成事業　117, 132
地方分権　214
―――一括法　1, 22
中間的就労　i, 3, 9, 17, 26, 34, 35, 92, 120, 127, 141, 148, 149, 150, 151, 152, 154, 155, 156, 159, 197, 201, 205, 208
出口開拓（出口開発，出口マッチング）　129, 131, 132, 135, 136, 139, 140

ナ 行

ネットワークが張りめぐらされた労働市場　75, 76, 141, 209, 210

ハ 行

パーソナル・サポート・サービス（(モデル）事業）（PS事業）　13, 33, 34, 52, 54, 116, 117, 118, 121, 123, 124, 125, 128, 164, 196, 208, 210, 211, 213, 214, 215, 216
（豊中市）パーソナル・サポートセンター（TPS）　vi, 16, 116, 118, 121, 123, 127, 129, 131, 134, 135, 136, 215
半福祉・半就労　8, 9, 10, 76, 78, 174, 200, 203, 207, 210
―――プラス居場所・関係性　110
母子家庭等自立支援対策大綱　12, 28, 212
ポスト日本型福祉社会　vii, 176, 177, 178, 181, 184, 191

マ 行

無料職業紹介（事業）　12, 14, 50, 54, 70, 71, 75, 116, 117, 118, 119, 122, 123, 127, 131, 135, 148
―――所　vi, 11, 12, 16, 115, 120, 121, 122, 129, 130, 134, 135, 137, 140, 141, 142, 208

ラ 行

リビング・ウェイジ（Living Wage）　30, 76, 161, 163, 167, 171, 172, 173, 174, 214, 217

ワ 行

ワークファースト・アプローチ　5, 6, 7, 21, 30, 33, 66, 73
ワークフェア（Workfare）　6, 7, 21, 152, 212, 213, 216
（地域）若者サポートステーション（事業）　12, 13, 31, 32, 35, 52, 53, 125, 212
若者自立・挑戦プラン　12, 31, 32, 212, 216
若者の包括的な自立支援方策に関する検討会報告書　12, 32, 213

執筆者紹介
(＊印は編著者)

筒井美紀（つつい　みき）＊　序章第1節・第3節，第3章第3節・第4節，第4章，あとがき
1968年生まれ．東京大学大学院教育学研究科博士課程単位取得退学
　現　在　法政大学キャリアデザイン学部・教授／博士（教育学）
　主　著　『教育を原理する──自己にたち返る学び』（共著，法政大学出版局，2013年）
　　　　　『仕事と暮らしを取りもどす──社会正義のアメリカ』（共著，岩波書店，2012年）

櫻井純理（さくらい　じゅんり）＊　序章第3節，第6章，第7章，終章
1963年生まれ．立命館大学大学院国際関係研究科博士後期課程修了
　現　在　立命館大学産業社会学部・教授／博士（国際関係学）
　主　著　「基礎自治体による就労セーフティネットの構築」（大阪市政調査会編『自治体セーフネット』，2014年），「自治体政策における若者の移行支援──コーディネーターとしての役割を中心に」（労働政策研究・研修機構『「若者統合型社会的企業」の可能性と課題』，2011年）

本田由紀（ほんだ　ゆき）＊　まえがき，第5章
1964年生まれ．東京大学大学院教育学研究科博士課程単位取得退学
　現　在　東京大学大学院教育学研究科・教授／博士（教育学）
　主　著　『教育の職業的意義──若者，学校，社会をつなぐ』（ちくま新書，2009年），『仕事と若者──「学校経由の就職」を超えて』（東京大学出版会，2006年）

長松奈美江（ながまつ　なみえ）　序章第2節，第1章第3節，第8章
1980年生まれ．大阪大学大学院人間科学研究科博士課程単位取得退学
　現　在　関西学院大学社会学部・准教授／博士（人間科学）
　主　著　「長時間労働をもたらす「不平等」な条件」（佐藤嘉倫・尾嶋史章編『現代の階層社会1──格差と多様性』東京大学出版会，2011年），「仕事の自律性からみた雇用関係の変化」（『社会学評論』日本社会学会，2006年）

福田志織（ふくだ　しおり）　第1章第1節・第4節・第5節・第6節
1986年生まれ．東京大学大学院教育学研究科修士課程修了
　現　在　みずほ情報総研株式会社・コンサルタント／教育学修士
　主論文　「多様化を志向する高校教育改革と学業不振層教育──東京都エンカレッジスクールを事例として」（東京大学大学院修士論文，2011年）

喜始照宣（きし　あきのり）　第1章第2節，第3章第2節2-1
1987年生まれ．

執筆者紹介

現　在　東京大学大学院教育学研究科博士課程，労働政策研究・研修機構・臨時研究協力員／教育学修士
主論文　「美術系大学生と予備校——大学生活における現役／浪人の差異に着目して」(『東京大学大学院教育学研究科紀要』第 52 巻，2013 年)

御旅屋達（おたや　さとし）第 2 章第 1 節，第 3 章第 1 節
1978 年生まれ，東京大学大学院教育学研究科博士課程単位取得退学
現　在　東京大学社会科学研究所助教，法政大学キャリアデザイン学部・兼任講師／教育学修士
主論文　「子ども・若者をめぐる社会問題としての『居場所のなさ』——新聞記事における『居場所』言説の分析から」(『年報社会学論集』第 25 号，2012 年)

寺地幹人（てらち　みきと）　第 2 章第 2 節
1982 年生まれ，東京大学大学院総合文化研究科博士課程単位取得退学
現　在　茨城大学人文学部社会科学科・講師／学術修士
主論文　「若年層の政治関心と趣味——『趣味活動』と『趣味嗜好』という観点から」『ソシオロゴス』37 号（ソシオロゴス編集委員会，2013 年），「大都市の 20 歳代の職業意識の分析」『労働政策研究報告書』148 号（労働政策研究・研修機構，2012 年）

堀有喜衣（ほり　ゆきえ）第 3 章第 2 節 2-2
1972 年生まれ，お茶の水女子大学大学院人間文化研究科単位取得退学
現　在　労働政策研究・研修機構・主任研究員／博士（社会科学）
主　著　『高校・大学の未就職者への支援』（共編著，勁草書房，2013 年），『フリーターに滞留する若者たち』（編著，勁草書房，2007 年）

仲　修平（なか　しゅうへい）第 9 章
1982 年生まれ，関西学院大学大学院社会学研究科博士課程単位取得退学
現　在　東京大学社会科学研究所，日本学術振興会特別研究員／社会学修士
主論文　"The Origin of Sociology of Occupation and the Historical Development of Social Stratification and Mobility Resarch in Japan." (*International Journal of Japanese Sociology*, Forthcoming)

阿部真大（あべ　まさひろ）第 10 章
1976 年生まれ，東京大学大学院人文社会系研究科博士課程単位取得退学
現　在　甲南大学文学部社会学科・准教授／社会学修士
主　著　『居場所の社会学——生きづらさを超えて』（日本経済新聞出版社，2011 年），『搾取される若者たち——バイク便ライダーは見た！』（集英社，2006 年）

就労支援を問い直す　自治体と地域の取り組み

2014年5月25日　第1版第1刷発行
2015年11月10日　第1版第2刷発行

編著者　筒井　美紀
　　　　櫻井　純理
　　　　本田　由紀

発行者　井村　寿人

発行所　株式会社　勁草書房
112-0005　東京都文京区水道2-1-1　振替　00150-2-175253
（編集）電話 03-3815-5277／FAX 03-3814-6968
（営業）電話 03-3814-6861／FAX 03-3814-6854
本文組版　プログレス・大日本法令印刷・松岳社

©TSUTSUI Miki, SAKURAI Junri, HONDA Yuki　2014

ISBN978-4-326-60266-7　　Printed in Japan

<JCOPY> <（社）出版者著作権管理機構　委託出版物>
本書の無断複写は著作権法上での例外を除き禁じられています。
複写される場合は、そのつど事前に、（社）出版者著作権管理機構
（電話 03-3513-6969、FAX 03-3513-6979、e-mail: info@jcopy.or.jp）
の許諾を得てください。

＊落丁本・乱丁本はお取替いたします。

http://www.keisoshobo.co.jp

J.フィッツジェラルド 筒井・阿部・居郷 訳	キャリアラダーとは何か	3700円
本田由紀	「家庭教育」の隘路 子育てに強迫される母親たち	2000円
本田由紀編	女性の就業と親子関係 母親たちの階層戦略	3100円
松田茂樹	少子化論 なぜまだ結婚,出産しやすい国にならないのか	2800円
松田茂樹	何が育児を支えるのか 中庸なネットワークの強さ	2800円
松田茂樹他	揺らぐ子育て基盤 少子化社会の現状と困難	2700円
永井暁子 松田茂樹	対等な夫婦は幸せか	2400円
大島真夫	大学就職部にできること	2700円
橘木俊詔 松浦司	学歴格差の経済学	2400円
佐藤博樹 武石恵美子 編著	ワーク・ライフ・バランスと働き方改革	2400円
佐藤博樹 武石恵美子 編著	人を活かす企業が伸びる 人事戦略としてのワーク・ライフ・バランス	2800円
佐藤博樹 永井暁子 編著 三輪哲	結婚の壁 非婚・晩婚の構造	2400円
牧野智和	自己啓発の時代 「自己」の文化社会学的探究	2900円
石田光規	孤立の社会学 無縁社会の処方箋	2800円

＊表示価格は2015年11月現在。消費税は含まれておりません。